古地図で楽しむ岐阜《ぎふ》

美濃《みの》・飛騨《ひだ》

美濃飛騨古地図同攷会 編
伊藤安男 監修

風媒社

本書で取り上げた市町村

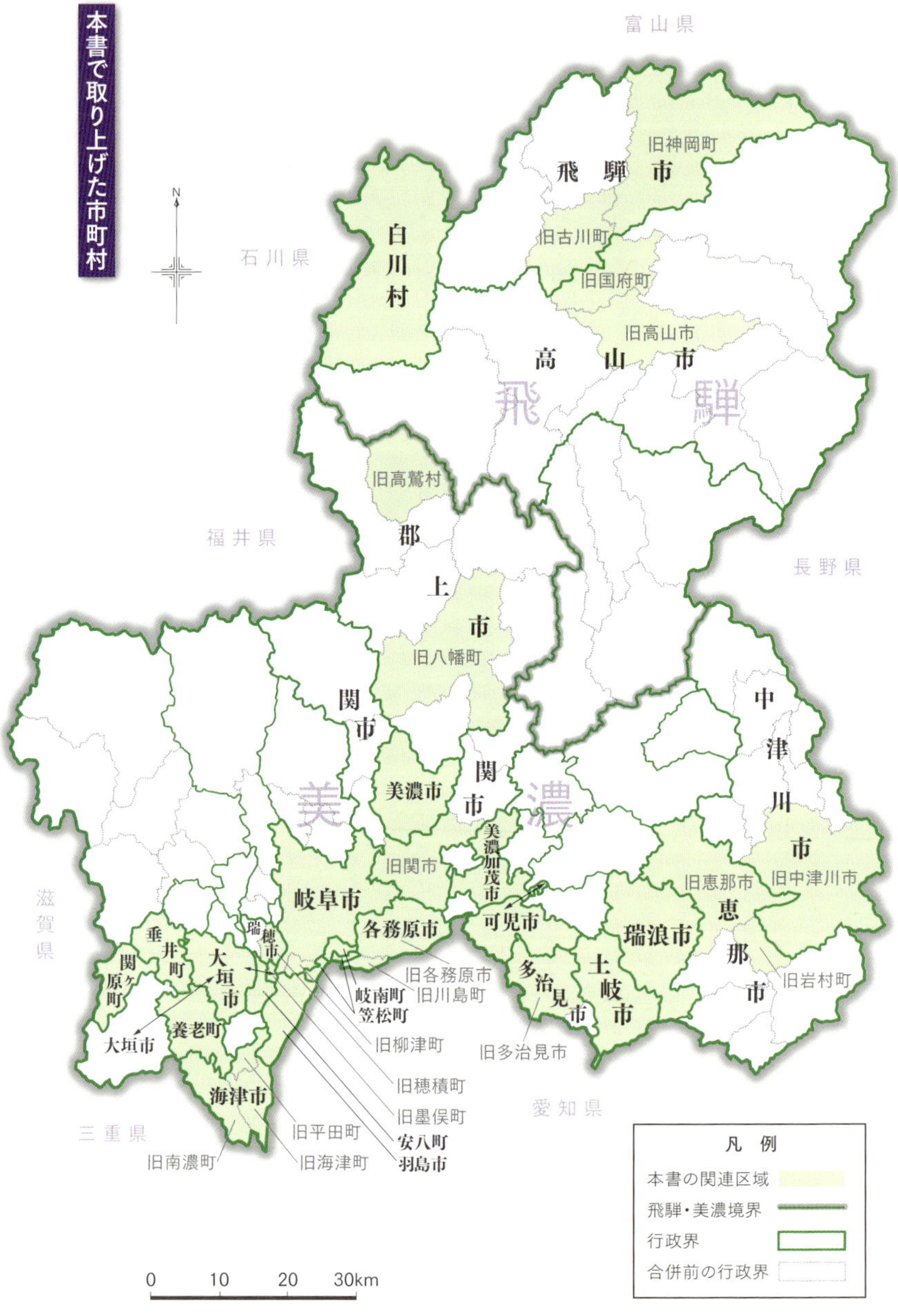

はじめに――飛山濃水の風土

岐阜県民の歌のなかで、〝岐阜は木の国、山の国……岐阜は野の国、水の国〟と詠まれているように、岐阜県の風土を表すのに「飛山濃水」という語がよく使われる。

この飛騨と美濃両者の地形環境は当然、気候にも大きなちがいをもたらしている。飛騨は寒冷多雪な中央日本山岳気候区、美濃はモンスーンと台風の影響を受けるが温和な東海気候区に区分される。いうならば、夏の夜、飛騨のかじかの鳴き声に対して、美濃の寝苦しい蚊のうなり。冬は、音もなく降りつもる雪の日々と、乾燥した伊吹おろしの吹く晴天。このような環境のちがいは災害パターンにも表れる。飛騨の雪害に対して美濃の水害、冷害に対して旱害となり、雪と水との闘いが、ある意味では皮肉な「飛山濃水」となる。

この対照の姿は民家にも表れる。いろりのある部屋を中心とする飛騨型に対して、美濃では開放的な四ツ目タイプの美濃型の分布が密である。

地域性のちがいは民家の構造だけでなく、集落立地にもみられる。飛騨の村々は山村的機能が強く、その立地も山間支谷に支配されるが、その場合、日射量・日照時間に強く影響されている。この傾向は地名からも読みとれる。日面、日当、日永、日影などがそれである。これに対して美濃の水場地帯では、集落は洪水対策として微高地の自然堤防上に立地する場合が多い。地名でみれば、須のつく地名があげられよう。大須、須脇、高須、墨俣などは洲の意である。

「飛山濃水」をさらに国名からながめてみよう。飛騨の国名のルーツは『風土記』によると、大津京造営時に飛騨の良材が駄馬に積まれて飛ぶように早く運ばれたのがその起源であると記されている。一方、美濃は古くは御野、三野とも称され、平野を表す語がその起源とされている。

このような対照的な風土性は人々の気質にもみられる。『六十余州人国記』は「飛騨は律儀にして愚なり……西美濃は人の風儀やわらかにして言舌も風流に見ゆ……」と評している。

飛騨の律儀と美濃の風儀という対照的な気質は、飛山濃水という閉鎖的な山間盆地と開放的な平野部との地形環境もさることながら、徳川250年におよぶ支配体制が大きく影響している。飛騨は一国一藩がそのまま天領となり、天領飛騨人をつくりあげたのに対し、美濃は幕府の分割統治として大垣、加納など国内藩8藩、国外藩3藩、それに70余の旗本領、さらに幕府直轄領が入り込む所領配置をとった。そのため「言舌も風流に見ゆ」という社交性をもつにいたったのかもしれない。

「飛山濃水」で表現されるこの異質性も1876年（明治9）に飛騨が筑摩県より岐阜県に移行後、その地域性を乗り越えて次第に一体化されていく。その過程のなかには、1879年（明治12）の第一回岐阜県議会において治水費をめぐって山場水場論争があり、両者の議員が激しく対立、1883年（明治16）には飛騨3郡の全戸主1万8000人が署名して地方税分離の請願書を提出、「国力回復のため高山県設置をあおがんと欲するのは人民の意志にして切に願うところ」と分離を願ったこともある。しかし、その後はさしたる対立もなく、両者相携えて岐阜県を築き上げようとする精神風土が熟成され、近代岐阜県への一体化が促進させられていった。

飛騨の工匠の伝統を受け継ぐ高山祭、川面に映ゆる鵜飼のかがり火は、飛山濃水の姿そのものである。この対照こそ、岐阜県にバラエティをあたえ、美しの岐阜県として魅力的なものにしている。

＊伊藤安男編著『地図で読む岐阜』（古今書院）から一部を再録

美濃飛騨古地図同攷会代表　伊藤安男

古地図で楽しむ岐阜 美濃・飛騨［目次］

はじめに――飛山農水の風土……3

Part 1

ふたつの城下町がコナベーション（連接）した県都・岐阜……8

岐阜の産物を支えた「川通」……19
宣教師が見た岐阜……25
マップにみる鵜飼観覧……28
【column】ご当地ソング「柳ヶ瀬ブルース」……32
【column】御鮨街道……34
【column】今も残る戦争の傷跡……37

「長良川鵜飼と納涼台御案内」
（大正～昭和戦前、岐阜市）
岐阜女子大学図書館蔵

Part 2
輪中の城下町―宿場町―湊町の重層構造の水防都市・大垣……40
〝水を愛し緑を育む〟自噴井ゆたかな水都……51
小さな輪中をめぐり歩く……54
【column】輪中の土地利用―堀田……49
【column】自噴井と水まんじゅう……57
【column】水屋建築……58

Part 3
牛車にひかれてゼロ戦は各務原飛行場へ――黒ボク土の台地から公園都市に……61

Part 4
和紙と卯建の町・美濃――長良川川湊の繁栄……74

Part 5
美濃の陶都・多治見――織部のふるさと……86
【column】窯跡を歩く……97
【column】岐阜県現代美術館……99

Part 6
岐阜県政発祥地・笠松陣屋――木曽川水運で栄えた川湊……101

長良橋より金華山を望む（絵はがき）

Part 7
郡上踊りの郡上八幡と分水界のひるがの高原「ジオパーク」……108

Part 8
女城主の城下町・岩村――廃線地をたどる……117

Part 9
生きている博物館・高山――下下の国から観光都市へ……128
【column】動く陽明門……142
【column】飛騨春慶……144
【column】一位一刀彫……145

参考文献……147

おわりに……152

長良川堤の桜花（絵はがき）

Part 1

ふたつの城下町がコナベーション（連接）した県都・岐阜

戦国時代の城下町、岐阜と江戸時代の城下町、加納

「井ノ口」から「岐阜」に改名したのは織田信長だ、というのはあまりにも世に知られている。いや、「岐山」「岐陽」「岐阜」の名前を進言したのは名古屋、政秀寺の開山・沢彦宗恩《たくげんそうおん》だから名づけ親は沢彦だ、との説もあるが、その中から「岐阜」を選択し、そのことを領民に知らしめたのは、やはり信長であろう。

室町時代末期、稲葉山、改め金華山山頂には稲葉山城、すなわち岐阜城がそびえていた。岐阜町はその城下町である。「マムシの道三」で知られる斎藤道三は、いわずとも知れた信長の正室・濃姫の父。若い頃は京で油売りをしていたとされているが、実はこの地の生まれであったことが、「六角承禎《ろっかくしょうてい》条書写」によって明らかとなっている。また、信長が初めて課税を免除した楽市楽座を制した町もここであると伝えられる。「美濃を制する者は天下を制す」のことばどおり、信長は岐阜の町をステップにして、天下にその名を轟かせた。

ところが関ヶ原の合戦を終えた1601年（慶長6）、徳川家康は岐阜城の廃城を決め、娘婿の奥平信昌に10万石を与えて加納城を築城させる。岐阜の町は城下町の外観を一掃し、かつて織田家臣団の住居であったところも「古屋敷」（現・岐阜公園付近）と称されるほどであった。家康も岐阜町のにぎわしさに信長の

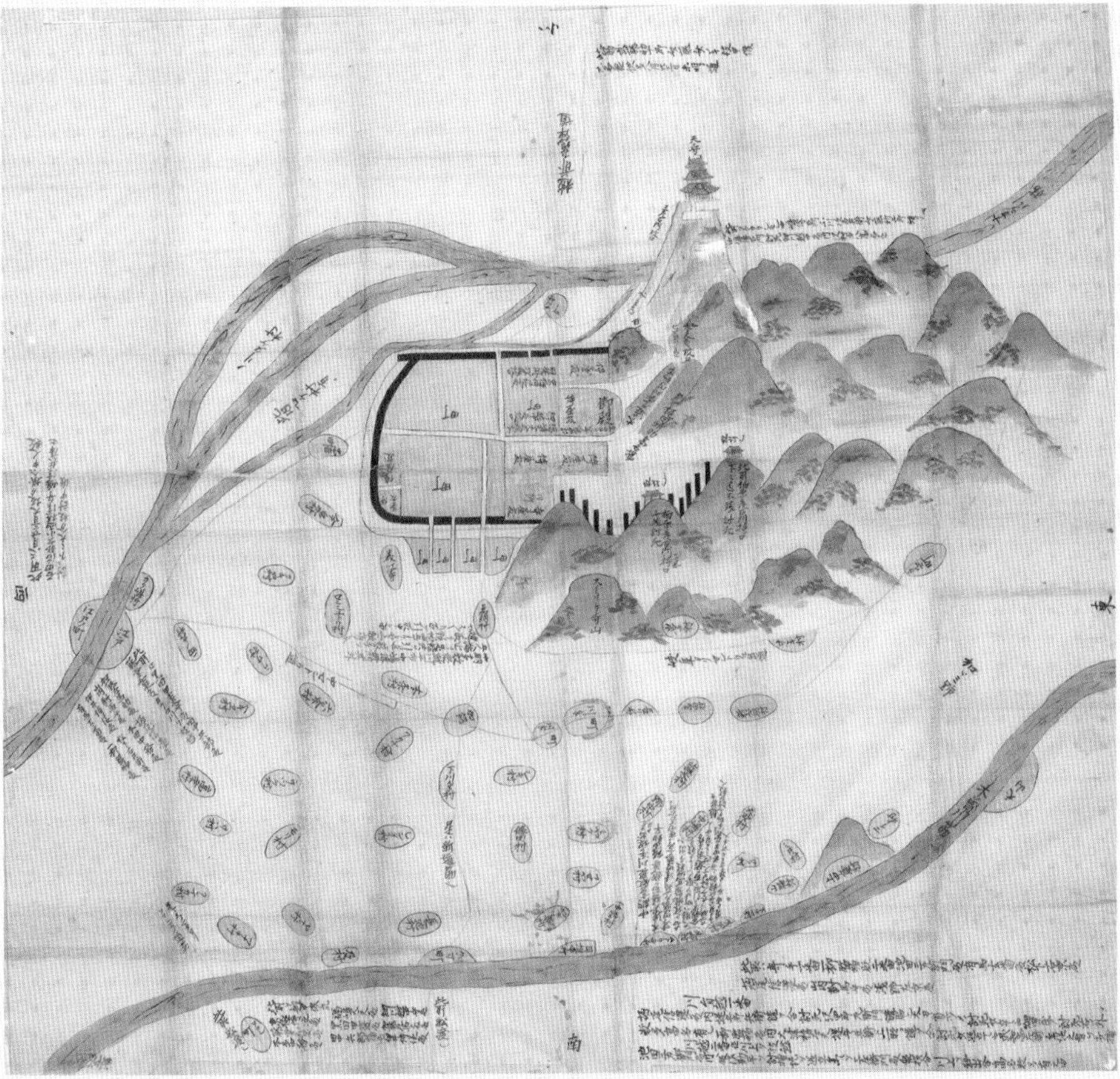

図1　1600年、関ヶ原の戦いの前哨戦だった東軍による岐阜城攻めの様子を伝える「岐阜城攻防図」（江戸前期、岐阜市歴史博物館蔵）

威力を感じたのであろう。ともあれ、以後、江戸時代には、岐阜町は長良川の舟運を利用した商業の町として発展する。

さて、奥平10万石の加納城をいただく加納町は西国の守りを務めることとなり、家臣集団が城の周りに居住した。また町の中央を中山道が通り、多くの商家が立ち並ぶ、宿場町でもあった。しかしこの町は藩主が長続きすることはなく、1632年（寛永9）に信昌の外孫である大久保忠《ただ》職《もと》が、1639（寛永16）に松平光重が、1711年（宝永8）に安藤信友が、1756年（宝暦6）に永井直陳《なおのぶ》が、それぞれ加納藩に転封されてきた。ただ、重なる転封で武家屋敷や町人地の移動があり、また所領にも変動があったりして、たくさんの地図がつくられた。

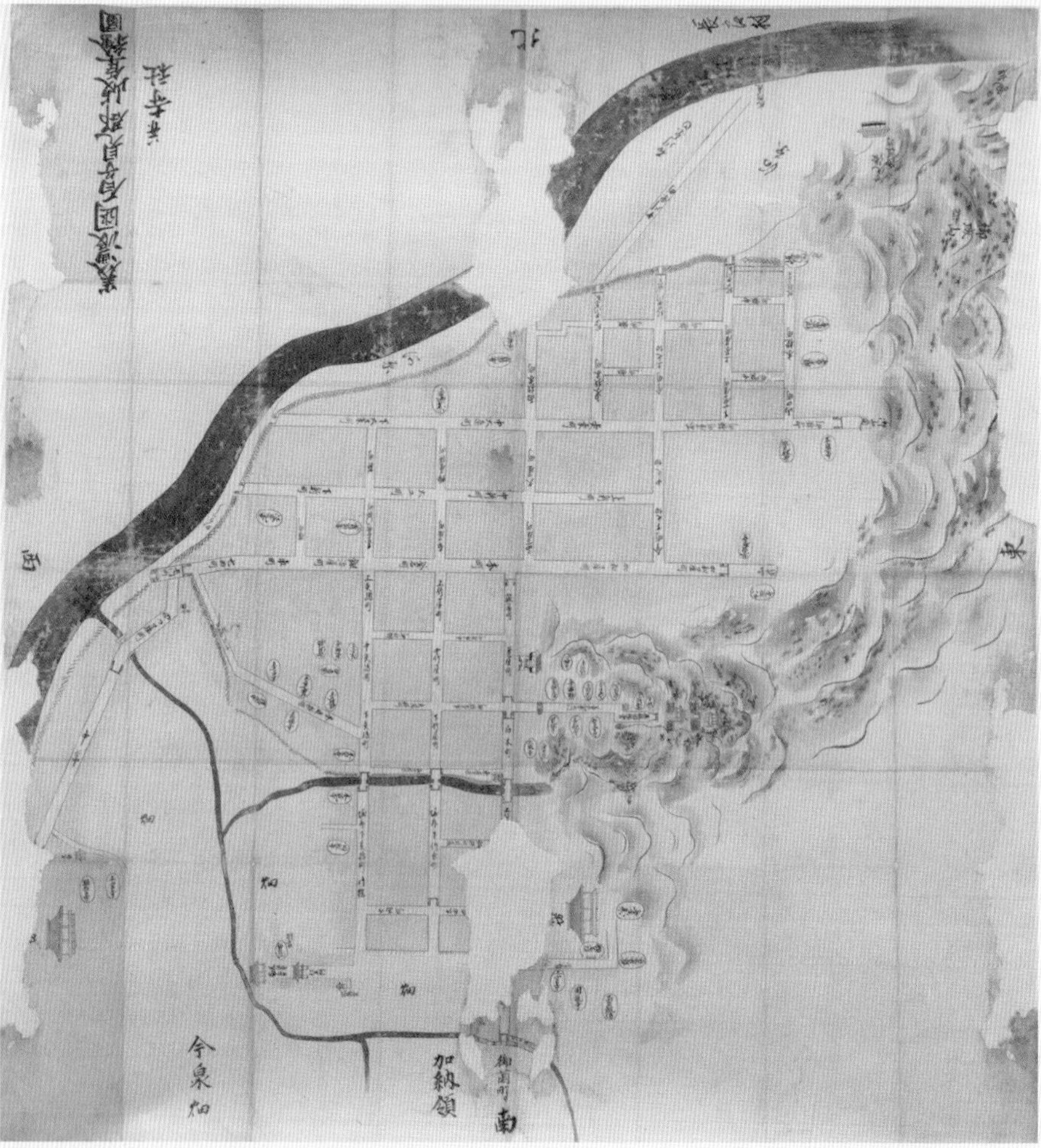

図２　江戸時代の岐阜町を表す「美濃国厚見郡岐阜絵図並寺社」（江戸後期、岐阜市歴史博物館蔵）

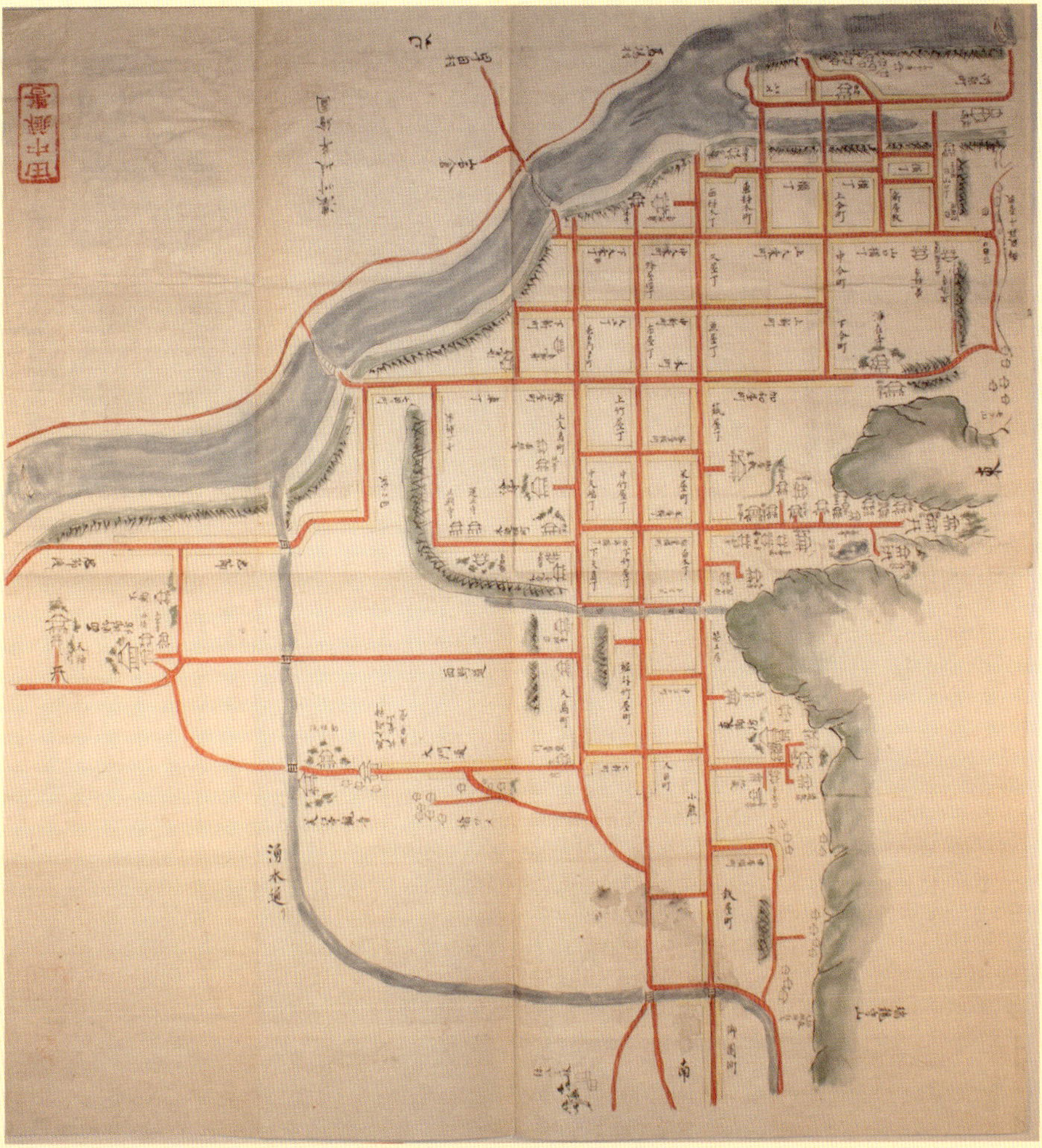

図３　江戸時代の岐阜町を表す「濃州岐阜絵図」（岐阜市歴史博物館蔵）

下呂
金山
関
美濃町
八百津
日本ライン
犬山
多治見
東京
名古屋
一宮
笠松
鳥羽
山田
亀山
桑名
大阪
門司
大垣
岐阜驛
市役所
長住町
柳ヶ瀬
金神社
長良川

図４　吉田初三郎「岐阜市鳥瞰図」（明治時代、岐阜市歴史博物館蔵）
市政を祝う岐阜市とは、このような規模であった。
右手、「岐阜驛」のむこう側に「加納城趾」が見える

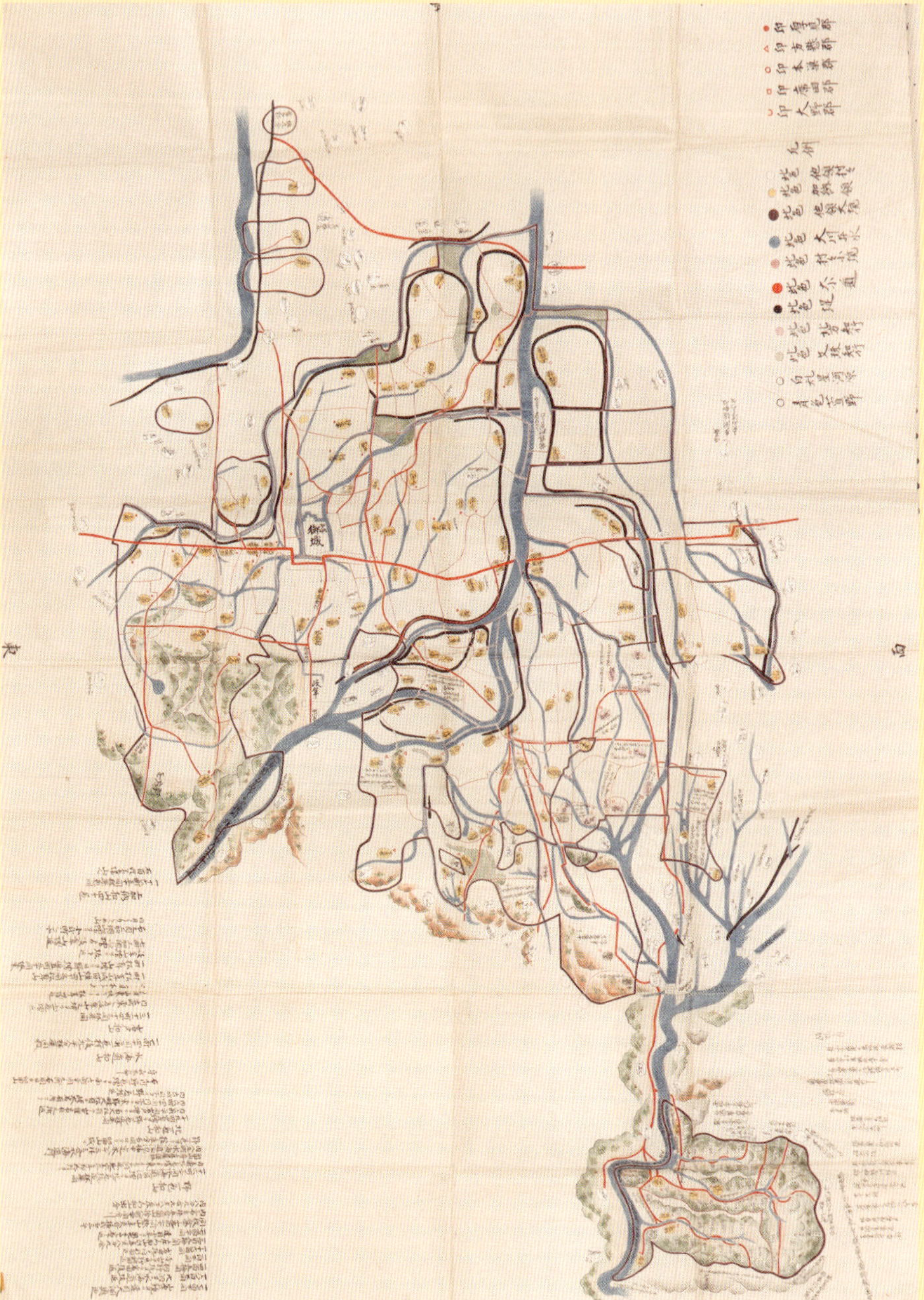

図５　松平家時代の「加納藩領図」（1688 年以降、岐阜市歴史博物館蔵）

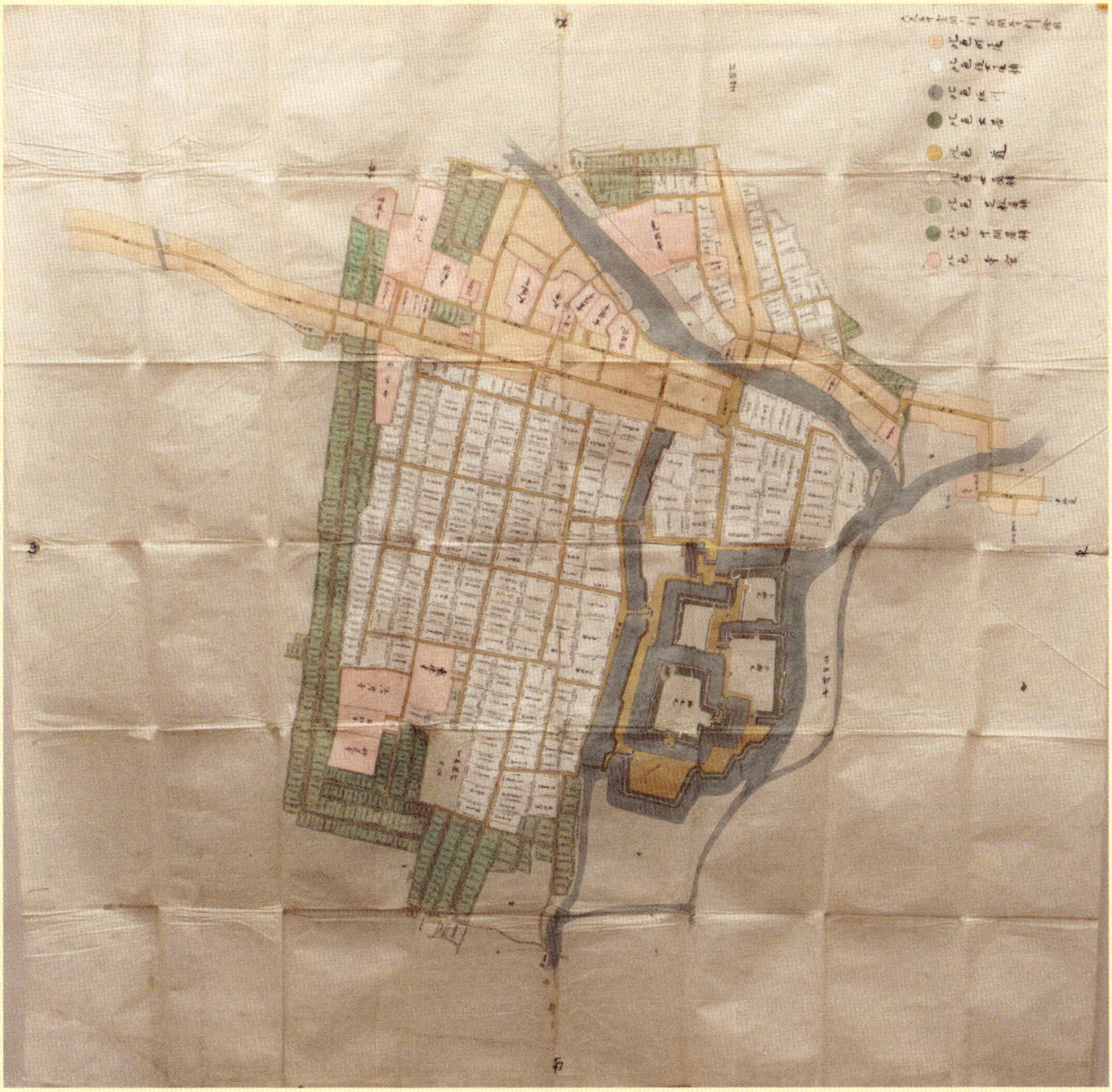

図 6　松平家時代の「加納城下絵図」(1700 年頃、岐阜市歴史博物館蔵)

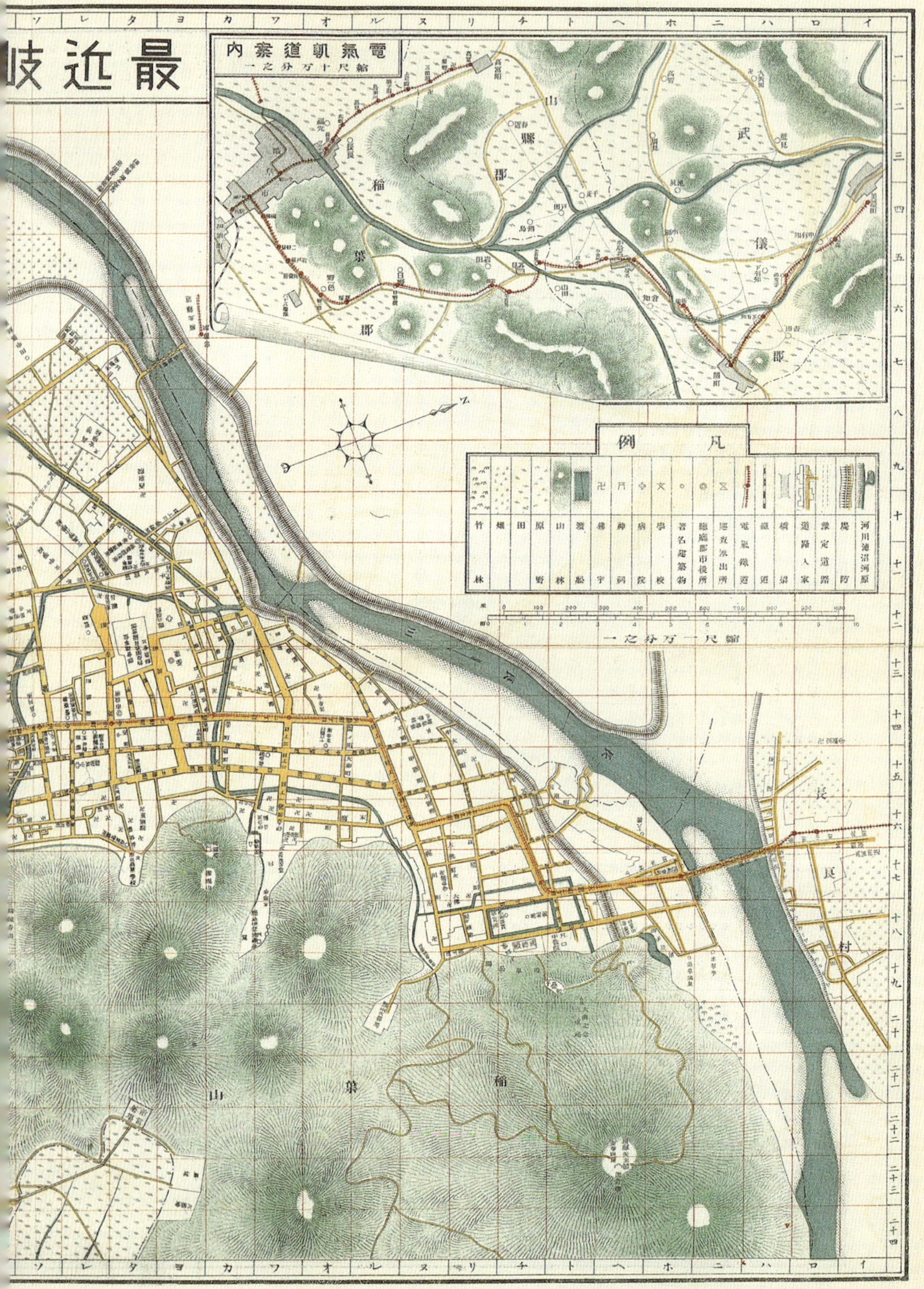

最近岐
電氣軌道案内
縮尺十万分之一
凡例
河川池沼河原
堤防
豫定道路
道路人家
橋梁
鐵道
電氣鐵道
巡査派出所
縣廳郡市役所
著名建築物
學校
病院
神祠
佛宇
濱船
山林
原野
田
畑
竹林
縮尺一万分之一
稲
葉
山

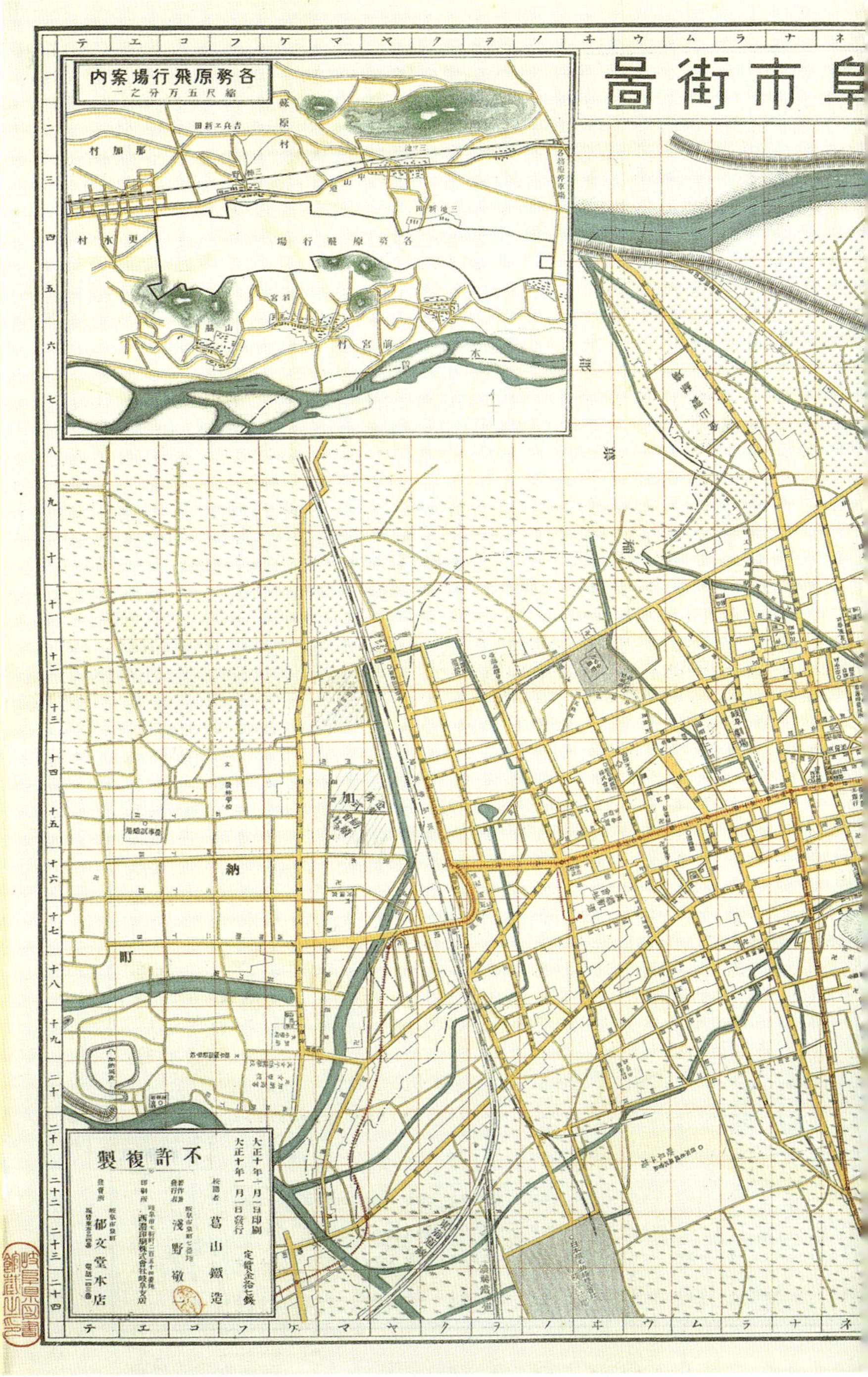

図 7 「最近岐阜市街図」(1921 年、岐阜県図書館蔵)

ふたつの町の合体化

1871年(明治4)、廃藩置県によりいったんできた笠松県をはじめ今尾県、岩村県、大垣県、加納県、郡上県、高富県、苗木県および野村県が合併して岐阜県となり、当初の県庁は笠松陣屋におかれた。

3年後、今泉村(現・岐阜市八ッ寺町)に新庁舎が移転した。この今泉村は岐阜町などと合併し、1889年(明治22)、岐阜市制を施行した。一方、1907年(明治40)には旧加納藩から出た西加納村と東加納村、下加納村が合併して、加納町ができた。

岐阜市の中心は県庁舎や市庁舎がおかれた旧・今泉村であった(市庁舎は後に岐阜町に移転)。ところが1887年(明治20)に加納駅が現・元町に設置され、翌年には現在の位置に岐阜駅として移転する。このため岐阜の中心部から加納方面に向けて八間道(現・長良橋通り)ができる。

また同年には上加納村金津に政策として遊郭がつくられ、岐阜市の南側がにぎわしくなった。このあたり、江戸時代にはまったくの村はずれで、蓮池や沼地が多くあった。ヤナギが茂る湿地帯でもあり、柳ケ瀬と呼ばれていた。八間道から遊郭へ遊びに行く道が、今の柳ケ瀬通りである。

岐阜市はその後、周辺の村々を吸収合併して大きくなる。たとえば1931年(昭和6)には日野村と本荘村が、1932年(昭和7)には長良村が、そして1940年(昭和15)に加納町が岐阜市に入った。

ここに、かつてのふたつの城下町、ただしその発展時期は異なるものの、これがコナベーションする都市ができあがることとなる。

(日比野光敏)

図9　珍しかったころの市内電車。八間通り(現神田町)で(1912年)
(岐阜県歴史資料館蔵)

岐阜の産物を支えた「川通」

図１　金華山と長良川（岐阜市長良より、2010年７月）

長良川のイメージ

　岐阜市を貫流する長良川（図１）。その中流域は、１９８５年に環境庁（現・環境省）の「名水百選」に選定され、岐阜市の長良橋から上流約１kmまでの水浴場は１９９８年に環境庁の「日本の水浴場55選」、２００１年に「日本の水浴場88選」にそれぞれ全国で唯一河川の水浴場として選ばれ、夏ともなれば河原は多くの水浴客で賑わう。また、２０１４年には長良川流域における生活、水環境、漁業資源が密接に関連するシステムが評価され、「清流長良川の鮎」として農林水産省により世界農業遺産の認定候補地に選出された。

　このように「清流」や「漁業」は、今日長良川が語られるうえで主要なキーワードとなっており、市民や旅人が共通して抱く「正」の価値観で

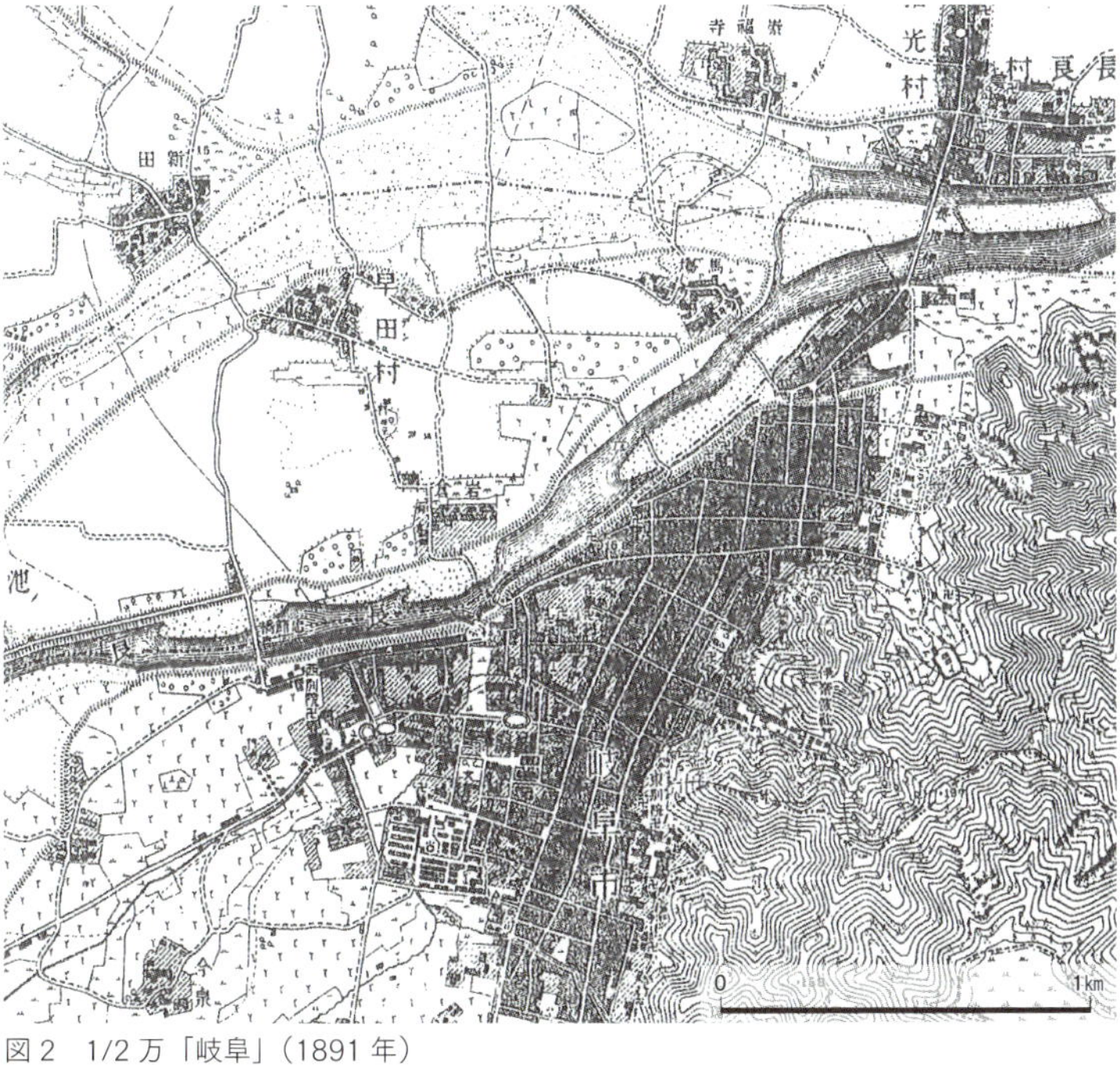

図２　1/2万「岐阜」（1891年）

あるといえよう。

それに対して「負」の価値観の代表は論を待つまでもなく「水害」である。古くは12世紀前半に成立した『今昔物語集』巻第二十六に載せる

図3　分流する長良川。中央の橋梁は長良橋（昭和初期、岐阜市歴史博物館蔵）

「美濃国因幡河、出水流人語第三」に洪水の惨状が記されている。図2のように、以前は岐阜市金華山麓から長良川は3本に河道が分かれ、平時は井川と呼ぶ1本に水が流れ、出水時は図3のように3本に分流していた。これを1939年（昭和14）分派口締切工事によって1本にまとめたほか、川幅の拡張や堤防の強化など近代的な河川改修がおこなわれた結果、長く人々を苦しめてきた水害は大幅に減少した。

忘れられた「川通」

このような長良川に対する交錯する価値観のなかで、現代において忘却されてしまったものが「川通」であろう。この用語は近世から近代初頭の文献によく見られるものである。図4は現在の岐阜市鏡島付近の絵図で、中央灰色の

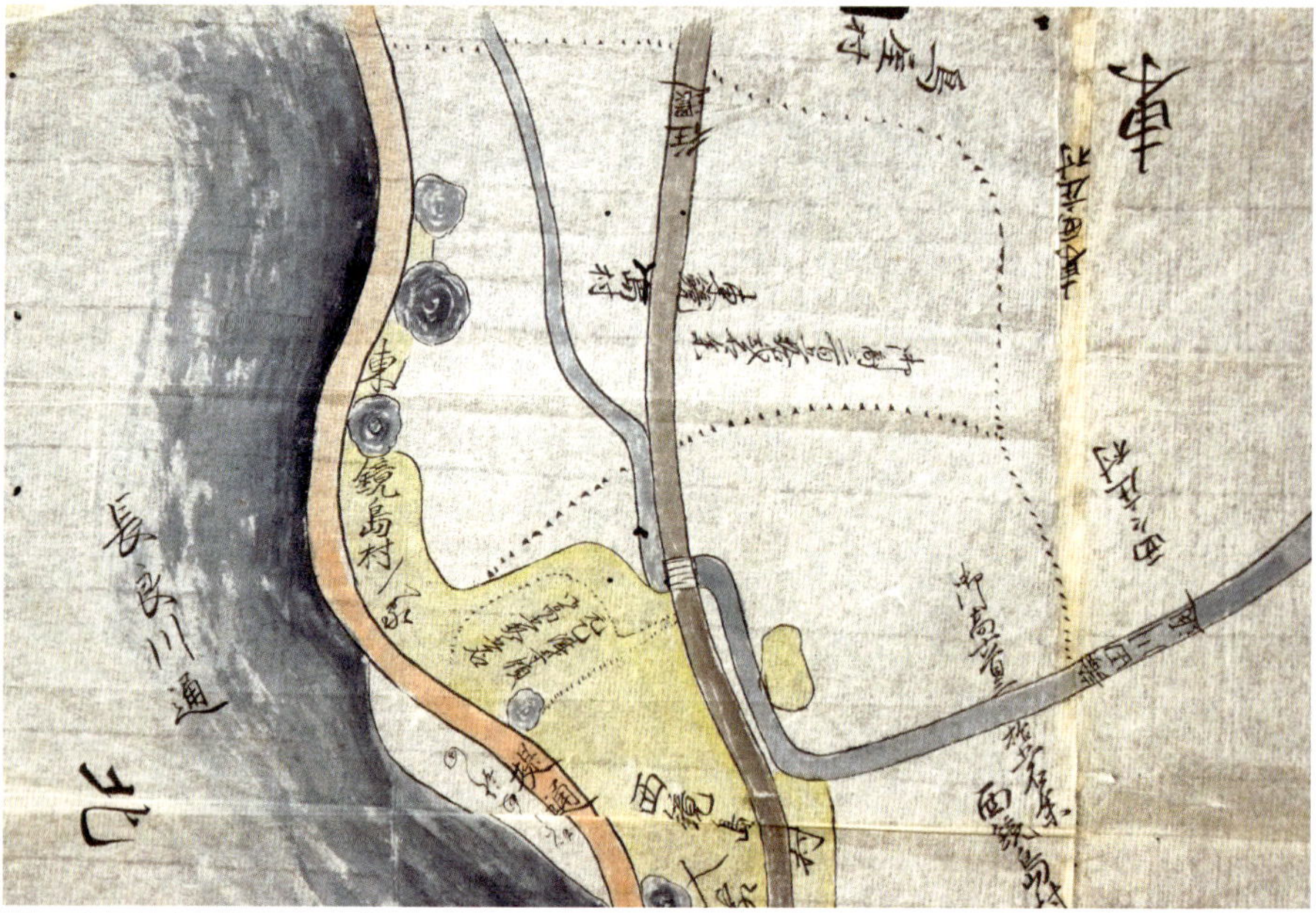

図4　「字論田組合大凡絵図」（1871～2年、岐阜市歴史博物館蔵）

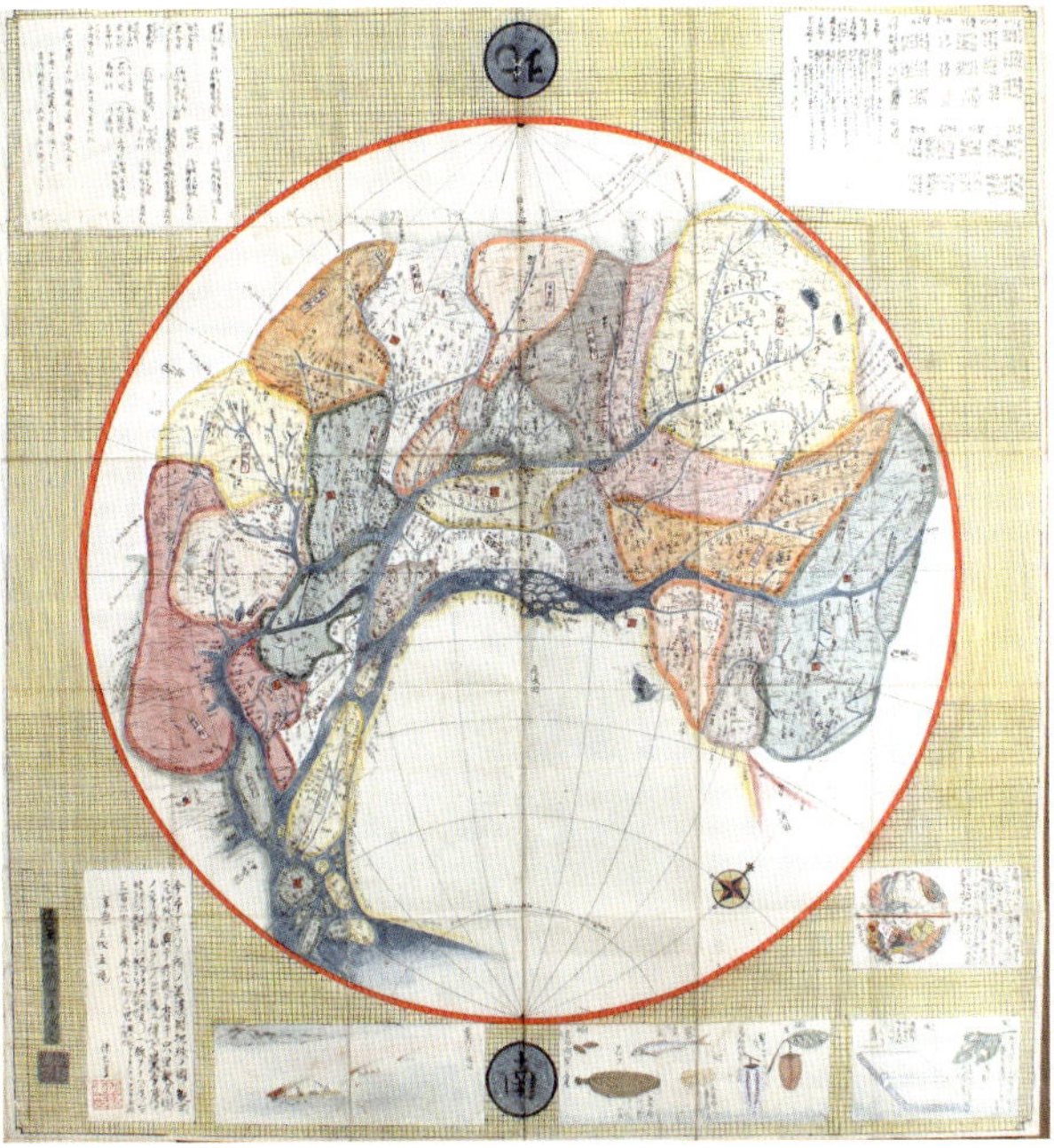

図5　律巴亭（西川満阿）作「美濃国地球全図」
（1802年、部分、岐阜市歴史博物館蔵）

「往還」は中山道、左側オレンジ色の「堤通」は長良川の堤防道路、それに対して水色の長良川は「長良川通」、論田川は「論田川通」と表記している。この用語は陸上の通りや街道に対して交通路としての河川を意識したもので、その通りを行き交うものは船や筏であった。

　長良川における本格的な舟運の発達は近世初頭からである。長良川扇状地では、扇央部で大型船の通船は水深が浅く困難だったようで、扇端部分の鏡島、扇頂部分の中河原（岐阜市湊町・玉井町・元浜町）にそれぞれ湊が設けられていた。鏡島湊は1592年（天正20）岐阜城主織田秀信により新湊町造成が申付けられるとともに、旧来からの長良川上り荷物について、陸揚げの独占権が追認された。中河原湊は元来長良川の河原で囲堤もなく、洪水の時は一面水が溢れる有様であったが、対岸長良三郷との渡し場でもあり、岐阜町への入口に位置するため諸商が多く、町屋や茶屋が軒を連ね賑わいをみせ、陸上交通と水上交通の結節点であった。ここには1619年（元和5）から支配する尾張藩が長良川を運航する船舶、筏に対して運上・役銀を徴収する長良川役所を置き、その実務は付問屋（改役）の西川家が担った。図5は1802年（享和2）西川家当主満阿が美濃一国を円内に収めて作図したユニークな美濃国図である。その意図を作者は距離と寒暖を知るためとするが、陸路は細い赤線で図示するに留まるのに対し、川筋を強調し川通沿いの村落を詳細に書き入れるとともに、美濃国外の伊勢湾までを図に収めて海路への接続を示すなど、家業を反映させた美濃の川通を強く意識した図となっている。

　この河川ネットワークを活用した輸送は、明治時代に長良川役所や鏡島湊などが持っていた特権が廃止され、通船の制度上の障害がなくなることによって、最盛期を迎えたようである。1881年（明治14）の調査によれば、旅客を乗せる船は富茂登《ふもと》村（岐阜市湊町周辺）・上有知《こうづち》湊（美濃市港町）間で毎日運航され、定員20人で富茂登村を毎夜12

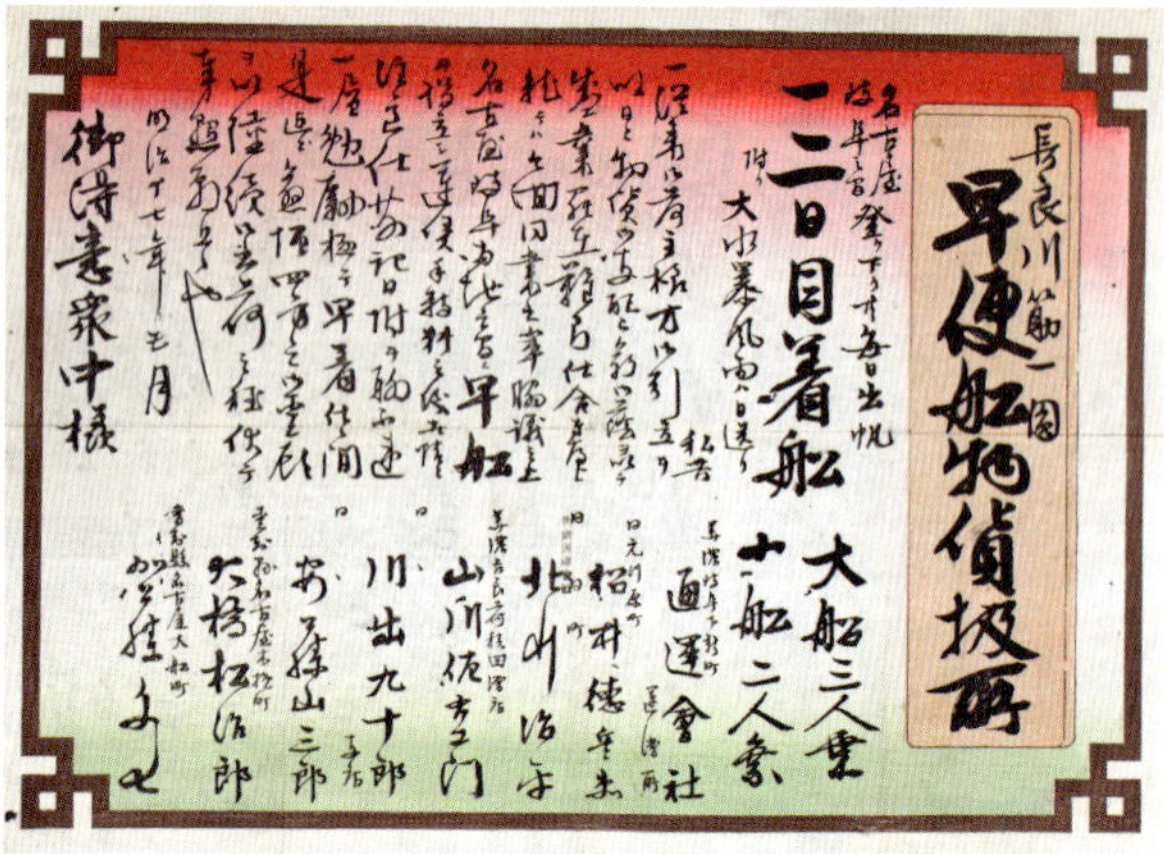

図6　「長良川筋一円早便船物貨扱所ビラ」（1884年、岐阜市歴史博物館蔵）

時に出航して川を上り、午前9時上有知着、同日午後1時に定員40人で当地を出航して川を下り、午後4時帰着のスケジュールだった。下流方面に向けては、岐阜町及び長良周辺から桑名（三重県桑名市）、祖父江（愛知県稲沢市）、津島（愛知県津島市）等へ通船があった。貨物を輸送する船は岐阜市域一円の各川湊から桑名、四日市（三重県四日市市）、名古屋との間を運航し、さらに一部は長駆して知多半島の常滑（愛知県常滑市）に至る航路も存在した。図6は当時岐阜と名古屋の荷物問屋が出した船便の広告で、岐阜・名古屋間を2日の行程で毎日出航としている。

しかしながら、1887年（明治20）1月に大垣から鉄道が延伸して岐阜に加納駅（翌年岐阜駅へ移転）が設置され、1889年（明治22）には新橋、神戸間が全通、1911年（明治44）に神田町（岐阜市神田町）と上有知間に美濃電気軌道美濃町線が開通したことにより、物流の主役は鉄道輸送に代わり、舟運は急速に衰退していった。

「川通」を利用した名産

この川通を利用した物資の輸送は現在全国一の生産を誇る岐阜和傘をはじめ、岐阜提灯、岐阜団扇といった、江戸時代から続く岐阜市の伝統的な産業の発展にも大きな影響を及ぼした。これらはいずれも和紙と竹を主要な原材料とするが、和紙は上有知湊が美濃和紙の集散地であり、そこから荷船で川を下り、中河原湊で中継された。竹も長良川上流部で伐り出したものを筏に組んで流し、中河原湊に着いた。これを竹筏といい、昭和初期までその姿をみることができたものである。

和傘の生産は岐阜市加納が中心であり、1639年（寛永16）松平光重が明石藩より加納藩へ移封の際、傘屋金右衛門を伴ってきたことにはじまるとの説がある。加納は中山道の要衝として1601年（慶長6）徳川家康の娘婿である奥平信昌が10万石を与えられて初代藩主に就いたが、戸田家が入封した際は7万石、1756年（宝暦6）永井直陳が加納藩主となった時の石高はわずか3万2000石であった。そのため下級

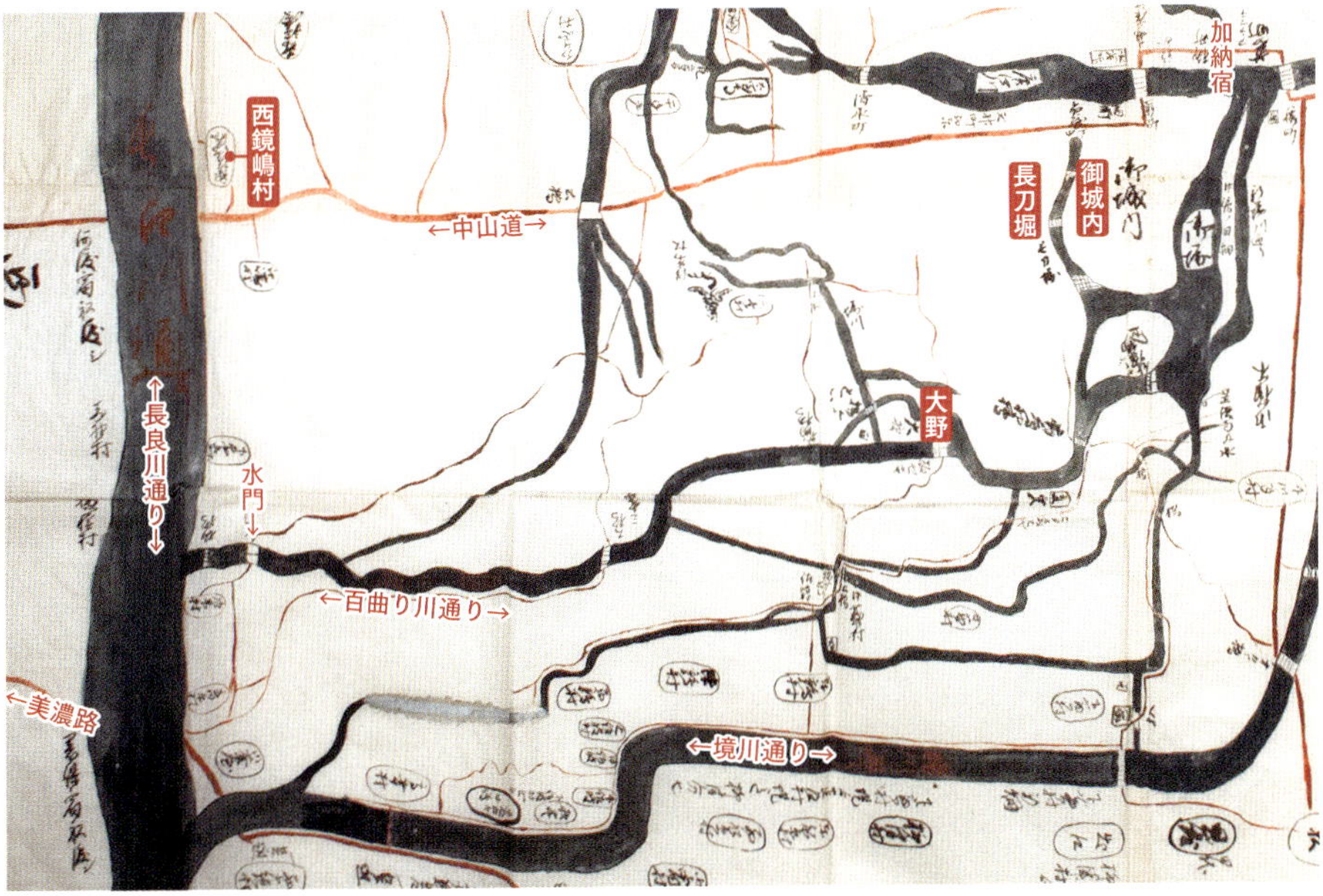

図7　「百曲り川絵図」（1758年、馬渕家蔵、一部加筆）

武士の生計を助けるために和傘作りが奨励され、当地における和傘生産拡大の礎を築いた。さらに加納藩では傘問屋を定め江戸への移出を進めて特産品とし、「傘札」「ろくろ札」と呼ばれる藩札の発行により、専売制の強化をはかっていった。加納で生産された和傘は「美濃傘」の名で江戸時代から名古屋をはじめ、江戸、京都、大阪等へ移出しており、1826年（文政9）には1万8870本の傘が江戸へ送られている。この江戸積傘は、図7のように、加納城下長刀堀の土場、もしくは近郊の大野で船積みし、百曲り川（荒田川）を経由して長良川に入るか、長良川鏡島湊まで中山道で陸送した後船積みし、伊勢桑名まで下り、廻船問屋の手によって海路江戸霊岸島まで運ばれていた。

今日、全国有数の産地となっている岐阜提灯は、その用語が19世紀中頃から確認できる。例えば宮川政運著『宮川舎漫筆』では1824年（文政7）、最近流行の盆提灯で「薄き紙にて美しき細画を用」いたものを「岐阜提灯」と記録し、19世紀半ばに喜田川守貞は『守貞謾稿』で岐阜提灯について「岐阜ハ濃ノ地名、其地ヨリ出ス挑灯、骨極テ細ク、紙薄ク、絵美ニシテ盂蘭盆ニ富者専ラ之ヲ用ユ」と説明している。図8は当時の岐阜提灯を描いたと思われ、絵柄は現代同様の秋草図であるが、火袋は丸形で風鈴を付け、納涼用にも用いられるものだった。このように江戸で流行した岐阜提灯の輸送には、和傘同様舟運を利用したようで、時代が下るが1879年（明治12）に東京で岐阜提灯販売が試みられた際には、提灯を名古屋から海路東京へ運んだ記録が残る。このように、岐阜和傘や岐阜提灯が江戸時代から著名な産地として名を成した要因の一つに、原材料と製品の大量輸送を川通の舟運が担っていたことがあげられる。

さて、加納における和傘の生産は、戦後洋傘が普及する昭和20年代にピークを迎えた。図9は昭和20年代後半、進駐軍関係者などの外国人向けに出版した岐阜市近郊のツーリスト・マップである。長良川鵜飼、養老の滝、下呂温泉、日本ラインと定番の観光地を大きく取り上げているほか、1949年開設の岐阜競輪場も載せている。中央下には岐阜市の物産として鮎、岐阜提灯、織物、和傘のイラストが入る。和傘はカラフルな模様で日傘であろう。国外において雨傘は洋傘が専らであり、海外の人々には日傘が好まれた。ちなみに岐阜提灯も図柄は大柄な花模様で、日本の盆提灯には不釣合いな図柄である。これも国外向けのデザインで、戦前からこの種の製品が輸出用に作られていた。

さらに目を凝らすと、岐阜駅より下の加納地区の家並みが夥しい「傘」で埋まっている。傘に油を引いた後の天日干しをイメージして作図したのであろうか。いずれにしても、時代を反映したおもしろい地図であるが、ここに川通の痕跡を見出すことは叶わない。そして現在、この表現を使用して作図しても、描かれる「傘」の数は僅かなものになってしまうのである。

（大塚清史）

図８　芳虎画「見立五萃句合内　盆すぎて」（江戸時代末、岐阜市歴史博物館蔵）

図９　Tourist Map of Gifu and Vicinity（1951 ～ 1954 年、岐阜市歴史博物館蔵）

宣教師が見た岐阜

フロイスの見た「地上の楽園」

1569年（永禄12）5月、ポルトガル人イエズス会宣教師ルイス・フロイスは、織田信長にキリシタンの庇護を求め、信長が入城した2年後に岐阜を訪れる。信長の居住する岐阜城は、標高329m、比高300mの金華山（図2、御山）にある山城で、1654年（承応3）に尾張藩が作成した『濃州厚見郡岐阜図』には、千畳敷（現岐阜公園内）と呼ばれる西の山麓一帯に「昔御殿跡」と記されている。

フロイスの『日本史』には、バビロンの混雑を思わせる町の賑わいや、この千畳敷にあったとされる4階からなる絢爛たる「宮殿」の様子が描かれている。

1階には金屏風で飾られた約20の部屋、4つ5つの庭園があり、眩い白砂が敷かれた池には美しい魚が泳いでいる。2階には完全さと技巧では1階より優れた婦人部屋、3階には茶室のついた廊下があり、3・4階からは市中を展望できたと記されている。数日後、彼は山上の城に招かれる。

信長は、表玄関にあたるこの山麓の「宮殿（居館）」で使者や家臣と公式に接見した。その後、重要な人物と関係を深める場合は、奥座敷にあたる山頂の城で自らもてなすスタイルをとったと考えられる。

信長流 お・も・て・な・し

フロイスと同じく、権大納言山科言継《やましなときつぐ》は、同年7月三河の徳川家康のもとへ向かう途中に岐阜を訪れる。フロイスと同じく信長流おもてなしの手法を垣間見ることができる。

①用件はまず山麓の居館で済ませる→②日を変えて大手筋とされる七曲道から登山、山頂の城で信長自らが膳を運び給仕をおこなう→③山頂から濃尾平野を展望させる

ここにも戦国期城郭にみられる、山麓の居館から山頂の城への垂直的移動が確認できる。おもてなしの拠

図1　信長居館跡を流れる谷川（岐阜公園・千畳敷、2015年5月）

図２　「岐阜町絵図」（一部拡大、江戸後期、作者不明、岐阜県図書館蔵）

点である山麓の居館は訪問者が最初に招かれる表玄関であり、フロイスが日本布教長フランシスコ・カブラルに随伴した1572年（元亀3）の二度目の来岐の際には、晩餐会までの待ち時間に、信長がイチジクを勧め、庭園の鳥を殺して料理に出すよう命じている。

> 予の庭（すなわち彼が城内に持つ庭園のことである）にいるあれらの鳥たちを殺させ、それらを十分に焼くことを承服するよう命じました。
> （「カブラル書簡」）

金華山を背景におこなわれる宴席の風景は、自然に融合することに美意識を感じさせる日本文化の特質を見出すことができる。本来ならば軍事施設である城郭を、おもてなし空間として演出することで、宣教師、公家、有力者を仲間に取り込んでいく、信長の巧みなソフトパワー戦略を垣間見ることができる。

戦国時代のタテ町

フロイスの見た岐阜の城下町は、山頂の城に通じる2本のメインストリートを軸にプランニングされた。1本目は、金華山への登山口から本町通りを東西に延びる道路「七曲道」（図2）である。2本目は、登山口から大桑《おおが》町へ通じる道路「百曲道」（図2）である。

斎藤道三は、1539年

（天文8）に稲葉山城を修築し、城下のまちづくりに着手した。『中島両以記文《なかじまりょういきぶん》』1675年（延宝3）によれば、伊奈波神社を現在地へ移し、西麓には居館を造営し、町の三方に出入口を設けた。「七曲道（現本町通）」には地元の井口《いのくち》の百姓や町人を、「百曲道」には大桑の町人を住まわせた。その後、信長が尾張の町人を連れてきて空穂《うつぼ》屋《や》町（現靭屋町）、新町をつくったとある。この東西に延びる2本の道路は、城郭に対してタテ方向の町通りを軸にした町、主要街区の間口が城郭に通じる大手道に開いている町であることからタテ町と呼ばれる。

また、金華山の西麓には「古屋敷」の文字があり、梶川堀を境に東に古屋敷を示す茶色が塗られている。信長のめざす兵農分離の萌芽を都市プランに見ることができる。不安定な政治状況下にあって、領国の象徴としての絢爛たる「宮殿」を見せつけることで、新たな城下町のスタイルを建設しようとする信長の絶対的権力への意志を読みとることができる。

江戸時代のヨコ町

関ヶ原の戦い後、岐阜町は幕府の直轄領となり、美濃国内の政治を治める国奉行の陣屋が置かれた。1619年（元和5）に尾張藩領に編入され、空穂屋町の東に岐阜御役所（図2）が置かれ商業都市となる。中今町の東には鮎鮨の加工所である御鮨所《おすしどころ》（図2）があり、空穂屋町・米屋町・白木町から御堀を越えて南北を縦断する「御鮨街道」（図2）で江戸へ運ばれた。

ここで注目すべきは、メインストリートの東西方向から南北方向への変更である。戦国時代の2本のメインストリートに並走するタテ方向の町並に対して、江戸時代には商業都市を支配すべき尾張藩の御役所の大手道に対してヨコ方向の町通りを中心にした町並へと変化していることである。つまり、主要街区の間口が「御鮨街道」に開いて並走することからヨコ町と呼ばれる。

惣構《そうがまえ》の内町の中央を東西に貫く「七曲道」を挟んで、戦国時代という不安定な政治状況に形成された北半分（図2では左半分）のタテ町と、江戸時代の安定した権力の下で岐阜町が経済効率を優先しつつ相対化されていく南半分のヨコ町（図2右半分）の対照性に、山城から平城への城郭革命とも呼べる時代の軌跡を読みとることができる。

フロイスの見た信長像

フロイスに対する信長の心遣いは、デウスへの信仰というよりも、西洋文化への憧憬と「天下布武」という武士階級による絶対王政のグランドデザイン構築のための手段といえるのではなかろうか。信長自身への絶対的服従を求める彼の夢は、1582年（天正10）本能寺の変で果てることとなる。

信長は自らが神体であり、生きたる神仏であることを明言した。彼がデウスに帰すべきものを奪おうとしたため、体は塵となり灰となり、霊魂は地獄に葬られた。同年の『イエズス会日本年報追加』で、フロイスは、信長の行為を厳しく論難し、本能寺での彼の死をデウスの天罰としている。

（安元彦心）

図1　「濃州長良川鵜飼図」（江戸時代、岐阜市歴史博物館蔵）

マップにみる鵜飼観覧

岐阜市の主要な観光スポットの一つ、長良川の鵜飼。正倉院宝物である702年（大宝2）美濃国戸籍（断簡）に「鵜養部」の名が記載されていることから、当地方では1300年以上前から鵜飼がおこなわれていたと考えられている。2015年には伝統的な漁法を今に伝えるものとして、鵜飼漁の技術が国の重要無形民俗文化財に指定された。これは農林水産業では初の指定である。しかし、現実には鵜匠の生活は漁業収入のみでは成り立たず、観光客に漁の様子を見せる「鵜飼観覧」に関わる収入が大きなウェイトを占める。

　そもそも、漁業が観覧の対象となるのはあまり例のないことだが、鵜飼は古代から貴族をはじめ、文化人に愛されてきた。江戸時代の終わりには一般の人々も船を仕立てて鵜飼見物を楽しむようになり、図1のような名所絵も版行された。本図は金華山麓に聳える鏡岩の下の淵で漁をする鵜船に観覧船が出向いて見物する様を描き、1473年（文明5）、岐阜市鏡島付近にて鵜飼を見物をした前太政大臣一条兼良が詠んだ和歌「取あへぬ夜川の鮎のかゝりやきめづらとも見つ哀ともみつ」を添えている。このように、当時は「鏡岩付近での鵜飼」が名所として知られていたのである。

図２ 辻万峰画「美濃国長良川鳥鬼行之図」（1882 年、岐阜市歴史博物館蔵）

図３ 北秀画「岐阜名所図絵」（部分、1925 年、岐阜市歴史博物館蔵）

ところが、１８７４年（明治７）岐阜町と長良の間に明七橋が架設されると、鵜飼の名所絵は図２のように橋と金華山をバックにした鵜飼の図が主流となる。後に明七橋が長良橋へと架け替えられても、長くこの構図が好まれた。市街に近く橋上からも見物できるこのロケーションは、鏡岩付近よりも手軽に鵜飼見物ができる場所であった。

明治時代には「美濃の奇観」と称され、養老の滝と名所の双璧とされた鵜飼だったが、次第に鵜飼に加えて金華山一帯が観光地として整備されていった。図３の鳥瞰図をみると、山頂には１９１０年（明治43）建設の模擬天守閣、１９１７年（大正６）大正天皇大典記念に建てられた三重塔をはじめ、麓の岐阜公園には動物舎が並んでいる。長良川左岸鏡岩付近には多数の東

図4　吉田初三郎画「世界第一景長良川之鵜飼」（1935年、岐阜市歴史博物館蔵）

屋がみえ、納涼台と称して日中の避暑や水浴、夜間の鵜飼観覧に供されていた。長良橋下の遊船をよく見ると、岸から船頭が綱を引いて川を上っており、旅人の興味を駆り立てる図となっている。

　昭和に入ると、岐阜市では国内のみならず海外からも観光客を誘致しようとした。図4は吉田初三郎がこの時期鵜飼をテーマに描いた鳥瞰図である。図のタイトルは「世界第一景長良川之鵜飼」。図3と比べ観光施設の多くを省き、金華山と長良川の清流を舞台とする鵜飼の幽玄な情景描写に力を入れている。また、鵜匠が宮内省所属であり御猟鵜飼を務めることから図の左側右岸にその場所である「古津御猟場」を図示し、中央右下右岸には外国人観光客向けに岐阜市が1933年（昭和8）建設した「長良川ホテル」の位置を示している。しかし、戦局の悪化によって娯楽が慎まれるようになり一般客向けの観覧船運航は1943年から46年まで休止となった。

　戦後、高度成長期を迎えるとともに、1970年からは日本国有鉄道による個人旅行拡大キャンペーン「ディスカバー・ジャパン」がはじまり、1973年にNHK大河ドラマで岐阜を舞台にした「国盗り物語」が放映されるに至り、鵜飼観覧客数は史上最高を記録するに至った。図5は1971年の岐阜市観光マップである。当時は多数の乗船客に対応するため観覧船が150艘前後もあり、従来の鵜飼観覧場所だけでは停泊できないため、岐阜市日野に上流鵜飼観覧船事務所を設置し一夜で上・中・下3カ所で鵜飼を実施していた。また、東屋だった納涼台も鵜飼納涼観覧所として近代的な三層の鉄筋コンクリート造りの建物となり、1955年開通金華山ロープウェイ、翌年再建の岐阜城天守閣、1968年オープンの長良川温泉などを加え、一大観光地が形成されたのである。

　鵜飼観覧客は、その後漸減に転じる一方、近年では冒頭紹介した「長良川の鵜飼漁の技術」が国重要無形民俗文化財に指定されたのをはじめ、「長良川中流域における岐阜の文化的景観」の国重要文化的景観指定、文化庁による『「信長公のおもてなし」が息づく戦国城下町・岐阜』の日本遺産認定などにより、鵜飼は主要な構成要素として位置づけられ、岐阜を代表する文化としての価値が再認識され

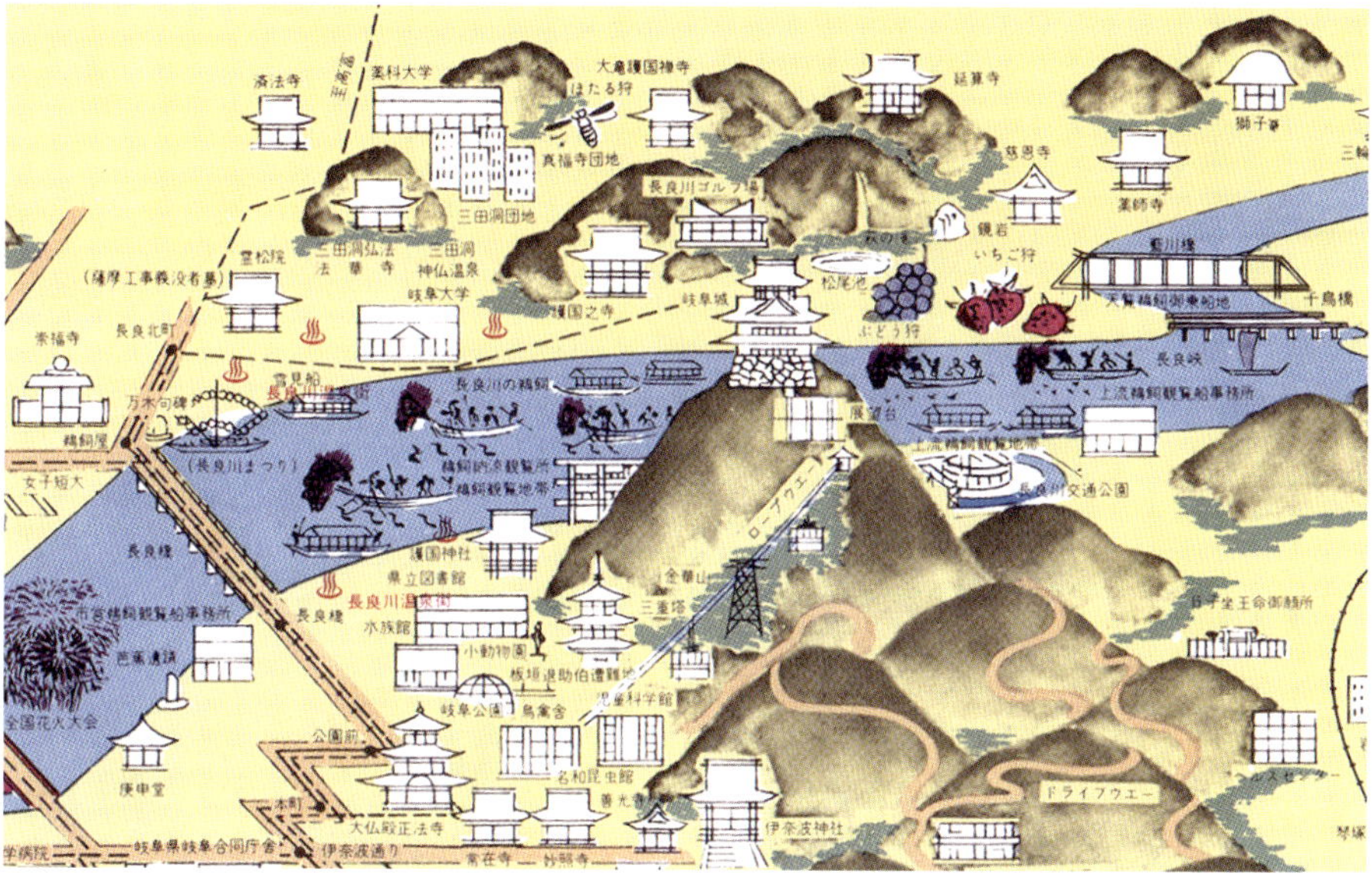

図５　「1971 年、岐阜市観光案内図」（部分、出典：『岐阜市市政要覧』岐阜市歴史博物館蔵）

た。それをめぐる地図は図6のように、町の中に溶け込み、今も伝えられる鵜飼の歴史や文化の記憶を辿るものといえよう。このように鵜飼を描いた名所絵やマップからは、その時代における人々の鵜飼に対する思いが伝わってくるのである。

（大塚清史）

図６　平井麻里画「鵜飼たんけん MAP」（2015 年、岐阜市歴史博物館蔵）

【column】ご当地ソング「柳ヶ瀬ブルース」

若き日の美川憲一をスターにした「柳ヶ瀬ブルース」は1966年に発売され、柳ヶ瀬の地名が全国に知られるようになる。芸名の「美川」は、岐阜県の三つの美しい川である木曽川・長良川・揖斐川に由来するという。作詞・作曲者の宇佐英雄氏は、当初「長岡ブルース」のタイトルで歌っていたという。レコード会社が地名を「柳ヶ瀬」に変えて発売したところミリオンセラーとなった。その柳ヶ瀬は、江戸時代の『美濃国厚見郡上加納村絵図』にも描かれている。

図1 「柳ヶ瀬ブルース」歌碑（柳ヶ瀬本通り敷設、2015年3月）

墓地から盛り場へ

岐阜県最大の繁華街「柳ヶ瀬」には、かつて弥八地蔵あたりに処刑場があり、その名のとおり柳の生い茂る低湿地で、墓地が並ぶうら寂しい場所であった。

墓場から盛り場へのシフトチェンジは、1887年（明治20）の鉄道の開通により加速する。大矢富治郎・坂井田民吉は、「遊廓を設置して風紀を護るとともに市街地南部の開発を促す」陳情書を岐阜県令小崎準に提出、これが盛り場としての柳ヶ瀬の原点「金津遊廓」である。この利益金の2万2000円は、岐阜駅の移転地の買収や、八間道（現長良橋通り）の改修費にあてられたのである。夏の夜には、甘酒、みたらし団子の屋台が並んだ。

大阪の千日前もかつては墓地であり、都市の再開発は、かようなカオス空間からはじめられた。

図2 「内国勧業博覧会」第一会場の噴水（1919年、岐阜市歴史博物館所蔵）

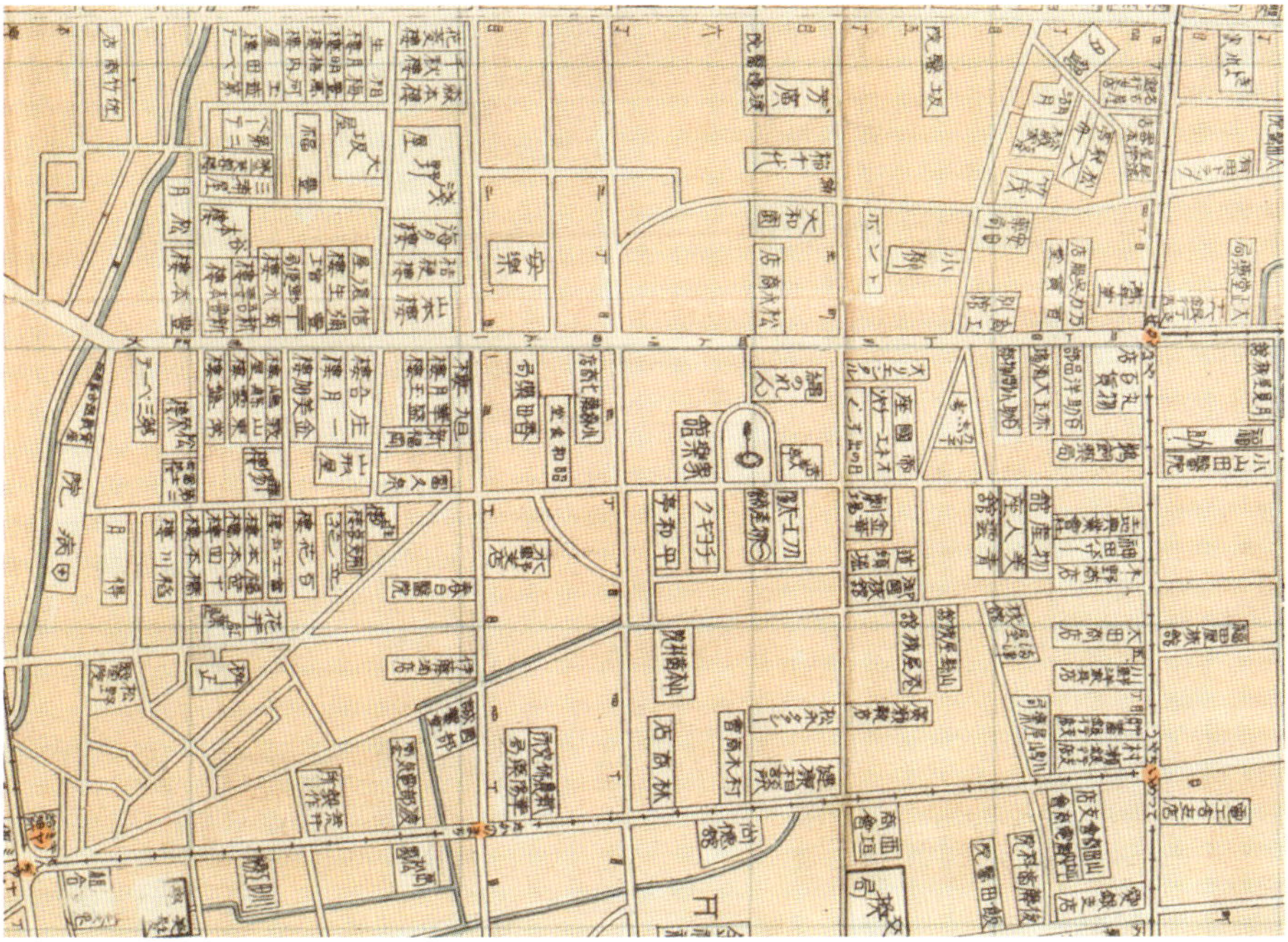

図3　昭和初期の柳ヶ瀬（出典：『大日本職業別明細図』東京交通社、1930年、岐阜県図書館蔵）

図4　昭和初期の柳ヶ瀬通りの雑踏（絵葉書「岐阜名勝」岐阜市歴史博物館所蔵）

キネマ＝タウン「柳ヶ瀬」へ

金津遊廓の門前町がさらに賑わいを見せるのは、1919年（大正8）の岐阜市制30周年記念・内国勧業博覧会（市会議員であった土屋禎一氏の発案といわれる）である。これも大正デモクラシーの時代らしく民間主導で開催された。

会場の煙草専売局跡地には、かつての盛り場であった伊奈波神社周辺で芝居小屋を営んでいた興業主たちが、新時代のエンターテインメントである活動写真館を競って開き、柳ヶ瀬の集客力はますます高まった。

デパート時代の到来

岐阜における最初の百貨店は、1930年（昭和5）の「丸物百貨店」である。松尾国松市長の「関西財界にコネをつけて」の誘致であったが、地元商店街の猛烈な反対運動が起きる。しかし丸物の進出は、「柳ぶら」現象のごとく多くの人を集め、小売店の売り上げも伸びたのである。

盛り場は、都市内部のエントロピーを放出する空間である。日本における盛り場は、都市周縁部の混沌としたカオス空間に発生する。このカオス空間は、同時に民間活力による都市整備プロジェクトとしての役割を果たしたのである。

1930年（昭和5）東京交通社発行の『大日本職業別明細図』（図3）には、美濃電気軌道株式会社により敷設された路面電車「柳ヶ瀬駅」前に、同年にオープンした「丸物百貨店（のち岐阜近鉄百貨店から中日新聞社）」、キネマ＝タウンとして、噴水のある衆楽館（現高島屋）はじめ多くの映画館が林立している。さらに、凱旋道路（現金華橋通り）を挟んで西柳ヶ瀬には「岐阜の過ぎたるもの、長良川の鵜飼と金津の浅野屋」といわれた金津遊廓の妓楼群がみられる。柳ヶ瀬通2丁目には名古屋憲兵隊岐阜分遣所があり、休日には北長森村にあった歩兵第六十八連隊の兵隊で賑わった。先の内国勧業博覧会開催後、元煙草専売局跡地をはじめ柳ヶ瀬の区画整理が進んだことがわかる。

（安元彦心）

【column】御鮨街道

徳川将軍家献上、岐阜のアユずし

長良のアユが名品であったことは、古くは平安期の『延喜式』にも明らかである。徳川家康が大坂の陣の帰りに岐阜に立ち寄った際、アユずしを献上されたのも、岐阜がアユの名産地であったからであろう。口にした家康が「うまい」と言った…、かどうかは地元でも諸説あるところであるが、ともあれ、それが契機となって、長良のアユずしは将軍家献上の品との栄誉を受けることになったとある。

別説では次のようなものがある。江戸に幕府を開いた家康は、豊臣の残兵のいる大坂への監視役として名古屋に四男・忠吉を配置し、さらにその西隣の防波堤ともいうべき加納に娘婿の奥平信昌を置いた。その美濃の代官として赴任するのが大久保長安である。全国に名の知れた行政マンで、各地にその足跡は大きい人だが、その長安が1603年（慶長8）、家康に岐阜のアユずしを贈ったという。大坂夏の陣より12年も前のことで、この年をアユずし献上の始まりとする説もある。少々うがった目で見れば、自分が心配していた美濃の地に娘婿や名だたる行政マンを送り込んだがどうなっているだろうか、と気をもむ家康に対し、長安が「加納の地はしっかり守っております。おまかせください」との意味を込めてアユずしを贈ったというのだが、いかがであろうか。

1615年（元和元）、アユずしの将軍家御用が始まる。

1619年（元和5）には岐阜町が尾張藩領となり、次第に献上が正式に制度化されてくる。以後、明治維新のころまで、尾張藩によるアユずし献上が続く。

アユずしは今のような酢を使うものでなく、ご飯を発酵させるものであった。そんなすしは、たかだか一食品にすぎないと思われがちであるが、さにあらず。このアユは鵜飼で獲った「鵜アユ」である。尾張徳川家が長良川鵜飼を保護するためさまざまな策を講じたのは、実は将軍家に献上するアユずしのためであった。

そのため、このすしの献上には並々ならぬ規則がくっついていた。

たとえば、アユずしを作る時期はいつでもよいわけではない。将軍家の献立の予定があるから、突然の献上ではい

図1　今のように酢を使うすしではなく、発酵によって酸味を出すアユずし。今日では鵜匠によってつくられるが、江戸時代とは調製季節や塩漬け法などに差がある

図2　鵜飼でアユを獲るところから馬で逓送されるところまで、献上アユずしの製法を細かく記した「鮎鮨図巻」（部分、江戸後期、岐阜市歴史博物館蔵）

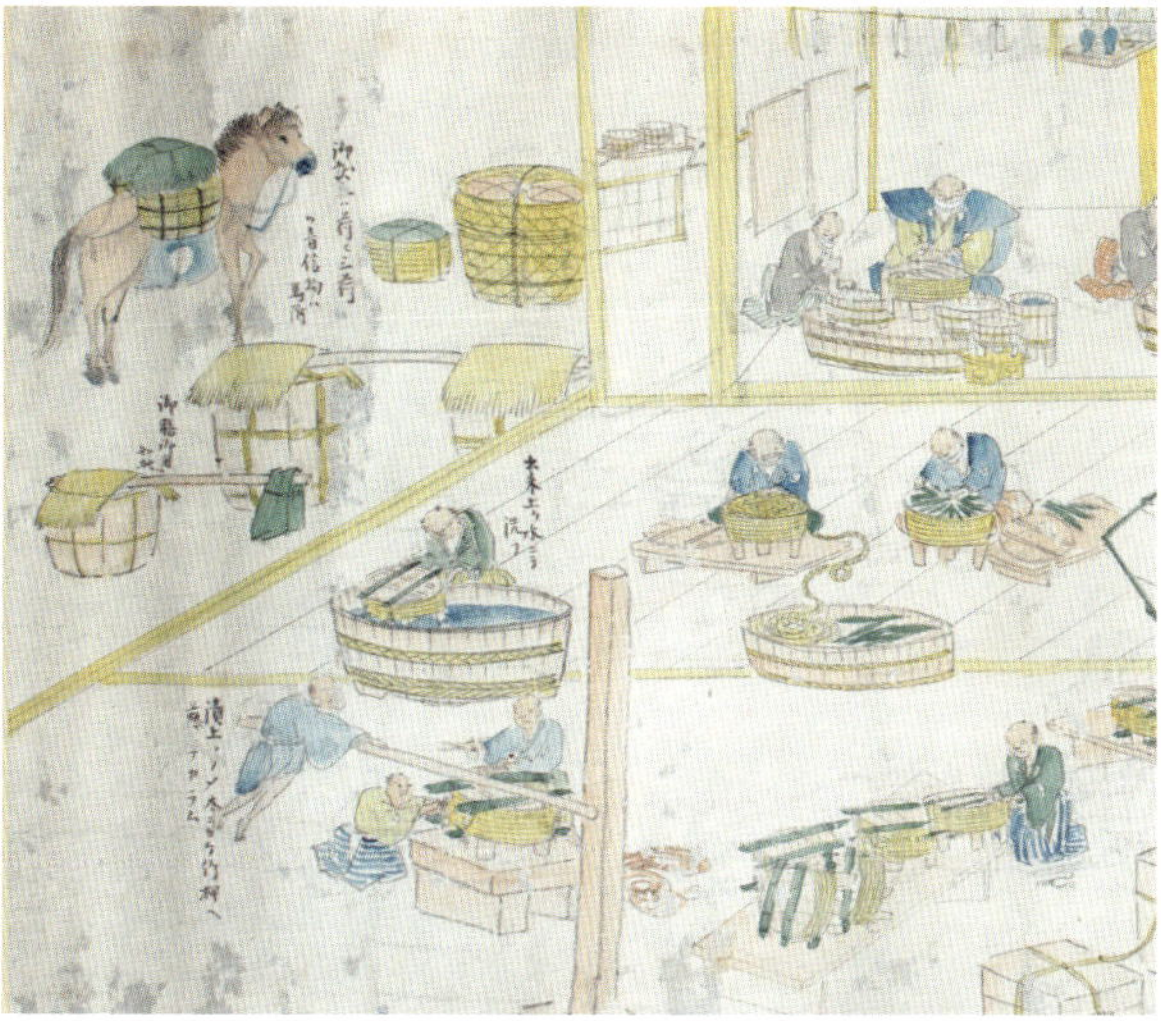

図3　「鮎鮨図巻」（部分、江戸後期、岐阜市歴史博物館蔵）

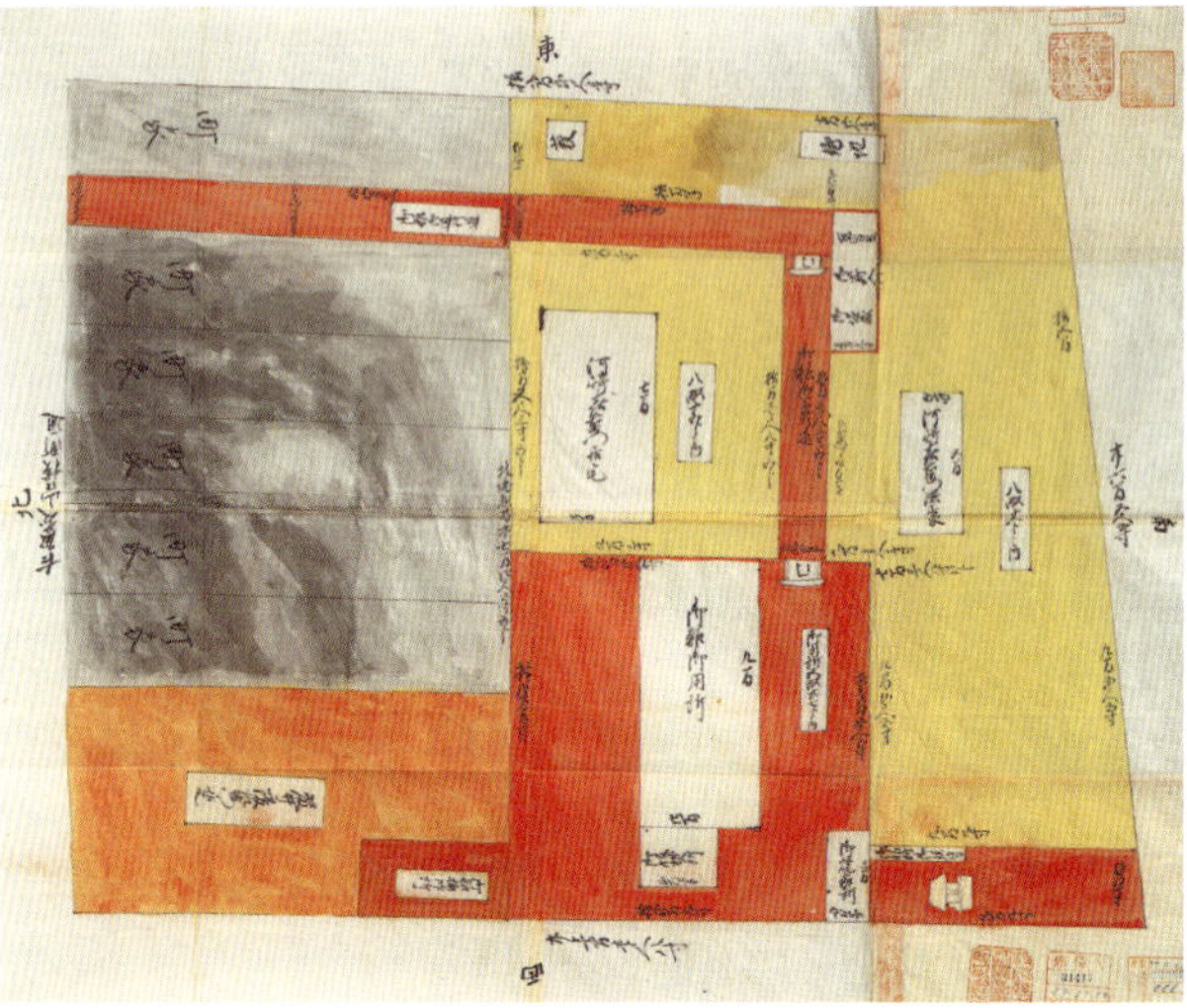

図５　「岐阜御鮎御用所絵図」（江戸後期、岐阜県図書館蔵）

図４　鮎鮨逓送人足が着用したと思われる冬物の羽織（河﨑太郎氏蔵、岐阜市歴史博物館寄託）

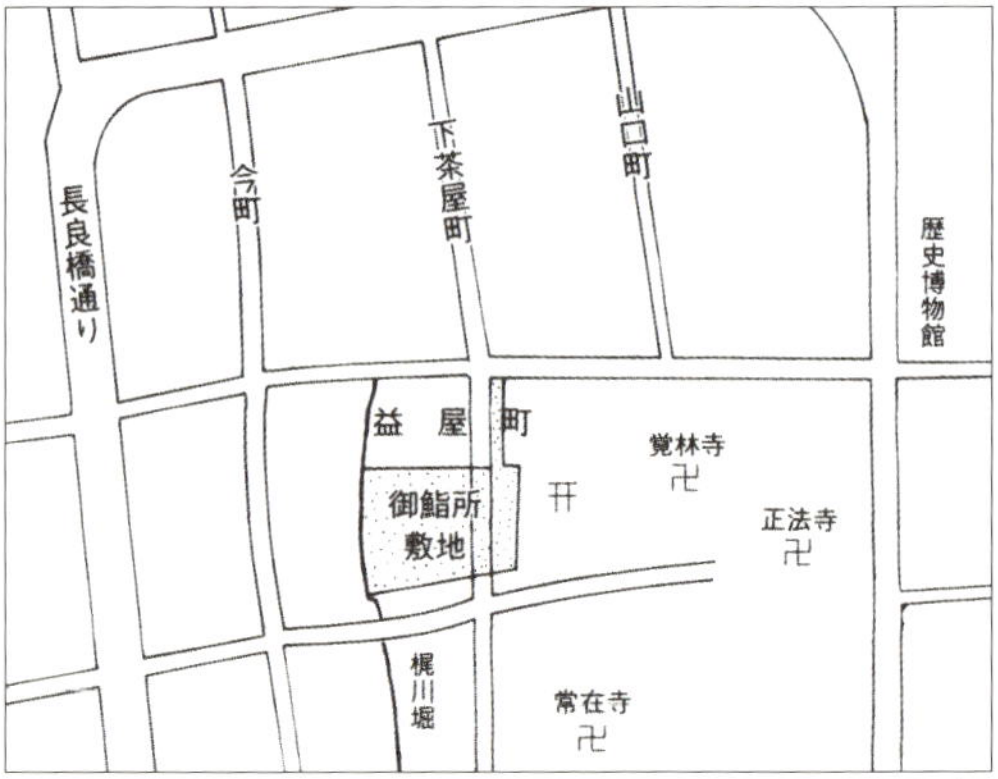

図６　御鮨所の推定図（出典：白水正「御鮨所と鮎鮨献上（二）」1998年）

けない。ゆえに、「将軍が岐阜のアユずしを召し上がるのは○月○日」と決められ、それから運び上げる道中やアユの塩漬けから荷造りにいたるまでの作る時間を逆算して、アユを獲る日を決める。一回の献上は「ご三荷」。「一荷」とは人足一人分の荷で、桶が三つ納められたものがふたつからなる。桶一つにアユずしが20尾入っているから、一荷がアユずし120尾、三荷で360尾の計算となる。運ぶのも荷物を運ぶのとは違い、アユずしの桶、いや「桶様」ご一行の行列をしつらえて「お通りになる」。こんなことが一年のうちに5月から8月の間に、しかも15回前後もおこなわれたのである。

すし桶が通った「御鮨街道」

ところで、このすし桶の通った道を「御鮨街道」と呼ぶ。文献に上がってくるのは1928年（昭和3）刊の『岐阜市史』になってからだからさほど昔からのものともいえそうにはないが、近年はこの街道が町おこしの一端になっている例もある。コースは岐阜町のアユずしを調製する特別な場所「御鮨所」から加納を通って笠松へ、そこから一宮、四ツ家追分（現・稲沢市）を通って熱田へ抜け、以後は東海道を上るものである。このうち、どこからどこまでが「御鮨街道」と呼ぶかであるが、熱田から江戸までは東海道とダブりがあるし、四ツ家追分から熱田までは美濃路を通っているから、わざわざ「御鮨街道」と呼び直すことはない。結局のところ、岐阜町から四ツ家追分までの区間の「岐阜街道」を「御鮨街道」と呼ぶのがふさわしいことになる。

御鮨所は1630年（寛永7）に尾張藩から扶持米、すなわち給料を与えられた。以後、紆余曲折を経て存続したものの、最後には明治維新によって幕府がなくなった1869年（明治2）から1871年（明治4）、御鮨所も機能を終える。広大な屋敷は、もとは現・岐阜市東材木町にあったが、1656年（明暦2）から益屋町のあたりに移った。もちろん、今は跡形もなく、わずかに御鮨所の南西にあった御鎮守が現・益屋町の秋葉神社ではないかと伝えられている。（日比野光敏）

【column】今も残る戦争の傷跡

歩兵第六十八連隊・陸軍病院

岐阜市の戦争遺跡として、大日本帝国陸軍の歩兵第六十八連隊の兵営、練兵所と陸軍病院が挙げられる。日清・日露戦争の頃、連隊が遠隔にあって慰問もできず、親子の別れもなしに戦死していった経緯から、兵営の誘致がおこり、1908年（明治41）、現在の岐阜市長森に設営、翌年には西隣に岐阜衛戍《えいじゅ》病院（昭和に陸軍病院と改称）が創設された（図1）。以後、シベリア出兵や日中戦争ではここから多くの兵士が出征した。戦後、歩兵第六十八連隊の跡地には長森中学校（図2）、岐阜東中学校、岐阜東高等学校、富田高等学校や岐阜県総合医療センターが建ち、野一色公園には連隊の史蹟碑が建てられている。

岐阜空襲

太平洋戦争の終盤になると軍需工場の破壊や国民の戦力を打ち砕くべく、米軍は各地に空襲をはじめた。

1945年（昭和20）7月9日午後11時半頃、岐阜市上空に爆撃機B29が約130機あらわれ、約1万5000発の焼夷弾が投下された。いわゆる、岐阜空襲である。市街地の大半が焼き尽くされ、死者約900人、罹災者約10万人と伝えられている（図3）。

岐阜空襲を記録する会の篠崎喜樹事務局長にお話をうかがうと「延焼を防ぐため道幅を拡張したり（建物疎開）、夜の照明を消し、防空壕への避

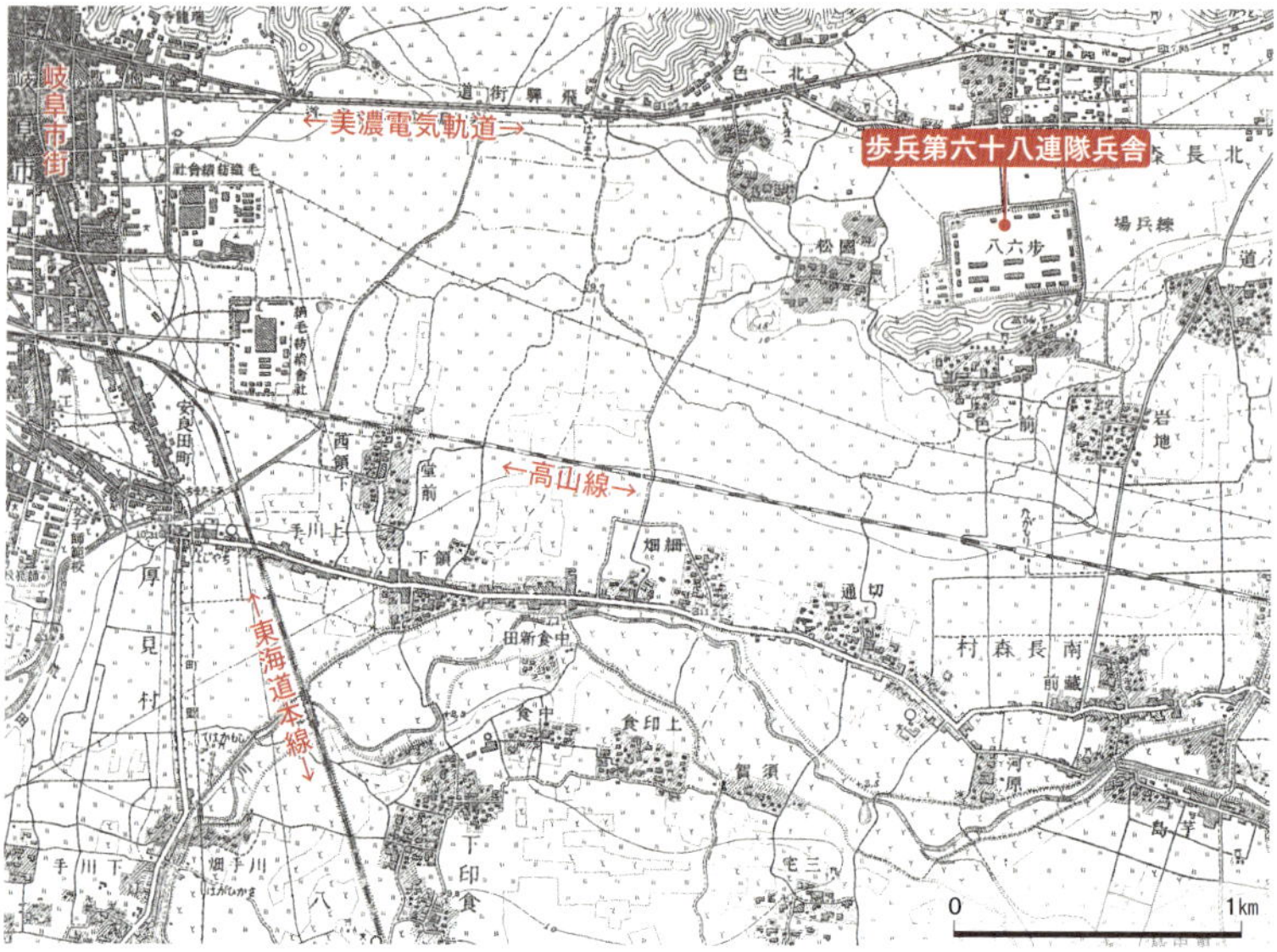

図１　歩兵第六十八連隊（1/2.5万「各務ヶ原」1923年修正）

難で空襲に備えていたが、岐阜空襲では甚大な被害を受けた。これは米軍が事前に航空写真の撮影や詳細な市街地図を作成し、攻撃目標を地図化していたことも大きい」と解説していただき、岐阜空襲に関する米軍航空写真を紹介していただいた（図４・５）。

なお、ＪＲ岐阜駅東のハートフルスクエアーＧ２階には「岐阜市平和資料室」があり、岐阜空襲に関する記録が展示されている（９時～21時　休館日毎月最終火曜　入館無料）。

平和通り・ハルピン街

１９９０年（平成２）、岐阜駅から長良川へ通じる南北の３路線の愛称を市民から公募し、「長良橋通り」「金華橋通り」「忠節橋通り」と決定された。

その一つである「金華橋通り」は戦前、日中戦争からの帰還兵が岐阜駅から第六十八連隊へ凱旋行進をおこなったことから「凱旋道路」と呼ばれていた。これが、戦後の戦災復興土地区画整理事業で道幅を拡幅し、「凱旋道路」という通称も平和を願う市民の気持ちから「平和通り」と呼ばれるようになった。しかし前

図２　陸軍病院通用門（長森中学校、2015年５月）

図３　被害を受けた石仏（鏡島弘法、2015年５月）

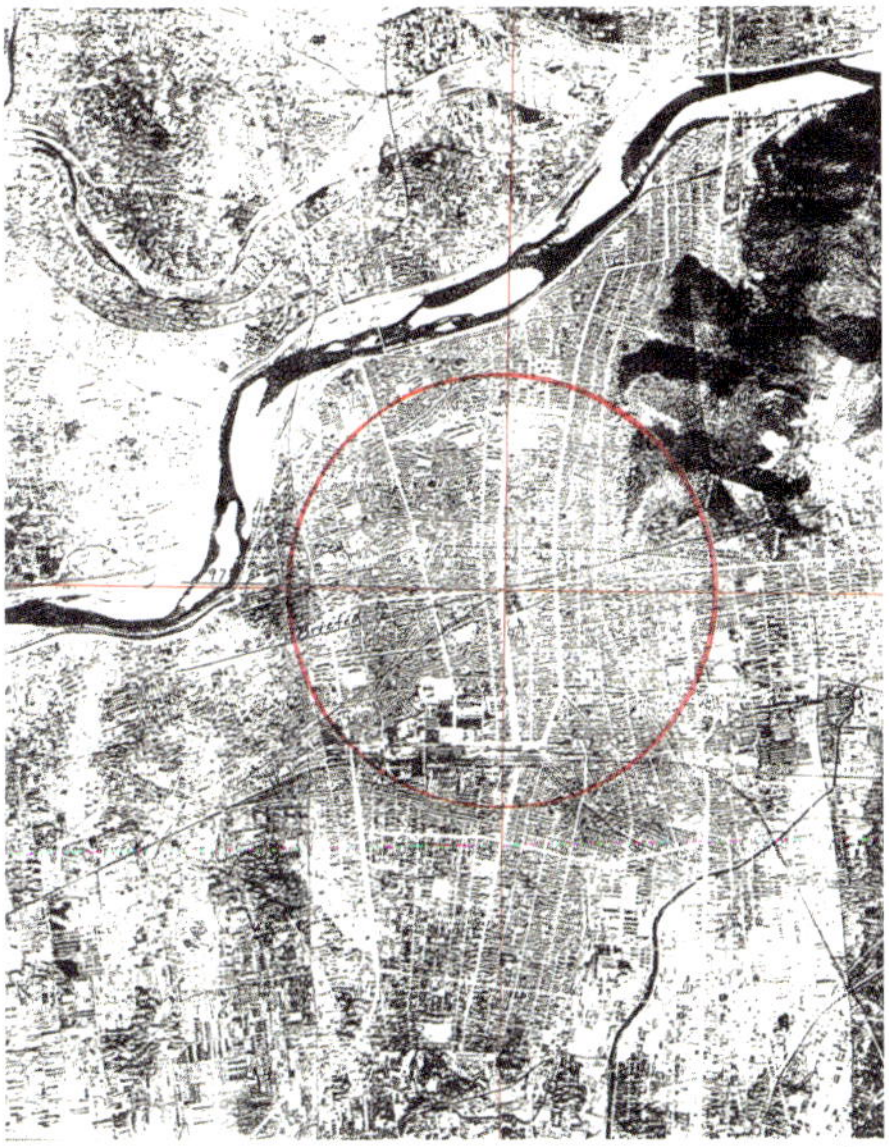

図５ 航空写真に示された攻撃目標（米軍航空写真）
焼夷弾の落下目標を示す円の中心は金神社あたり

図４ 建物疎開・空襲１カ月前の岐阜（米軍航空写真）
中心部に道路拡張が十字の形で確認できる

述のように「平和通り」は今、「金華橋通り」と呼ばれている。

一方、終戦直後、焼け野原となった岐阜の街に、満州からの引き揚げ者が岐阜駅北側の一角に古着、軍服など衣料品を集め、販売する街を形成した。これが岐阜繊維問屋町の前身となる通称「ハルピン街」である。

岐阜の基幹産業として成長したアパレル産業であるが、海外からの輸入に影響を受け、店舗改装や、高層マンション建設など、再開発が進み、岐阜繊維問屋町も今は昔の感がある。

戦後70年の節目を迎え、「凱旋道路」「平和通り」「ハルピン街」という戦争を物語る地名を知る人も少なくなった。戦争の記憶を風化させないためにも、戦争遺跡や地名の由来を若い世代に伝承していきたい。

（川村謙二）

図６ 岐阜繊維問屋町（2015 年 5 月）

Part 2

輪中の城下町―宿場町―湊町の重層構造の水防都市・大垣

輪中の城下町

1600年（慶長5）の関ヶ原の戦いの後、しばらくは政治の混乱期が続き、大垣城主は4つの家系（石川3代→松平2代→岡部2代→松平1代）が順次交替している。その後、大垣が近世城下町として大きく発展するのは1635年（寛永12）、戸田氏鉄《うじかね》が譜代大名として尼崎から大垣10万石の城主として入封してからといってよいだろう。彼は尼崎での治水対策の経験を生かし、入封翌年の1636年（寛永13）伊尾川からの逆水氾濫を防止するため、牛屋川（水門川）に第1次逆水樋門（1653年〔承応2〕には水門川をさらに下流部に延長し、第2次水門を設置して大垣外廓輪中はほぼ完成）を設置している。これは彼がこの地で最初に取り組んだ事業といえる。氏鉄はその後も城郭の整備や南部の野方の新田開発を積極的に奨励している。こうして戸田家は1871年（明治4）の廃藩置県まで代々城主（11代氏共《うじたか》まで230余年間）を勤めた。初代氏鉄の統治理念や政策は歴代城主にも受け継がれているが、大垣が洪水常襲地域であることを考えればごく当然なことだろう。大垣輪中の治水・水防対策は欠かせない最優先課題ではあるが、一方では産業文化の振興にも力を入れ、藩校（敬教堂）を開き学問も奨励した。藩政時代には小原鉄心《てっしん》や梁川星巌《せいがん》・紅蘭夫妻などを輩出している。また、明治時代には

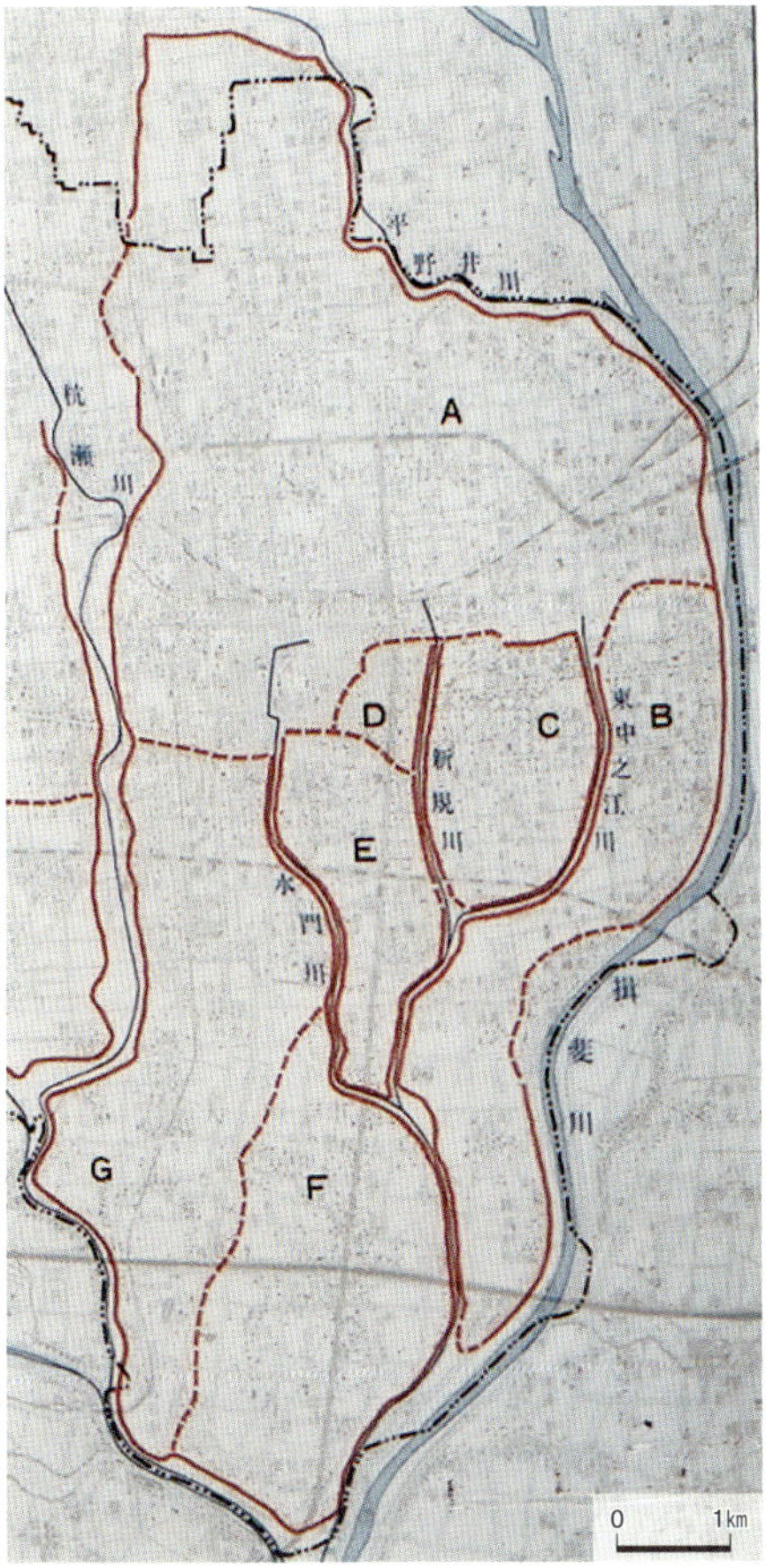

図1　大垣輪中の分布（出典：大垣市教育委員会『遺跡詳細分布調査報告書』）（Aは古大垣輪中、B~Gは細分化した小輪中）（注：破線は消失又は削り下げられた輪中堤）

多くの学者を輩出し「博士の町」として大垣の名を全国に発信している。

さて、城下町を取り巻く治水対策を見てみよう。図1は大垣輪中の範囲を地形図で示したものだ。城下町大垣は輪中地域の北西端部にあり、東西南北を揖斐・杭瀬・牧田・平野井の各河川に囲まれている。輪中堤は周囲およそ35km、高須輪中に次いで大きな輪中となっている。輪中内の標高は北部の前田で約12m、南部の横曽根で約3m、北から南に向かって4000～6000分の1の緩やかな傾斜の扇状地（北半部）と氾濫原（南半部）からなっている。

城下町はこの輪中の中央部やや北よりにあることがわかる。ここは揖斐川扇状地の末端部で氾濫平野に移行する地形変換点であり、かつては日量6万トンともいわれる豊富な湧水（ガマ水）が地下から湧き出し「水都」とも呼ばれてきた。北半部の扇状地には古代の条里制の地割や東大寺領大井荘（荘域は998年［長徳4］の文書では長さ24町の正方形でその面積は576町歩）が置かれた所で、各遺構の存在はすでに明らかにされている。この地形変換点は各遺構の南限でもあった。城下町は荘域の南半部に位置し、城下町プランはこの荘域を基本に立てられたものと考えてもよいであろう。

一方、これ以南の氾濫原では悪水（余分な水）を輪中の末端部に導く悪水路（落江《おちえ》）と新しい輪中堤（小堤）を築きつつ新田開発が進められている。氏鉄入城以降、新田開発がおこなわれた結果、大垣輪中の南部には小輪中群が誕生している。地形条件を反映して輪中を細分化し形成されていることがわかる。とくに浅草輪中の輪央部は標高約2・3m、擂鉢状の輪中地形となっているため周辺輪中より約30年遅れ、輪中の成立は1675年（延宝3）頃となっている。

なお、大垣輪中の北部の輪中堤がいつ形成されたかは現在定かではないが、鎌倉時代にはすでに笠縫堤や津布良堤

図2　1896年の大洪水で浸水した大垣城。天守閣北西隅の石垣に浸水線標示（出典：清水進『図説 西濃の歴史』）

があったことは明らかである。輪中堤は一般に流路に沿う自然堤防を利用してつくられているが、ここでは直角になっており、古代の条里制地割との関係があったのか興味のあるところである。

　このように輪中が形成されたとはいえ、水害がなくなったわけではない。むしろ破堤入水した場合には輪中はため池と化し被害は逆に大きくなってしまう。例えば、1815年（文化12）の北東部曽根村では伊尾川の逆水氾濫を受け破堤入水し「一村変成海《いっそんへんしてうみとなる》」悲惨な状況となった。しかも1888年（明治21）の洪水で再び破堤しているのである。その時の惨状を伝える押堀（窪地）が今に残されている。また、1896年（明治29）の水害では伊尾川沿いの今福村や杭瀬川沿いの多芸島村で破堤している。その時の惨状を伝える証拠として大垣城天守閣の北西隅に「明治29年大洪水点」の標柱と浸水線が石垣に刻まれている（図2）。これを見ても「輪中の城下町大垣」が輪中堤を築いてもなお、いつ起きるかわからない洪水対策に日頃から備えなければならなかったことが理解できるだろう。

　近代日本の夜明けとなった明治時代もその前半は毎年のように水害が続き、加えて1891年（明治24）の濃尾大震災は輪中の人びとを疲弊のどん底に落とし入れた。「備えあれば憂いなし」の格言は、まさにこうした状況（水難）から生まれたものだろう。本格的な水害の克服は明治後半から始まる高水位工法（連続堤）に基づく木曽三川分流工事を待たねばならなかった。

城下町の立地と町割

●立地の土地条件

輪中堤に防御された城下町大垣はどんな地形環境の所に立地しているのだろうか。

　図3は大垣城下現存最古の絵図である。これと土地条件図を合わせてみると、市街地の標高は5～6m、天守閣のある本丸で約8m、典型的な平城であることがわかる。豊富なガマ水の浸水や湛水から城下を守るために地盤にはどんな工夫がなされてきたのか、そのうえで商業の活性化や一朝有事への対応にどのような町づくりがなされたのだろうか。図からプランの一端を考えてみよう。

　近年の研究成果も踏まえわかったことを簡略に紹介しよう。①約2万年前より海進現象がみられ縄文海進期（約6000年前）には今の養老鉄

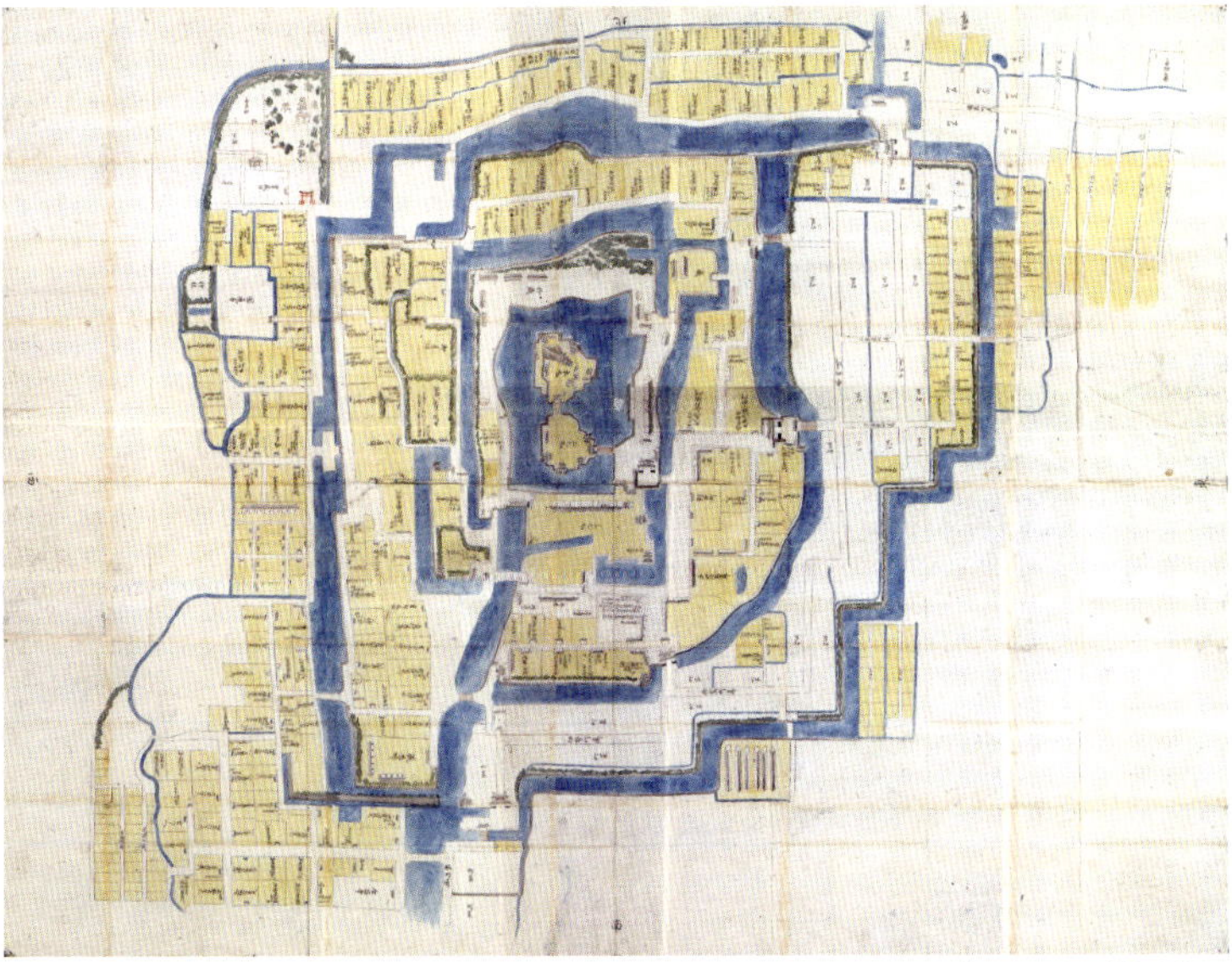

図3　「寛永年間大垣城下絵図」（作者・年代不詳、大垣市立図書館蔵）侍屋敷（黄色）町屋（白色）

道の室駅から東へJR大垣駅を経てその東の小野《この》町を結ぶ東西線が海岸線でこれ以南では海となっていたこと。また、大垣駅より南約200m付近では海岸線に沿って沿岸流が流れ3列の砂堆が形成されていたこと。しかも結果論とはいえ城下の中心機能をなす天守閣は災害に対し、より安全性の高い砂堆上に立地していること。②牛屋川は扇状地末端部から湧き出る湧水を集めて流れる平野河川であるが、その後の海退現象で河道はこの付近では砂堆に沿って形成されていたこと。③土地条件図では城下一帯が盛土となっているが、これはこの河道を外堀として利用し、内部では内堀や中堀を掘削しその土でもって城下の地盤を高めていること。④城下の東から南に続く総堀は直線で直角に掘られていること。これは条里の遺構である排水路を利用して掘られたものと推定される。⑤堀はすべて城下の南端で合流し水門川と連結させていること。水門川は途中で中之江川（新規川を合流）と合流し輪中南端に輪中内の悪水を導いていること。その結果、城下以南に5つの小輪中が形成され、合わせて新田開発が進められていったものと推察される。

●成立と町割

大垣城（牛屋城）の創建については諸説があるようだ。文献上では1543年（天文12）の正倉院所蔵東南院文書大井荘年貢結解状に「大カキノ城」とあり、おそらく天文年間であろうと推定されている。しかし、近世的な城下町の原型が確立されるのは天正以降、元和の頃までの約50年間と考えられ、この間の1588年（天正16）には天守閣の創建、町屋の整備、大垣宿の設置、総堀の開鑿（石川忠総時代）などがおこなわれている。元和の一国一城令までに城下の基盤づくりはほぼ一段落し、大垣は城下町・宿場町・湊町の三重の機能を有する封建都市に成長している。

1535年（天文4）の宮川安定から数えて23代目の城主となった戸田氏鉄が入封した1635年（寛永12）以降では、東大手門石堰枡型（外堀の東中央）設置、京口（南西部）・名古屋口（北東部）の東西両総門の修築、二の丸の石垣（内堀天守閣南）の改築など城郭の機能強化のための整備をおこなっている。

次に町割について見てみよう。城下は東部・南部側を大手、西部・北部側を搦手《からめて》とし、その内部は天守閣を中心に武士と町人を身分制秩序に基づき配置し、その内部構造は4郭からなっている。

【第1郭】：堀口最大45間の内堀内部に本丸・二ノ丸を南北に、内堀と中堀の間に三ノ丸・竹ノ丸・天神丸などを配している。ここは政治的権威を示す領主権力の中枢機能をもつ閉ざされた核心地といえる。

【第2郭】：中堀と幅10～15間の外堀で囲まれた所で、松ノ丸などからなり、下屋敷をはじめとする重臣の居住区で300石～2000石の上層家臣団の屋敷があり、外堀とは七口門で第3郭と通じるようになっている。

【第3郭】：外堀を取り巻くように中級の家臣と町人の居住区がある。大手側にはさらに幅3～8間の総堀が廻らされている。美濃路は京口門から名古屋口門の両総門までの間を通過している。道路の両側には町屋が発達し、竹島町に本陣、本町には脇本陣と旅籠屋が置かれていた。京口門から順に俵町（古くは伊勢町）・竹島町・本町・魚屋町・中町・伝馬町（この町は総堀の外）の6町があり、関ヶ原合戦以前からある町で古来町《こらいまち》といわれている。一旦、有事の時には両総門を閉じ、事にあたるようにしている。

【第4郭】：城下の外周を取り巻く地域（搦手側は外堀の外）で下級武士と町人の住居が置かれていた。ここには新しく4つの町が誕生している。西総門の南西部には往還（美濃路）に沿って水主《かこ》が置かれ舟運の機能を担う船町が誕生している。この大垣湊は西方の塩田湊（杭瀬川）と久瀬川の旧流路を利用した運河で繋っていた。一方、東総門の伝馬町から北へ岐阜街道に沿って伝馬町北町（岐阜町）が生まれている。また、城下南東部には寺院を城下内外から移し、軍事的な意味をもつ寺町の新町が、さらに北西部の八幡神社の北には小さな堀を隔てて宮町が誕生している。これら4つの町は関ヶ原合戦後に成立したもので、新出来《しんでき》町と称している。このほか尼崎から移された全昌寺や戸田家の廟所である円通寺なども城下の微高地に計画的に配置されたものと思われる。

このような内部構造からわかることは、武士団の屋敷地に階層的立地がみられること。また、町屋との間では屋敷地に約6倍の差があること。これらの特色はどの城下町でも見られたことだが、特筆すべきは、古来町を総堀内に組み込み伝馬役・人足役は課されたが地子は免除されるなどの町人優遇策がとられていたように思われることだ。今でもこれら10カ町は「昔から水が付かない町」ともいわれ、地盤高でも有利な土地条件だった。

なお、初代城主戸田氏鉄から神楽・大黒・恵比寿の3両の山車が下賜され、近年では一部戦災で消失した10カ町の山車も復原され、現在では

13両の山車を有する「大垣祭り」は、歴代城主と町人との絆を示す証といえるだろう。この祭りは2015年3月、国の重要無形民俗文化財に指定された。町衆の間では伝統文化の保持にいっそう力が入りそうだ。

宿場町と湊町の誕生

城下町大垣は水陸交通の要衝として発展した。時代の流れの中で大垣にはそれを可能とする立地条件があった。美濃路と水門川が交差する大垣湊は水陸交通の中継地としてその役割を担うこととなる。美濃路は中山道の垂井宿と東海道の宮（熱田）の宿を結ぶ脇往還で五街道に準ずる重要な街道として位置づけられた。距離は14里24町15間（約60㎞）、両宿の間には大垣・墨俣、起・萩原・稲葉・清須・名古屋の7宿が置かれた。道幅・松並木・一里塚・宿場・助郷などは五街道並みに整備されていた。大垣城下へは久徳（一里塚）を経て塩田橋（杭瀬川）から久瀬川を通り、船町で西の総門・京口門より城下に入り、古来町の町屋を経て東の総門・名古屋口門（この間10町11間、約1・1㎞）から城外に出るルートをとっている。この間、幅3～4間の道路は10回以上鍵型に屈曲し城下町の特色である遠見遮断の町割を利用している。七口門の一つである南口門近くの竹島町には本陣が置かれていた。今は文化交流施設の建物となっているが、市の史跡に指定されている。本陣跡の横には明治天皇が1878年（明治11）に行幸された際、宿泊された天皇行在所跡の標柱が立っている。城内の美濃路沿いには宝暦年間創業の老舗の店もあり、当時の面影を今に留めている。城下の美濃路の両側には町屋がぎっしりと並び町が繁栄していたことが見てとれる（図4）。

船町の大垣湊は水門川から伊尾川を経て桑名や名古屋、

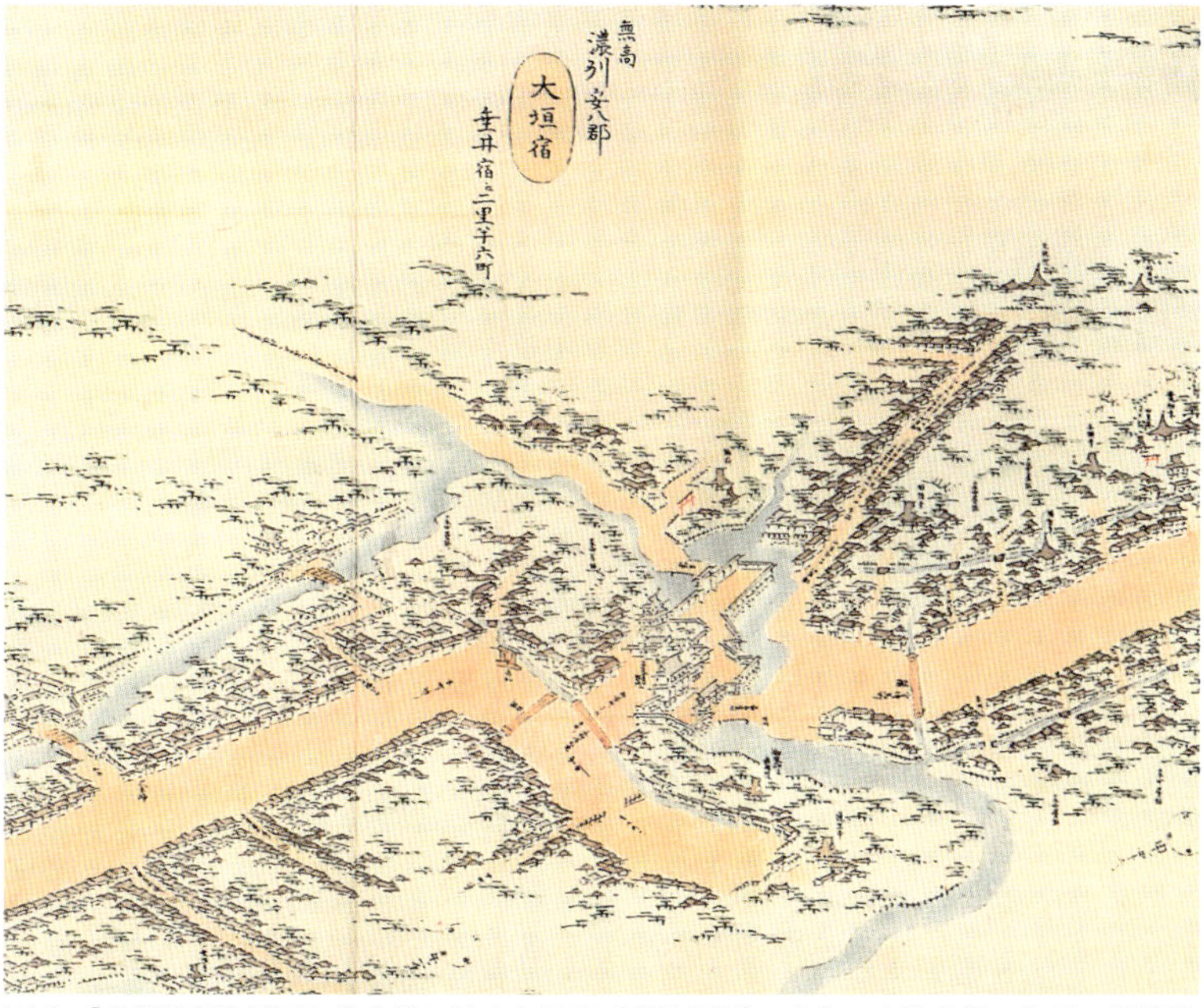

図4　「美濃路見取絵図」第2巻に見る大垣宿（寛政年間）、本町・中町付近の町屋の発達状況がわかる

図5　船町大垣湊界隈。水門川右岸に常夜灯が見える（出典：清水進『図説 西濃の歴史』）

図6 「船町京丸屋裏の構之図」外輪船の就航がうかがえる（出典：清水進『図説 西濃の歴史』）

さらには江戸とも結ばれる重要な内陸の中継基地となっていた。ここ大垣湊で陸揚げされた物資は九里半街道を経て、京・大坂・北陸方面へと運ばれていた。当然その逆の物資も扱うほか、地元で生産される物資の輸送も担うなど城下町大垣の発展を経済面から支えてきた（図5・6）。

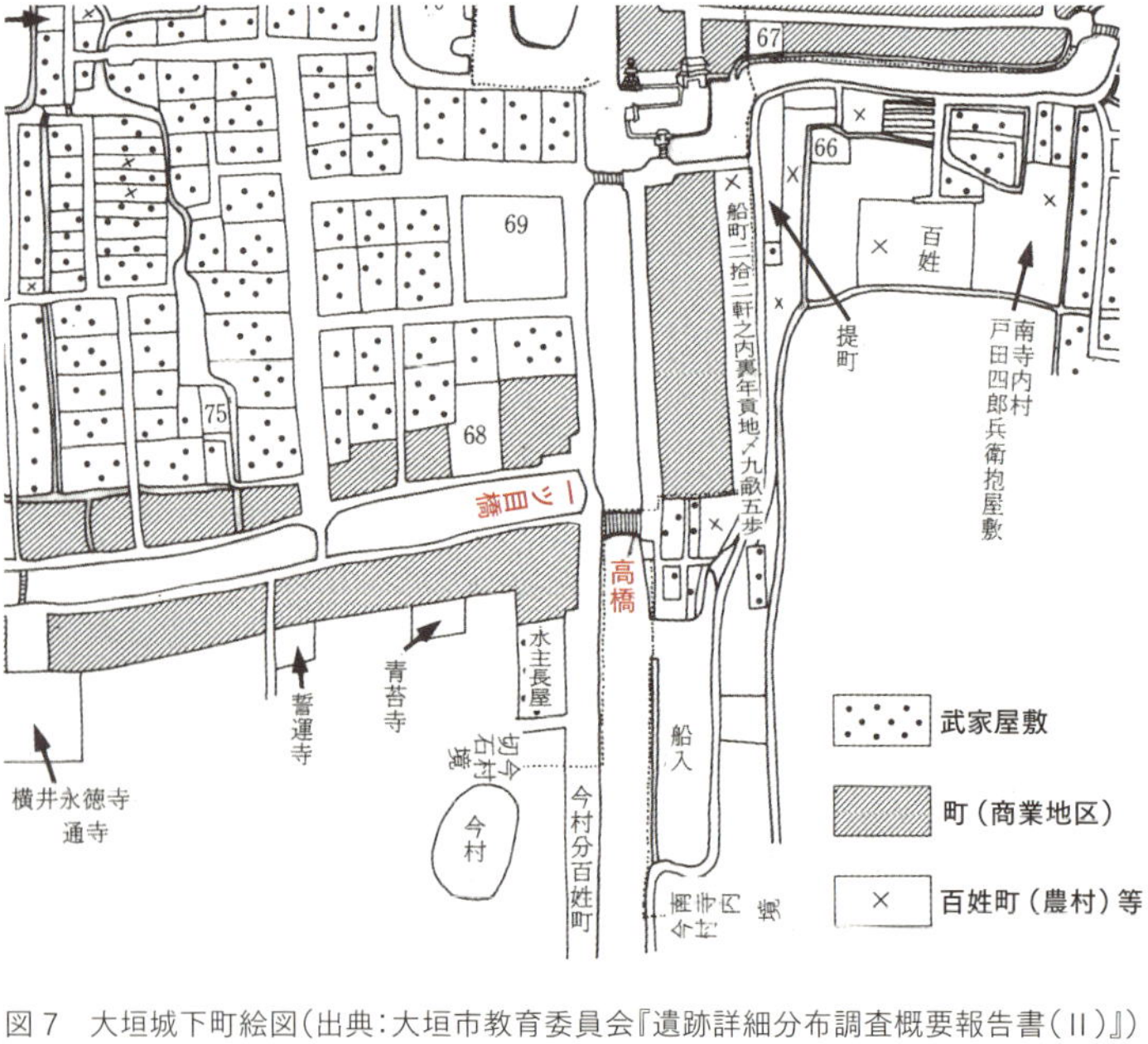

図7　大垣城下町絵図（出典：大垣市教育委員会『遺跡詳細分布調査概要報告書（II）』）「濃洲大垣絵図」（1813年、京都大学所蔵）を元に地形図、地籍図を用いて復原したもの。66～69は寺院、75は木場

図7は大垣湊付近の地図では、西の総門から南が大垣湊で、高橋付近には舟入（舟溜り）があり水主町《かこ》も誕生していることがわかる。また水門川右岸には常夜灯があり、塩田湊への運河も一ツ目橋から西へ続いている。大垣湊は1601年（慶長6）、伊勢町（俵町）の木村与次右衛門・

図8　芭蕉の「奥の細道むすびの地」　大垣湊と住吉灯台

長八が小舟による水門川水運を始めたのが最初とされ、1620年（元和6）には運河も開削されてますます発展し、正徳年間（1711～15）には船問屋谷家は持船のほか700石船の亀坂丸、800石船の豊坂丸を所持し、藩主の御用船として江戸往来も担当している。これを見ても当時の水門川は水量が豊富だったことがうかがえる。ちなみに1674年（延宝2）の乗合船の船賃は藩定帳では大垣・桑名間下り18文、上り24文となっているが、詳しくは大垣市史『輪中編』を参照されるとよいだろう。

俳人松尾芭蕉は元禄の頃を中心に大垣を4回訪れている。中でも1689年（元禄2）3月27日（旧暦）に出発した奥の細道紀行は、弟子の河合曽良を伴い江戸深川を出発し日光・白河・仙台・平泉・酒田・金沢・福井を経て最後は大垣を「むすびの地」とした旅でよく知られている。同年8月下旬約5カ月600里（2400㎞）の旅を終え、9月6日伊勢神宮遷宮参拝のため大垣湊から桑名に向かっている。その別れの名句「蛤のふたみに別れ行く秋ぞ」の碑は船町・水門川沿いに立っている。芭蕉と大垣との縁は京都の北村季吟《きぎん》門下生であった谷木因《たにぼくいん》との親交が背景にあったようだ（図8）。

ところで、物流として水門川水運はいつまで続いたか。図9は1930年（昭和5）

図9　「大垣市全図」（大垣市立図書館蔵、1930年）大垣駅前に池が誕生。1/1万を縮小

作成の「大垣市全図」である。1884年（明治17）、東海道線の大垣駅が開設され、22年には東京・神戸間が全線開通している。また、伊勢電鉄（現養老鉄道）も1919年（大正8）に揖斐・桑名間が開通している。大垣駅前の池は駅を建設する際に土を掘り取ってできたものだ。この池と水門川を繋ぐ運河も掘られている。このことは陸運の手段が荷車から鉄道に替わっても水門川水運は依然として健在であったことを意味している。当時、動力船3隻、無動力船222隻が運行され、竹島町の総堀沿いにも上場が設けられるなど、鉄道と川舟が棲み分けし物資の輸送を担っていた。取扱い品目は到着品は石炭・レンガ・土管・陶磁器・魚介類・味噌・溜まりなど、発送品では屑物・雑穀・肥料などだった。

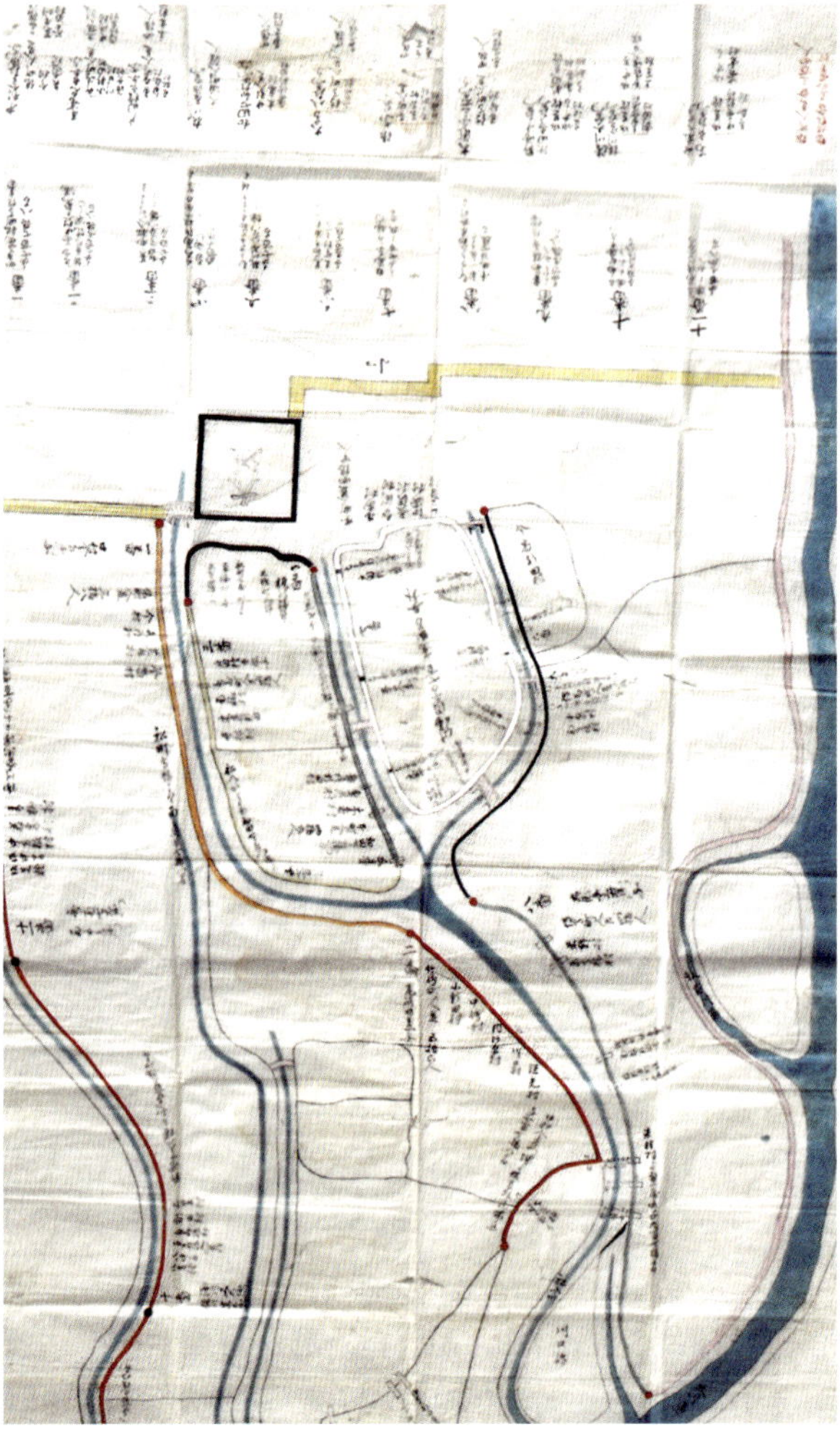

図10 「堤持口絵図（大垣輪中、内堤）」1650年、岐阜県図書館蔵

　しかし、図からもわかるように、昭和に入ると城下の堀の一部や湿地の埋め立てが進み、また水門川の改修で水位が下がるなど、次第に物資の輸送は鉄道と自動車にとって代わり、水門川水運は明治の中頃以降は次第に衰退していった。

　今ではわずかに住吉灯台（1685年〔貞享2〕建設、高さ5・4m、航海の守護神は住吉大神）と一艘の小船が当時の面影を残すだけとなった。近年、この船町に奥の細道記念館ができ、水運の歴史的遺産とともに新たな観光名所として脚光を浴びつつある。

水防都市──大垣

　洪水常襲地域である西濃平野の人びとは近世以降、輪中堤を築き、野方（遊水地）の新田開発をしてきた。しかし、それだけでは洪水から集落や耕地を守ることはできない。完全な堤防はあり得ないからだ。自然現象である以上、いつ破堤するかわからない。普段から堤防の管理があって、はじめて減災に対応できるのだ。寺田寅彦は「天災は忘れた頃にやってくる」という名言を残しているが、治水も水防という裏打ちがあってはじめて可能となる。

実はそれを実践したのが大垣藩の藩士や輪中民たちだった。図10は大垣輪中の「堤持口絵図（内堤）」である。絵図は外堤（揖斐川と杭瀬川）と内堤（水門川と中之江川）に区分され「水防定書」もつくられている。それによると、堤奉行が置かれ藩士たち（水防人夫改役）の指揮下で村役人や人夫たちが活動する体制がとられていた。例えば、外堤では「沢渡《さわたり》村南より平《ひら》村東まで千二百五十三間、山本六左衛門」とあり、各自の持場を明確にし、責任をもって事にあたらせていたのである。

この図は内堤のもので丁場割を図示したものである。各分担の丁場は色分けされ、水小屋（水防倉庫）は丸印で示すとともに「水防定書」で対応の仕方を定めている。この定書は後の水防法の原典ともなったもので、近世を通して大垣が水防にいかに力を入れていたかがわかる。身分制秩序社会のもとで藩士と町人たちの協働体制がとられ、治水と水防を一体化させて対処していたのである。大垣はまさに輪中の町であるとともに水防の町であったかがうかがえる。現代に学ぶべき先人の知恵といえよう。

（伊藤憲司）

【column】輪中の土地利用――堀田

輪中地域の景観を代表するものにかつて堀田《ほりた》があった。図1は古大垣輪中のソフトピアジャパン付近を撮った堀田景観の空中写真である。図2は明治の字絵図（加賀野村字入ヶ面）でその一部を示したものだ。堀田は水田の一部を犠牲にする土地利用方法で「掘上げ田と掘り潰れ」からなる短冊型の幾何学模様を呈した水田のことをいう。ほぼどの輪中にも見られた景観で、堀田は輪中地域の代名詞といっても過言ではない。

図1　安八郡加賀野村（現大垣市）付近の堀田景観（1947年、米軍空撮）

堀田が築き立てられた経緯を少々紹介しておこう。輪中が開発される以前の稲作は河道に沿う自然堤防に近い所でおこなわれていた。そこは洪水のたびに冠水する流作場となっていた。近世以降、輪中開発が進み、輪中堤で集落と耕地が囲い込まれると破堤しない限り輪中の稲作は安定する。しかし輪中堤が完成した

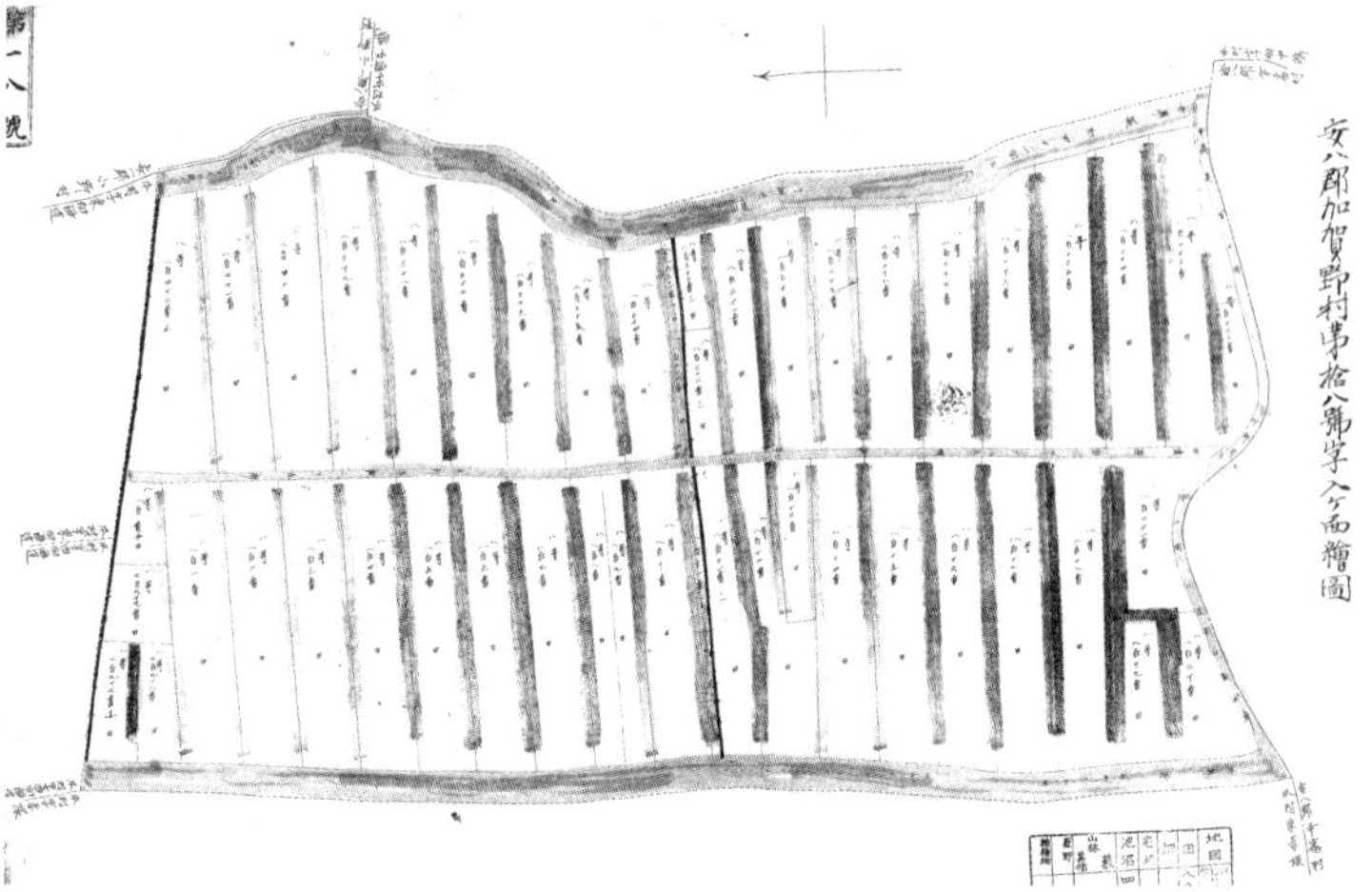

図2　安八郡加賀野村字入ヶ面絵図（三城支所蔵）、短冊状の孤立型堀田の分布（黒い部分が掘潰れ）写真の中央部南半部を示す

ことにより新たに内水氾濫による稲の水腐れに悩まされることになったのである。輪中開発の矛盾である。

その要因は以下のようである。輪中堤で流路が固定化されると流路面積（河積）が縮小し、その結果、土砂は河床に堆積して川は天井川となる。輪中内は排水不良となり、悪水は長期に湛水化する。当然、稲の収穫は皆無に近いものとなった。この解決策として「伏越しと江下げ」の方法がとられた。これは天井川を伏越して下流部に排水路を延長するものだった。しかしこの方法もやがては機能しなくなり、第2の解決策として生まれたのが堀田の造成だった。これは近世最後の土地改良ともいうべきもので、渇水期の秋から冬にかけ伊吹おろしの中で鋤簾や鍬など簡単な農具でおこなう作業は辛く厳しいものだったという。こうした一連の工事を見ると、当時の輪中の人々がいかに稲作に命をかけていたかがわかる。その作業は想像を絶するものだったろう。

堀田の造成は一般的には江下げに続いておこなわれているが、大垣輪中では1785年（天明5）の鵜森《うのもり》の伏越し工事より約20年前の1766年（明和3）「安八郡浅草中村堀田御改帳」にみられるように、この時期すでに堀田の再造成がおこなわれており、各輪中の地形環境や社会環境（藩政策等）によってその開始時期には差があったようだ。したがって、その時期には幅があり、宝暦以降明治初年にかけておこなわれてきた。

この堀田景観も動力排水機の導入で稲作は安定し、戦後、昭和20年代まで約200年間にわたって堀田は存在してきた。昭和30年代からの高度経済成長期を迎えると、モータリゼーションと相俟って土地改良事業が進展し、この景観を見ることはできなくなってしまった。

（伊藤憲司）

“水を愛し緑を育む” 自噴井ゆたかな水都

自然の湧水・ガマ

西濃の中心都市大垣は、かつていたるところで掘抜井戸から自噴した地下水が井戸舟から流れ落ちる光景がみられ、人々の生活に潤いをもたらしてきた。この水の恵みと人々のかかわりは、今でも水まんじゅうやスイト（水都）タクシーなどに名残をとどめている。

しかし、大垣町で掘抜井戸が掘られるようになるのは江戸時代半ば以降である。それ以前の大垣では自然の湧水「ガマ（河間）」の水を用水で取水し利用することが多かった。

西濃平野周縁部の扇状地で涵養された地下水の一部は、扇状地末端部で自然に湧出している。平野北部から西部にかけての扇状地の末端地域では、「ガマ」と呼ばれる扇端湧水が古くから貴重な生活用水や農業用水として利用されてきた。

なかでも代表的なものが信濃河間、加納河間、北方河間などであった。加納河間の湧水は宮町裏を通って大垣の西部の人々に、また信濃河間は伝馬町より大垣の東部の人々の飲料水に利用されていた。

そのために大垣藩では用水の管理上、22カ所に制札を立て「用水通にて洗物すべからず。塵芥取入並水あび、魚取、捨物いたすまじき者也」とそ

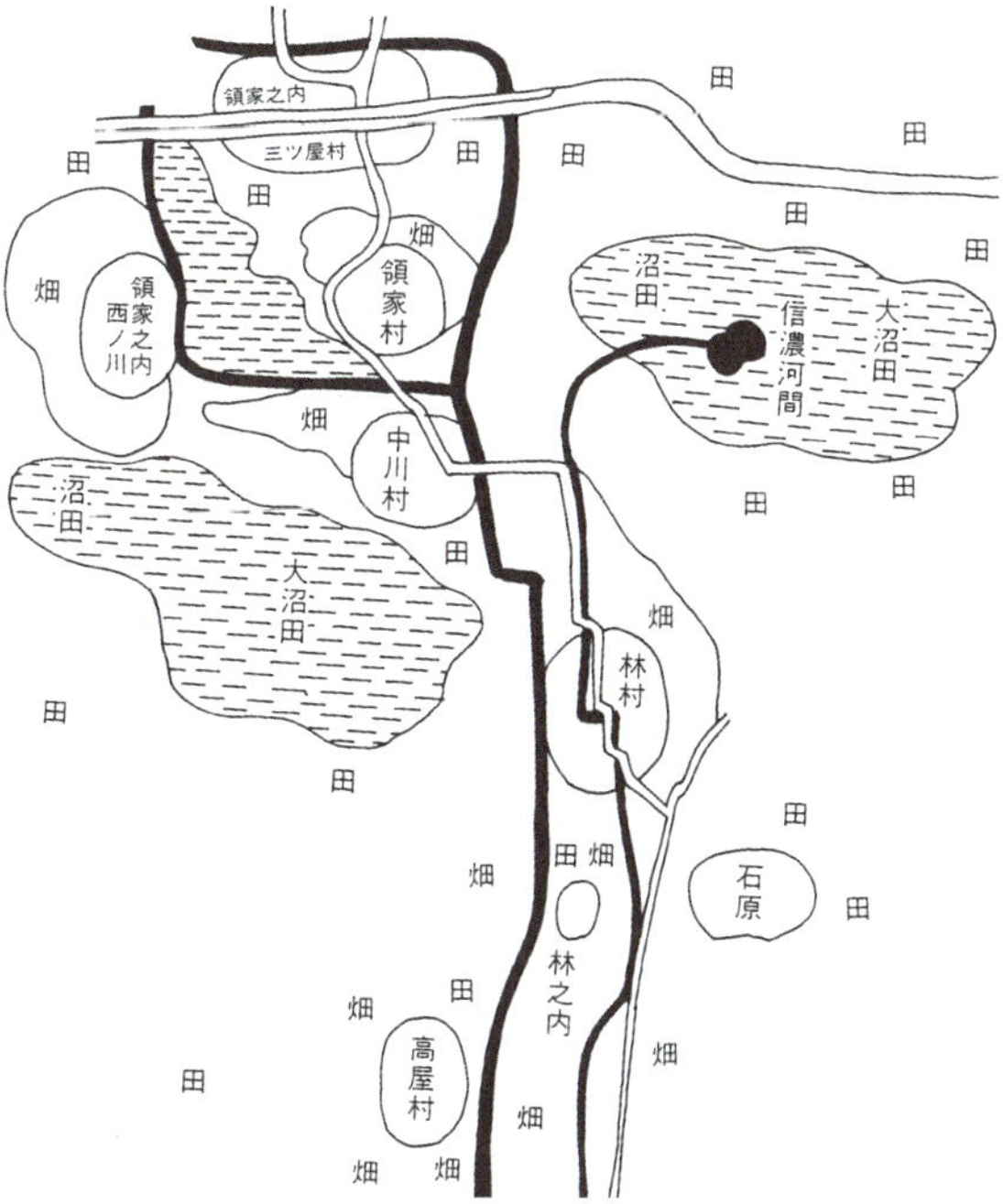

図1　信濃河間の利水図（江馬家蔵の「大垣城下並二里四方近郷之図」から安田作図）

図2　北方町がま広場（2015年5月）

の汚濁を防止していた。しかし、降雨時、とくに梅雨期や台風期には用水の汚濁が長期にわたるため使用できなかったという。そういう時には大垣城下町の湧水、三清水を使用する以外に方法はなかったが、このうち外側町の清水は「御用井戸」として錠付のため一般の人々は利用できず、清水町の旧松壽寺門前のものか、室清水町の湧水を利用することとなった。それだけにこの清水は大切であり、また、この清水がいかに美泉であったかは「酌む影の其の儘うつる清水哉」と詠まれているのをみてもわかる。

江戸時代半ばになると、鉄棒で掘抜井戸を掘り、自噴する地下水を利用することが普及し、その恩恵をうけることとなる。

「…今にては家毎に遣い水自由なり。中には井戸水の流れに米春草を仕掛けるもあり。扨又時候冷気の節に赴けば温水となり、又暑気に赴けば冷水となる。又水の能く湧出づる所は八寸位の竹より一尺程も吹上ぐるあり」（藤渠漫筆）とあるようにこの地方の人々は自噴井を家々に持つこととなった。

掘抜井戸

濃尾平野には古くから自噴地下水帯が全国有数の規模で広がり、鑿井技術の進歩とあいまって広く利用されてきた。

第四紀の氷河期の海面変動の影響により、濃尾平野の沖積層の下部には、海退期に形成された河成の厚い礫層が複数あり、伊勢湾北部から濃尾平野に至る地下に広く分布している。これらの礫層は、上下を難透水性の粘土層に覆われて被圧地下水のよい帯水層となっている。これらの第四紀層は、平野自体の基盤が西方に傾きながら沈降し、反対に東側の丘陵や山地が隆起するといった傾動運動によって、いずれも東から西へ向かって傾斜しており、養老山地の麓を走る養老断層によって断ち切られている。

濃尾平野における最も浅い被圧帯水層は一般に10～20mの厚さの礫層であり、これを第一礫層と呼ぶ。西濃地方では深度50～60mに分布しており、この帯水層を対象とする井戸を「浅掘り」と呼んでいる。

図3　平成の名水（加賀野八幡神社井戸、2015年5月）

第二礫層は、大垣市周辺では深度120m以深、層厚15～25m程度で分布し、この層から取水する井戸を「深掘り」と呼んでいる。第二礫層は被圧帯水層として安定していること、および浅い帯水層が過剰揚水により水位の低下を招いたことなどから、昭和40年代に集中的に開発された。第二礫層より下位の砂礫層を帯水層としている井戸は、主に工場などで深度200mを超える井戸から取水されている。

近代工業が発達すると、繊維・化学を中心とする用水型工業が進出し、地下水の大量揚水が始まった。昭和のはじめには、早くも浅井戸で自噴停止が始まっていることを、大垣出身の脇水鐵五郎東大教授が報告している。その後も自噴停止地域は拡大し、なかでも戦後の高度経済成長期に入ると、圧力が高い深井戸にも自噴停止がみられるようになった。これに伴い、地下水が自然湧出するガマも減少した。

ガマは西濃地方の扇状地末端部に広く分布していたが、地下水の揚水量増加や土地改良事業の実施等によって減少した。ガマの減少に伴って、ガマのような湧水の豊富な水域に生息していたハリヨも減少し、現在の分布は局地的になっている。近年一部の地域では、ハリヨの保護に乗り出したり、ハリヨを通して身近な環境を保護しようという啓発活動がおこなわれている。

2003年10月、大垣市街地の中心部に旧大垣城大手門にちなんで、自噴井を活用したミニパーク「大手いこ井の泉」が整備された。安定して地下水が自噴するように、広場は周囲よりも1・5m掘り下げてあり、深さ138mの深井戸からは、水温14度ほどの地下水がこんこんと湧き出ている。井戸舟とせせらぎのある広場は、市民の潤い空間となっている。

（安田守）

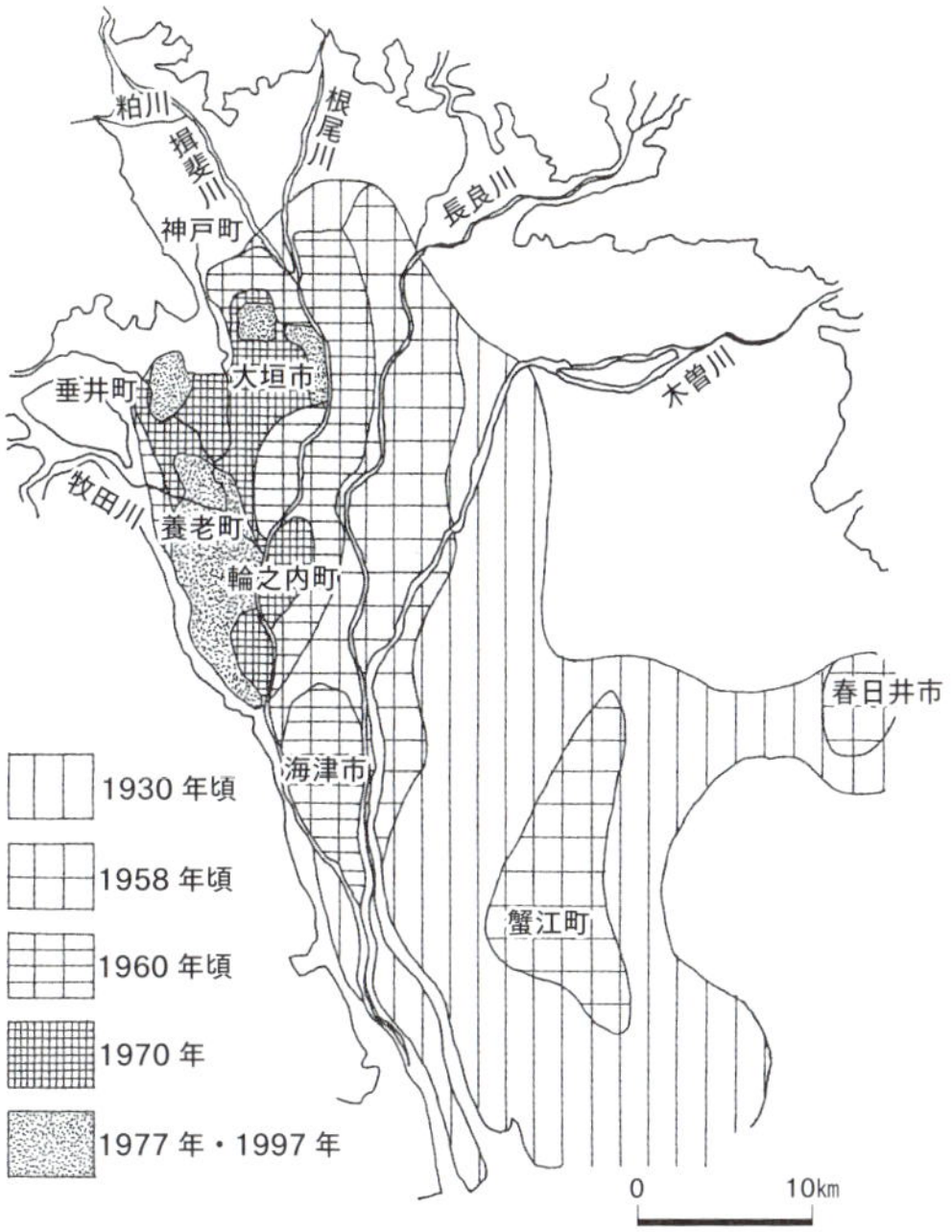

図3　自噴帯の縮小（安田元図）

図4　名水（大手いこ井の泉緑地、2015 年 5 月）

小さな輪中をめぐり歩く

十六輪中

　濃尾平野北西部に位置する十六輪中は、一集落で一輪中を形成する小輪中である。南を相川、東と北を大谷川の遊水地に囲まれ、現在もなお輪中としての機能を果たしており、水屋の分布密度も高い。

　近世以降新田開発が進展し、平野中・下流域を中心に多くの輪中が新たに形成されると、従来から洪水が氾濫して遊水地的機能を果たしていた空間が減少し、一方で河床の上昇をもたらした。このため氾濫区域は平野中・上流域にまで及ぶようになり、それまでに形成された輪中よりもさらに高位部の地域にも輪中の形成が進んだ。

　近世前期までこの地域には、相川の両岸と綾里輪中、室原輪中にしか堤防はなく、大谷川両岸は無堤のままであった。

　１８４１年（天保12）の十六村絵図面には「水除御堤無之ニ付年々逆水ニ而水損仕候」とあり、近世末期になるとこの地域では逆水による洪水被害が深刻となりつつあった。

　十六村では１８１４年（明和8）、１８２９年（文政12）とあいついで新規輪中堤の築立てを願い出るが、他の輪中の反対にあい不成立に終わる。

　１８４９年（嘉永2）には無届けで輪中堤を築立て、対岸の綾里輪中と傷害事件を起こした。

　明治維新の際、旧大垣藩主に嘆願した結果、１８６９年（明治2）内訓により十六輪中は正式に認められた。このとき寝食を忘れて輪中堤築造に尽力した4人の地主を称えた治水功労者記念碑が八幡神社に建っている。

　一方、大谷川下流部の右岸側は、第二次大戦後まで無堤地であり、広大な遊水地として桑畑や茅場、水田に利用されていた。ところが、戦後の食糧難の時代になると、食糧増産のため、１９５４年から土地改良事業が実施され、大谷川右岸に堤防がつくられた。この築堤によって、従来の遊水地を締め切ると、大谷川の洪水位が上昇して対岸の破堤が懸念されることから、結局、築堤はするが引き続き遊水地的機能をもたせるという妥協的な治水工法として、右岸堤の一部に洗堰（越流堤）が計画され、１９５８年、現在の

図1　改築された水屋（2011年1月）

図2　大垣市十六町付近（2002年7月10日）。輪中堤の内側（手前）と外側（向こう側）で浸水状況に差が見られる。手前に見えるのは新幹線の連続高架（撮影：アジア航測〔株〕）

図3　洗堰からの越流（2002年7月10日、大垣建設事務所提供）

位置に延長110m、天端より1・38m低く、越流部標高7・2mの洗堰が完工した。

その後、この遊水地は高度経済成長期以降、何の規制もないまま工場の進出や宅地化が進行し、さらに、遊水地の一部が1975年に市街化区域になると、宅地化がいっそう進んだ。それとともに水害が頻発したことから、1980年に洗堰の越流部が60cm嵩上げされた。

洗堰は建造以降、嵩上げ前の23年間に9回、嵩上げ後も2006年までの26年に6回越流しており、2007年に河川改修にあわせて越流部が1・05mさらに嵩上げされた。

水防活動

十六町は歴史的に水害に悩まされ続け、町民の防災連帯感が強い。また、大垣市中心部から離れた南西端に位置しているため、災害時には早急なる行政支援は期待できない。このため町独自の防災計画を策定し、防災訓練を毎年おこなっている。

一方、十六町は枝郷の大野を含めて、瀬古と呼ばれる7つの組（北屋敷、南屋敷、海戸、北浦、清水屋敷、東向、大野）で自治会組織が運営されている。このうち、各瀬古から選ばれてくる自治会役員と水防係は堤防監視員を兼務している。そして、あらかじめ堤防を瀬古ごとに丁場と呼ばれる受持ち区域に分割しておき、出水のさい監視や水防作業にあたる。十六輪中の丁場割は図6のように、東・北・西の遊水地に面する堤防と南の相川に面する堤防（泥川は大野の担当）とに大きく2区域に分けられている。

　出水時には、まず自治会役員が召集され、災害対策本部が設置される。その後の水位の状況をみて水防係が召集される。さらに、河川や遊水地の増水状況から危険と判断したときには、総出といって、各世帯から1名ずつ水防活動に参加する。総出の要請と同時に女性防火クラブ役員が炊き出しをはじめる。（安田守）

図4　陸閘の締切訓練（2011年6月）

図5　炊き出し訓練（2011年7月）

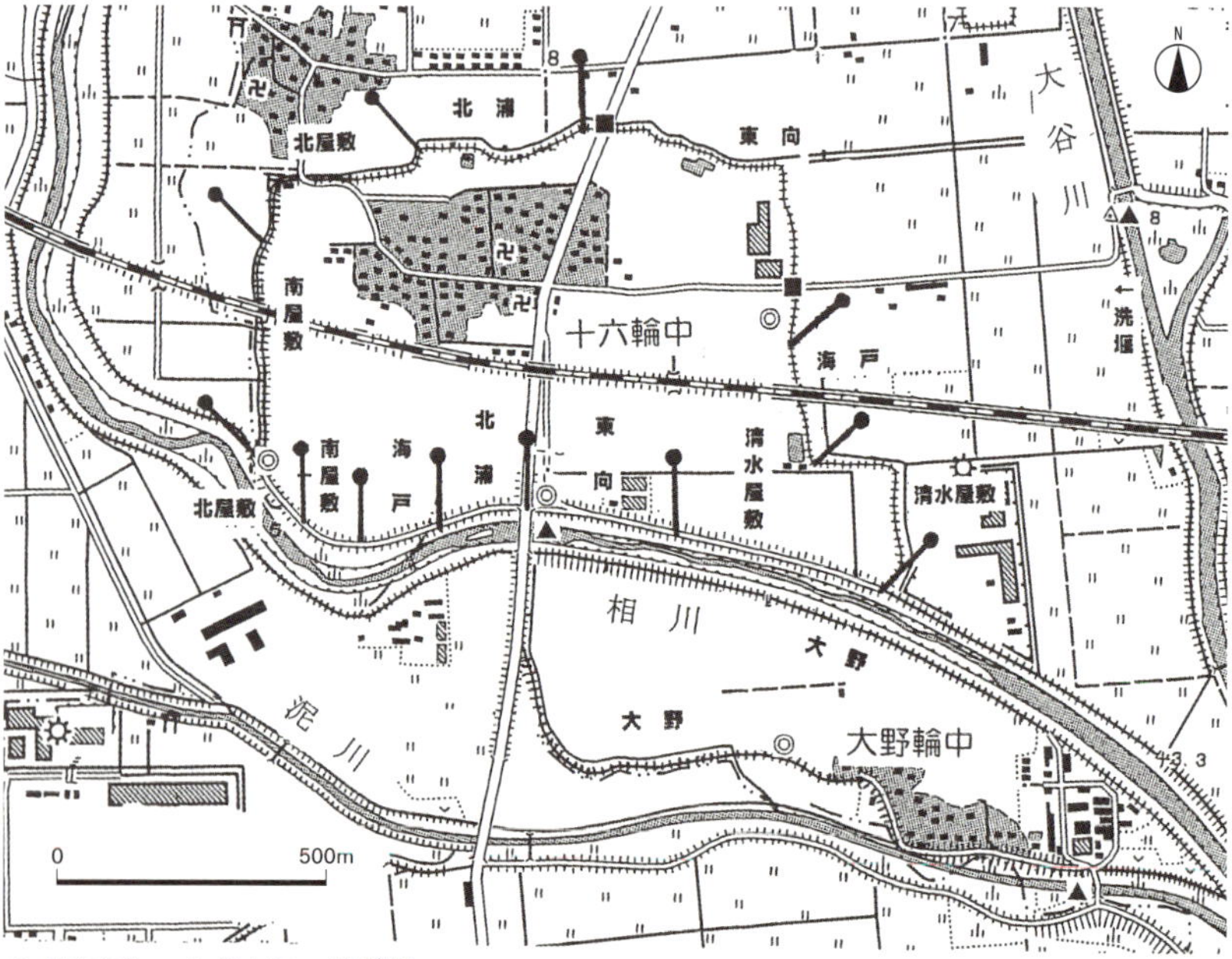

◎ 水防倉庫　▲ 量水標　■ 陸閘

図6　十六町の水防丁場割（安田原図）

【column】自噴井と水まんじゅう

地下水に恵まれ、「水都」と呼ばれる城下町・大垣に伝わる夏の味覚「水まんじゅう」。

かつて、冷たい自噴水を導いた井戸舟の中に沈め、売られていた。そんな風景は大垣が水都と誇っていたころの、夏の風物詩でもあった。昭和30年代までこの地方では、どこを掘っても清らかな地下水がわき出て、生活用水として使われていた。どこの井戸も流し放しで、街の側溝にもハリヨが棲むほどの清流であった。大垣でもともと井戸といったのは、自噴水を鉄管で引いた、コンクリートや伊勢土でつくった四角の井戸舟のことで、どの家にもこんな井戸に、西瓜やトマトが浮かび、ラムネやサイダー瓶が横になっていた。八百屋や菓子屋の店頭の井戸舟に水まんじゅうが小さなちょこに入れられて冷えていた。水まんじゅうは、そんな冷水で冷やして食べる点に特色がある。

図1　水まんじゅう（金蝶園総本家提供）

現在は、市内の和菓子店で4月頃から9月末ごろまで生産。店先に特製の流水屋台を設置して販売する光景も見られる。

白く透き通った姿が、涼感を誘い、氷水で冷やしてから口に運ぶと、つるりとした食感とともに、あっさりした甘さが疲れをいやしてくれる。

水まんじゅうとは葛まんじゅうをベースにやわらかにして、水に沈めて冷やした水菓子に過ぎないが、澱粉質のものを長く水につけて冷やすと、糊玉のようにふやけてしまい、中の甘みが抜けてしまう。水に浸してふやけぬ澱粉はないかと考えたところ、雨傘を張る蕨糊は決して水に溶け去らない。そこでこの蕨粉を適量に混ぜて葛まんじゅうを作り売り出した。

長く水中で冷やさなければ甘みが抜けず、まんじゅうの皮がふやけず、澱粉糊特有の滑らかさと弾力性と透明感を失わない。

作り方は、葛粉に蕨粉を少しと砂糖を混ぜて水に溶き、熱してのり状にする。「ちょこ」と呼ばれる直径3〜4㎝の陶器の器に入れ、そこにあんを落とす。さらに葛をかける。十分ほど蒸したあと、少しかたくなったらちょこに入れたまま、店先の流水屋台で水にさらす。

地下水涸渇で水まんじゅうは一時影をひそめたが、現在では全国に製法が広まり有名になった。

水まんじゅうは、1994年にパン業界の大手企業が商

図２　親子で水まんじゅうづくり（輪中館の行事、大垣市輪中館提供）

品登録を出願した。これに対抗して特許庁に「水まんじゅう」は大垣ではどこの店でも使う普通名詞であると異議を申し立て、95年に異議が認められた。これを契機に大垣菓子業同盟会は水まんじゅうを製造、販売する大垣市内の24社が大垣水まんじゅう製造組合を組織した。

大騒ぎになったけれど、大垣と水まんじゅうが有名になる結果となった。これにより、水まんじゅうはだれもが使える名称となったため、百年以上の歴史を持つ大垣の水まんじゅうをより広くPRすることになり、販売量も増えたという。

現在も水まんじゅうを製造・販売している金蝶園総本家の北野英樹社長は「水まんじゅうは明治から製造されてきた。冷蔵庫がなく、冷たいデザートがなかった時代は、冷やすなら水で冷やすしかなかった。やわらかくて手で扱えないので当社ではオリジナルな美濃焼のちょこを使っている。他の地区の水まんじゅうと違って、水槽の中で冷やすことが特色であるため、現仕も井戸水を使用しており、そのために水質検査も行っている。葛粉と蕨粉は原価が高くつくため、作業や保存のしやすさを特長として、寒天メーカーも参入している。

心がけているのは、水で冷やす時間を20〜30分にして長くしないこと。そのため、1日4〜5回製造している」と語る。（安田守）

[column]　水屋建築

洪水のときの避難場所

輪中地域では堤防が決壊して輪中内に濁水が入り込むと、一面が泥海状態となり、それも長期間におよぶことが多い。家は少しでも高い土地に建てようと自然堤防や中洲的な場所を選んで建てているが、屋敷地を高くしてより安全にするため周りの土を掘り上げて盛り土している。地下水位の高い輪中地域では、土砂を掘り取った後には水がたまって堀となることが多いが、ここは構《かま》え堀《ぼり》とよばれる。屋敷地の盛り土する高さの目安は、雨などで溜まった水による浸水被害が及ばない程度にしている。地主など経済力のある者は屋敷地の一部をさらに高く盛り土して水屋を建てている。水屋を建てる盛り土の高さは周囲の堤防の高さを目安にしていた。水屋には米などの主穀や味噌などの調味料を保管して避難時に備えたが、平常の時は貴重な什器類や衣類などの倉庫として使用されている。

水屋の多くは屋敷の北西部に建てられているが（図1）、冬の伊吹おろしなどの強い季節風から母屋を守るためである。水屋や屋敷地の周囲には竹や樹木などが植えられているので（図2）、遠くからは水田地のなかに林があるかのように見える。竹や樹木は周囲が泥海状態となったときに、流木や波浪によって建物や盛り土などが破壊されるのを防ぐためでもある。盛り土の周囲を石垣積みにしているところもある。盛り土の崩壊防止には適した方法だが、石のない三角州にある輪中地域では石材の確保が困難である。石材の大部分は近隣の石灰石産地である赤坂から運ばれているが、運搬や石垣積みには費用がかかることでもあり、経済的負担が大きいので使用は容易ではない。

水屋は切妻型の瓦葺き屋根をのせた土蔵や木造の建物で、床面積は2間×3間のものが多い。4間×5間の大きな水屋や2棟以上の水屋を持つ家もある。洪水時の緊急避難場所であることから、水屋は二階建てが圧倒的に多い。多くの水屋は出入り口部分に庇があり、緊急避難時の煮炊きはここでおこなわれていた。

平時には倉庫として利用されるので、居住機能と倉庫機能の両方を持つのが理想的であるが、所有者の意識や財産状況などから様々な形態の水屋が存在している。住居倉庫式水屋、倉庫式水屋、住居式水屋、防火機能をもつ土蔵式水屋などのタイプがある。

平屋の水屋は少ないが、平屋の水屋には居住性を意識したものが多く、日常生活では離れ座敷として使用されることが多い。母屋と接近している場合にはドンド橋（図3）とよばれる屋根付き階段が設けられることもある。

水防対策として最も理想的なものは、屋敷地そのものを水屋の土台なみに高く盛り土して家を建てることであり、水屋式住居ともいえるものだ

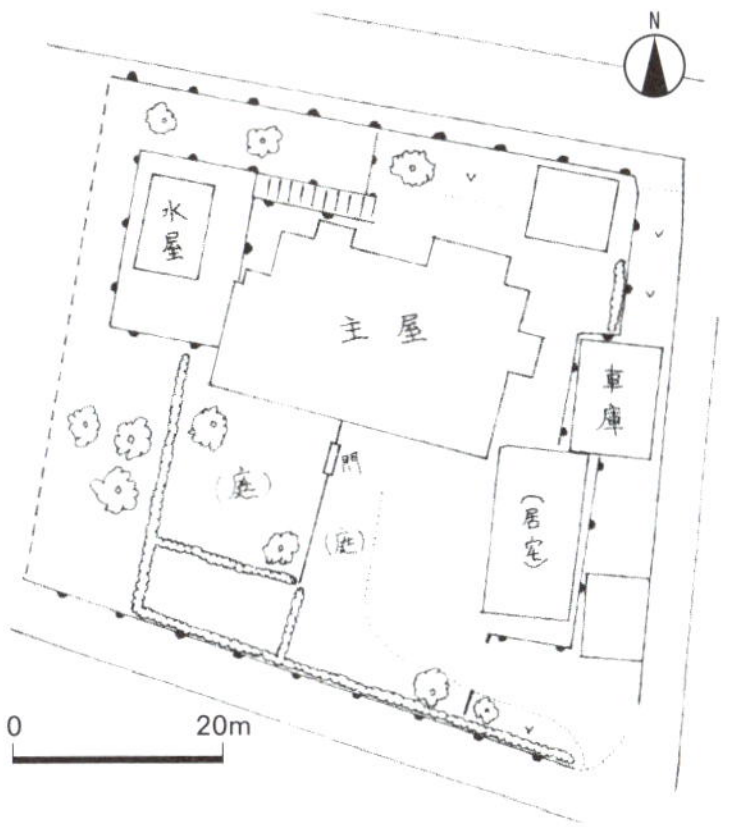

図1　水屋の位置　大垣市釜笛町（出典：『大垣市史』輪中編）

図2　水屋のある家　大垣市釜笛町（2015年5月）

図3　屋根付き階段のドンド橋　大垣市釜笛町（2005年11月）

が、その例は極めて少ない。
水屋をもてない人々は、破壊されなかった堤防へ避難するか、敷地を高くした近くの寺院や神社などへ避難した。堤防から離れた場所では、命塚や助命壇とよばれる高台をつくっているところもあった。

水屋のような建物は日本各地の水害常襲地にもあり、利根川流域の水塚《みつか》や淀川流域の段蔵《だんぐら》をはじめ、信濃川や筑後川、吉野川流域などにあることが知られている。

長期にわたる泥海の移動に備えて、上げ舟とよばれる舟を水屋や母屋の軒などに常備することが多かった。信仰心の厚い人々は、洪水時に仏壇が水につからないよう天井裏や二階へ引き上げる工夫をしている。仏壇の上の天井は取り外しのできる板を並べたり、仏壇下部に吊り上げ用金具を取り付けるなどしてあり、上げ仏壇とよばれている。

水屋が多い釜笛・外渕地区

水屋は消滅する傾向にあるが、大垣市南部の釜笛・外渕《そぶつ》地区では多くの水屋が見られる（図4）。2003年に文化庁の「農林水産業に関連する文化的景観」の重要地域に選定され、水害に関連した集落景観としては全国唯一の場所である。水屋の見学には許可がいるが、近隣の輪中生活館では旧名和邸の水屋が自由に見学できる。ここの住居式水屋は頑丈な床をもつ中二階があり（図5）、ここも緊急避難場所となっている。水屋の上に水屋をもつともいえる構造で、母屋を含めて考えれば三階建てともいえる洪水対策である。近隣には数少ない水屋式住居もある。

（新谷一男）

図5　輪中生活館の住居式水屋の中二階へ上る階段（2015 年 5 月）

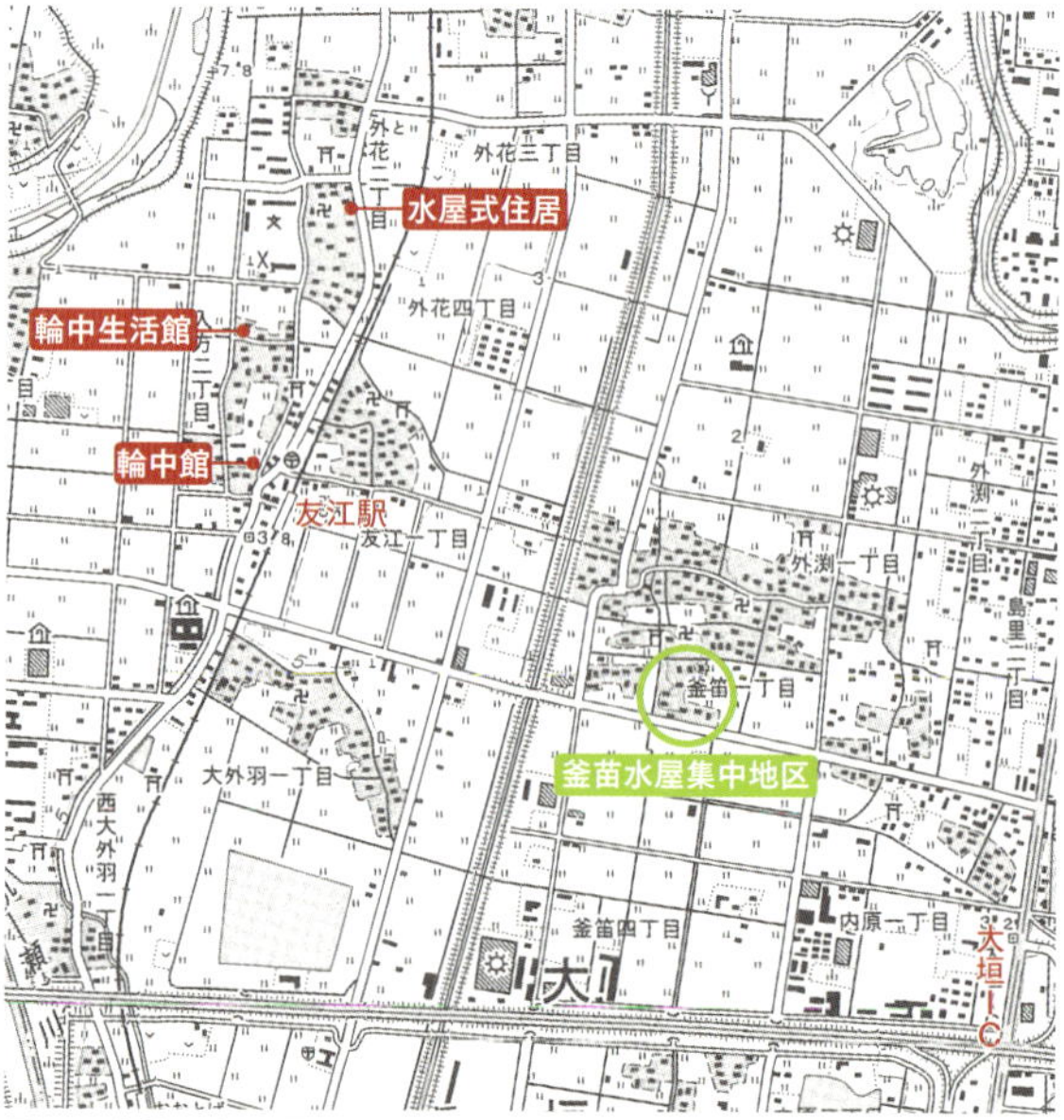

図4　水屋が多く見られる釜笛・外渕集落（1/2.5 万「養老」2007 年修正）

Part 3

牛車にひかれてゼロ戦は各務原飛行場へ

——黒ボク土の台地から公園都市に

キ20の主翼は船で各務原へ

1931年（昭和6）超大型の九二式重爆撃機の試作一号機が三菱重工業名古屋航空機製作所で完成した。陸軍の試作機名はキ20である。

全長約23m、全幅が約44mにも及ぶ巨大機で、国内の陸上根拠地から船舶輸送によることなく直接主要作戦地に独立飛行して爆撃をおこなうなどの目的を持つ、行動半径の大きな機体であった（図1）。

総重量はおよそ25トンにも達したため、ドイツの名門、ユンカース社のエンジンをもってしても動きは鈍く、長大な滑走路を必要としたため、工場近くの小型機専用の小さな飛行場での離着陸など考えられもしなかった。

各務原などの飛行場に運び、そこで試験飛行をおこなったり、そこから他の飛行場に飛ぶしかなかったのである。

九二式重爆撃機は「お化け」と称された超大型機で、胴体は何とか2つに分けて各務原へ陸送したが、主翼の大きさは片側だけでも150㎡近くもあり、とてもトラックなどでの陸送はできなかった。

図1　九二式重爆撃機。写し込まれた人の大きさから、「お化け」が想像できる（出典：浜松市千歳町「アケミ写真館」）

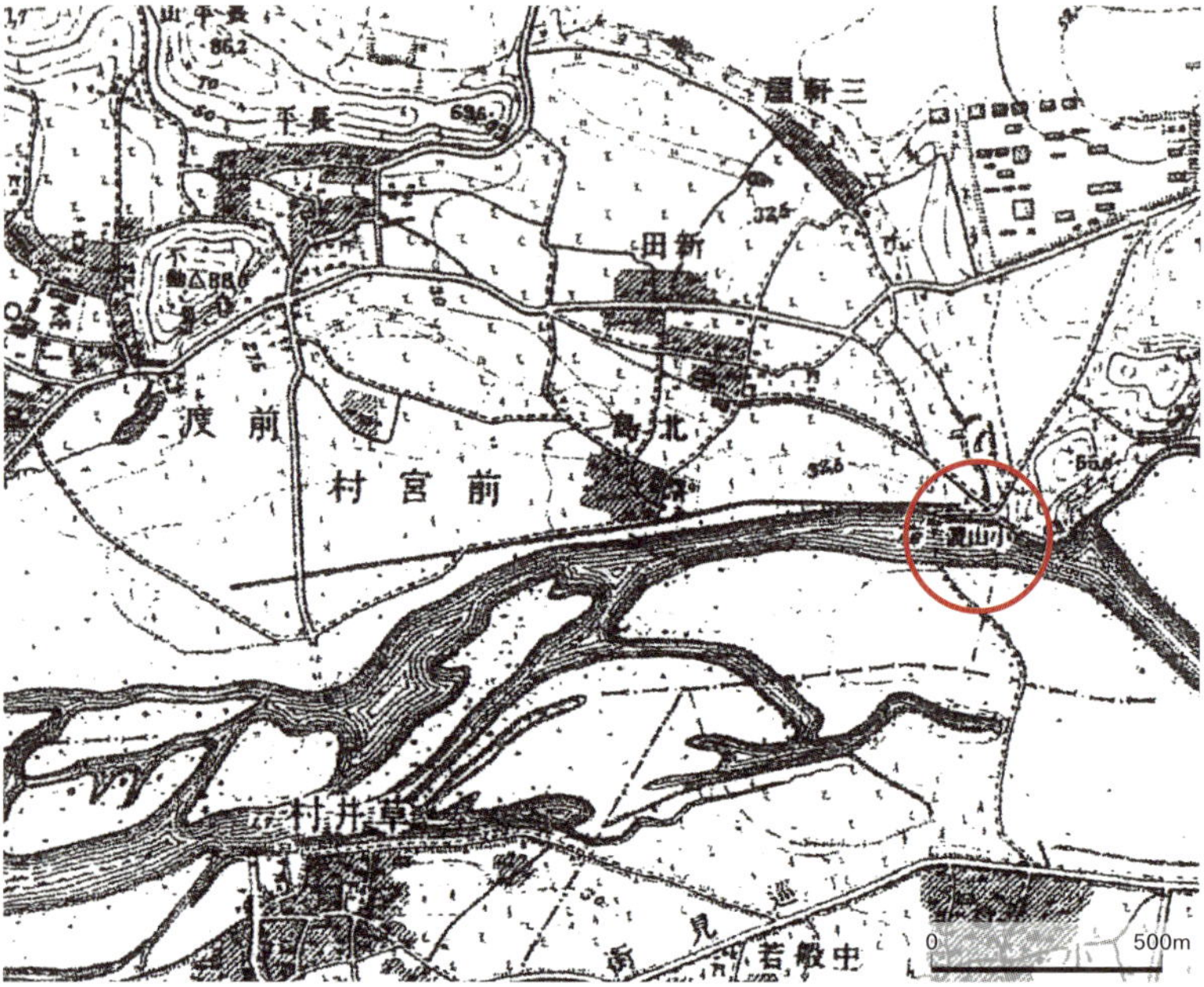

図２　小山湊（小山の渡し）北にある飛行場までの陸路の搬送が困難を極めたという（1/2.5万「犬山」1947 年修正）

そこで発案されたのが、主翼は船で運ぶという方法であった。名古屋港の工場（六号地）から蒸気船（ポンポン船）で曳航して木曽川をさかのぼり、各務原の飛行場に最も近い湊まで運んで陸揚げし、湊から三菱の格納庫のある飛行場までは栈橋や滑車を使って移動させたのである。

各務原の飛行場に最も近い湊は、第二聯隊の南にあった小山湊（小山の渡し）であった（図2）。

図３　九六式陸上攻撃機の搬送。小山湊で団平船から陸揚げされたのち、北にある飛行場に運ばれた（出典：中日新聞社会部『あいちの航空史』）

名古屋港から木曽川を運搬することを考えて、喫水《きっすい》が浅く、幅10m・長さ20mという大型の「団平《だんぺい》船」と呼ばれる船が登場した。

工場桟橋から両翼を積み込み、木曽川を遡上した。木曽川は水深も十分にあり、流れも穏やかで、輸送船団は約40kmの行程をわずか10時間ほどで笠松近くまで進んだ。

笠松橋（現在の木曽川橋）付近までは順調に進んだが、橋をくぐって東に進路を変えるあたりから木曽川の様相は一変する。川に中州が多くなり、浅瀬が増えて流れが急流となるのである（図18）。

「そりゃあもう命がけの仕事でした……」と、当時、輸送を主に担当した1936年（昭和11）入社の田村誠一郎氏は『往事茫茫』の中で語る。

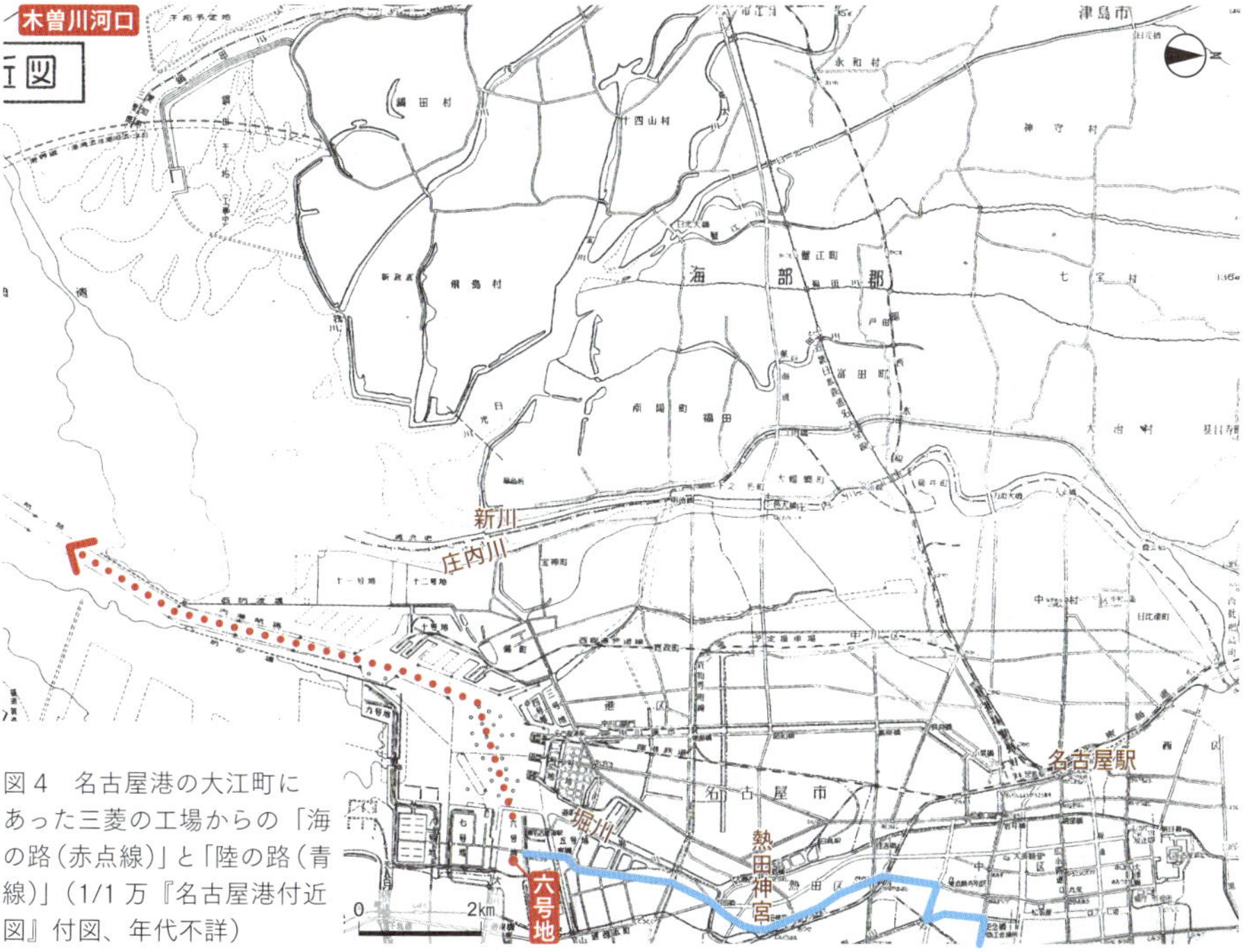

図4　名古屋港の大江町にあった三菱の工場からの「海の路（赤点線）」と「陸の路（青線）」（1/1万『名古屋港付近図』付図、年代不詳）

赤・青・黄の手旗信号によりながら、両岸から直径5cm・長さ100m以上のロープを船頭たちがはいつくばって引っ張った。難所を抜けてもすぐに船底が座礁し、脱出の苦労は並大抵ではなかった。

さらに、湊に着いてからの4kmの道のりを飛行場まで運ぶ作業にもおよそ1日を要した。（図2・3）この木曽川輸送作戦は、結局、1935年（昭和10）までにつくられた九二式重爆撃機6機すべての主翼輸送と、その後に開発された九六式陸上攻撃機のうちの5機の胴体部分の輸送で終わった。

九二式は6機で生産が打ち切られ、九六式は、分解運送が可能になったためである。

「航空機生産日本一の大工場」で最大の生産力を誇った三菱でさえ、大戦が終わるまで、このように、機体の搬送に頭を悩まし続けた。

零戦は牛車にひかれて各務原へ

1938年（昭和13）3月に航空機製造事業法が、4月には国家総動員法が出され、一年ほど後の39年4月、三菱名古屋航空機製作所が37年から社運をかけて、海軍当局の度を超すともいえる厳しい要求に応えるべく試作を続けて

図5　工場から「陸の路」を、牛車で零戦を運搬する（想像図）出所不明の資料を今井が撮影した（2014年10月）

きた新しい機体が工場から外に出た。

シートで包まれた十二試艦上戦闘機（零戦）の第一号機が、牛がひく荷車に積まれて、名古屋港の大江町にあった三菱の工場から北に向かい、暗闇の中を、48km先にある飛行場を目指して出発したのである（図4・5）。

当時、世界で群を抜いて高い性能を持つと誰もが信じて疑わなかったこの新鋭機は、新合金（超々ジュラルミン）を採用し、極度の軽量化が図られていたことなどから、振動や衝撃にひどく弱く、トラックやトレーラー、あるいは馬車などによる輸送には耐えられなかったのである。

夜に工場を出た牛車は、道幅が狭い市街地での住民の「眼」や「声」に警戒を怠ることなく進んだが、とくに外国や外国人の所有する建物や施設の横を通り過ぎるときには一段の注意を払った。

熱田神宮の横を通り、北上

図6　大正〜昭和初期の中山道（羽場町）。このような悪路を「そろりそろり」と牛車が進んだ。西町と羽場町の境の坂道は難所であった（出典：郷土出版社編集部編『写真集 思い出のアルバム各務原』）

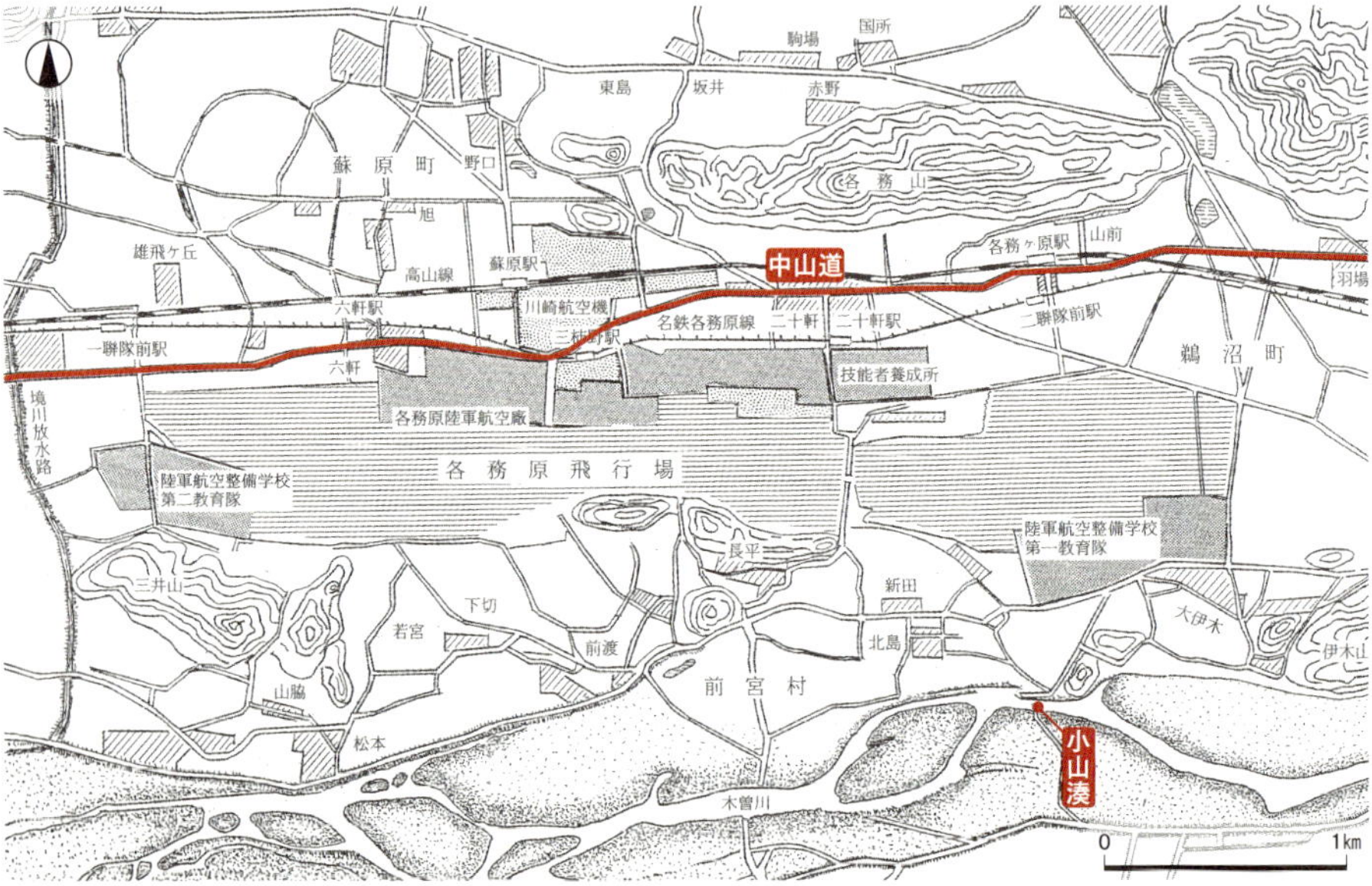

図7　1945年1月の各務原飛行場等概念図（作図：中野治氏、小林利昭氏補足、各務原市戦時記録編集委員会『各務原市民の戦時記録』付図、1999年）

して最大の難所の一つである狭隘な小牧の街を進んだ一行は、ここで人も牛も食料や水分を補給して一服し、さらに北に向かって前進を続け、犬山を経て鵜沼から中山道（図６・７）を西に向かい、各務原飛行場に着いた。

各務原市鵜沼西町の中山道の旧家に住む坂井孝氏（79）は、「小学校に登校する時間になると毎日、赤牛二匹にひかれた荷車が通りかかった。人は地下足袋、牛はわら草履を履き、シートをかけた荷車の隅から日の丸が見え隠れすることもあった。宿場の西はずれの坂道（各務原台地への上り坂）では、人も牛も難渋した。飛行機の運搬は終戦近くまで続いたと思う」と語る。

零式艦上戦闘機はよく「ゼロ戦」と呼ばれるが、正しくは「れいしきかんじょうせんとうき」で、１９４０年（昭和15）つまり皇紀２６００年の制式採用機であるので、当時の規定により下二桁にちなみ命名された。

零戦は１９４５年の五四型まで、三菱重工業と中島飛行機が制作し、合計１０４２５機（堀越二郎・奥宮正武『日本海軍航空史』による）が生産されたが、操縦が容易で運動性能が高く、破壊力も備えるなど、極めて優れた性能を持っていた（図８）。

零戦がいつまで各務原へ陸送されたかは不明だが、名古屋港に新しい飛行場が完成して諸施設が整った１９４４年頃からは海軍機はここから離陸し、陸軍機がもっぱら各務原へ運ばれたという。

１９２７年（昭和２）に東京帝国大学航空学科を卒業して三菱に入社し、５年目から戦

図 8　名古屋から陸路を各務原に輸送された海軍十二試「零式艦上戦闘機」（かかみがはら航空宇宙科学博物館掲示写真を今井撮影、2015 年 3 月）

図 9　各務原の川崎航空機で生産された陸軍キ 61「3 式戦闘機飛燕」。「かかみがはら航空宇宙科学博物館」に常設展示の予定

図 10　YS-1（かかみがはら航空宇宙科学博物館にて今井撮影、2015 年 6 月）

闘機の主任設計者となっていたのが堀越二郎である。彼は「日本の航空技術史上最も画期的な飛行機」といわれ、千機以上が制作された名機「九六式艦上戦闘機」の設計制作から息つく間もなく、零戦の開発に追われた。堀越の1年後に東大航空学科を卒業した土井武夫が、いわゆる見習い扱いとして入社したのは川崎造船所飛行機部であった。

堀越が海軍の戦闘機「零戦」の設計に着手したころ、土井は陸軍の戦闘機「飛燕」の設計を始めようとしていた。

飛燕は、速度と武装に重点を置く機と、速度と運動性に重点を置く機の2種が検討されたが、1941年（昭和16）12月、零戦が戦果をあげたころ、より評価の高かった後者の試作第一号機（キ61）が完成し初飛行した。

陸軍の要求をはるかに超える性能を持ったキ61は翌42年の8月には早くも「三式戦闘機」として制式採用された。

この「飛燕」は、ドイツのダイムラー・ベンツから製造権を得た水冷式のエンジンを積み、機体は美しかったが、エンジンに不調が多く、零戦のような華々しさはなかった。終戦までに3159機（酒井正子『航空と文化』による）が生産された（図9）。

堀越と土井はその後、1962年に初飛行して合計182機が生産された純国産機YS-11の実現にそれぞれ協力し、戦後の国産航空機生産の礎をつくった（図10）。

さて、各務原市は、市域のおよそ東半分が旧鵜沼町で、西半分が蘇原・那加・稲羽の3町、そして西南の木曽川中州に川島町がある。旧4町は1963年に合併して新しい各務原市となり、川島町が2004年に各務原市に合併して、新生各務原市が誕生した。

4町合併当時の製造品出荷額は、岐阜市や大垣市のおよそ4割に当たる277億円にすぎなかったが、2013年には6501億円となり、大垣市の4604億円や岐阜市の2439億円を大幅に上回って岐阜県の首位にある。

製造品出荷額に占める内訳は、輸送用機械器具製造が圧倒的に多く、全体のおよそ5割を占めており、東海地方の航空機や自動車関連産業の一つの集積地となっている。

この街の航空産業の歴史は、ペリーの来航に合わせるような、旗本坪内氏による大砲稽古に始まる。陸軍省による土地買収、1916年（大正5）の飛行場整備、翌年の所沢航空隊の飛行場化等を経て所沢第二大隊の鵜沼移転、さらに18年の、（所沢）飛行第一大隊の那加移転と続いて、不毛の台地各務原は、我が国第一の航空基地となった。

1920年代に入ると、20年の岐阜高等農林学校開設と高山線の岐阜—各務原《かがみがはら》間開通、翌年の川崎造船所による三柿野の1町歩土買収と23年（大正12）の各務原分工場開所、三菱重工業による名古屋航空機製作所各務原格納庫の設置など、以後20年以上にわたる『飛行機の街』が急速に形成されていく。

当時の地形図には、明らかに川崎の社員住宅と思われる密集集落を、那加雄飛ヶ丘と蘇原旭町に読み取ることができる。川崎の従業員は3・5万人を超えていたのである（図12）。

ところで、「各務原」をどう読むかがよく話題になる。

1920年（大正9）に一部が開通した現在のJR東海

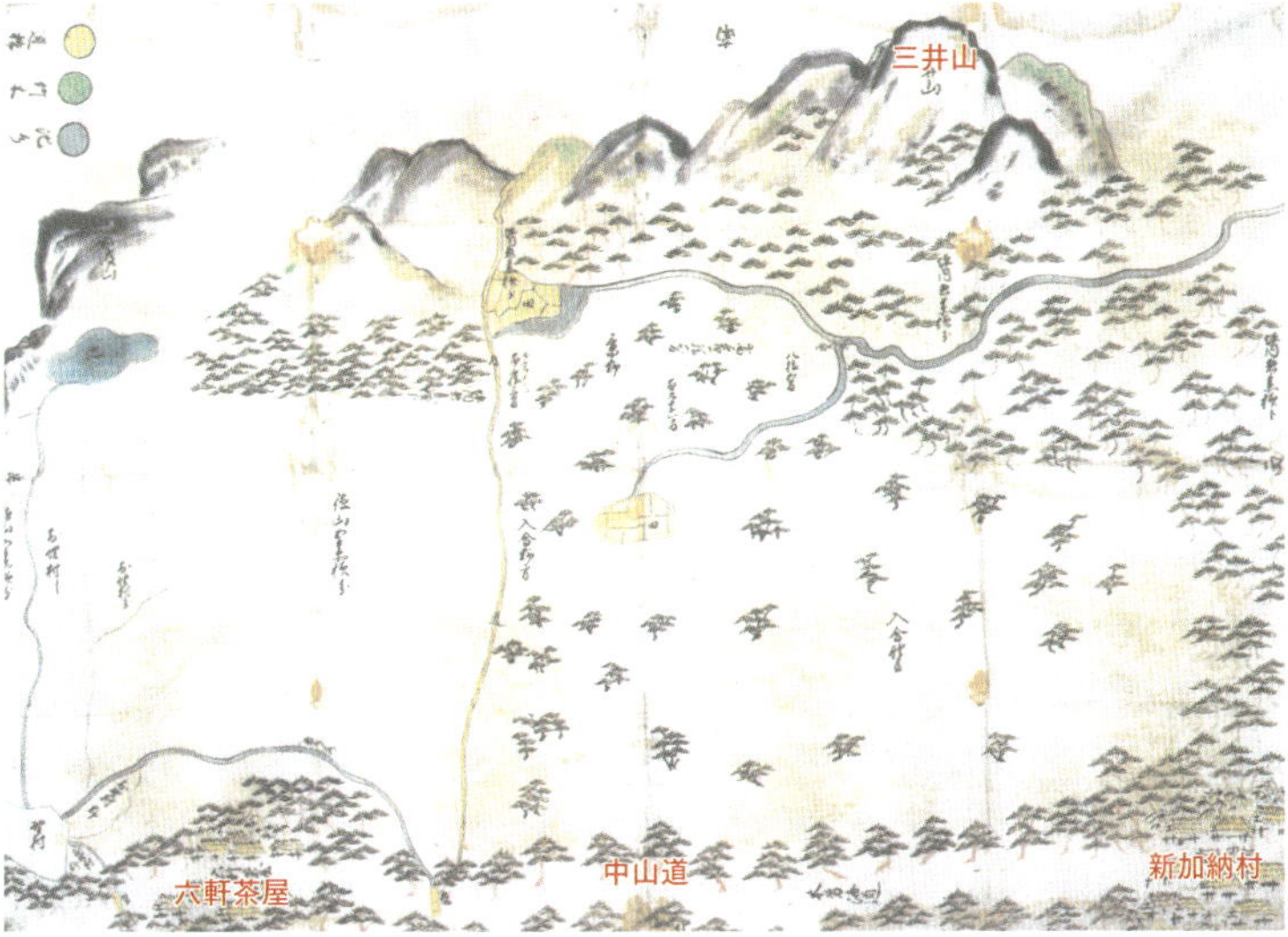

図11　中山道以南各務野絵図(横山恒雄家蔵)。手前を「木曽海道」が走り、左方(東)に「六軒茶屋」、右方(西)に「新加納村」と見える

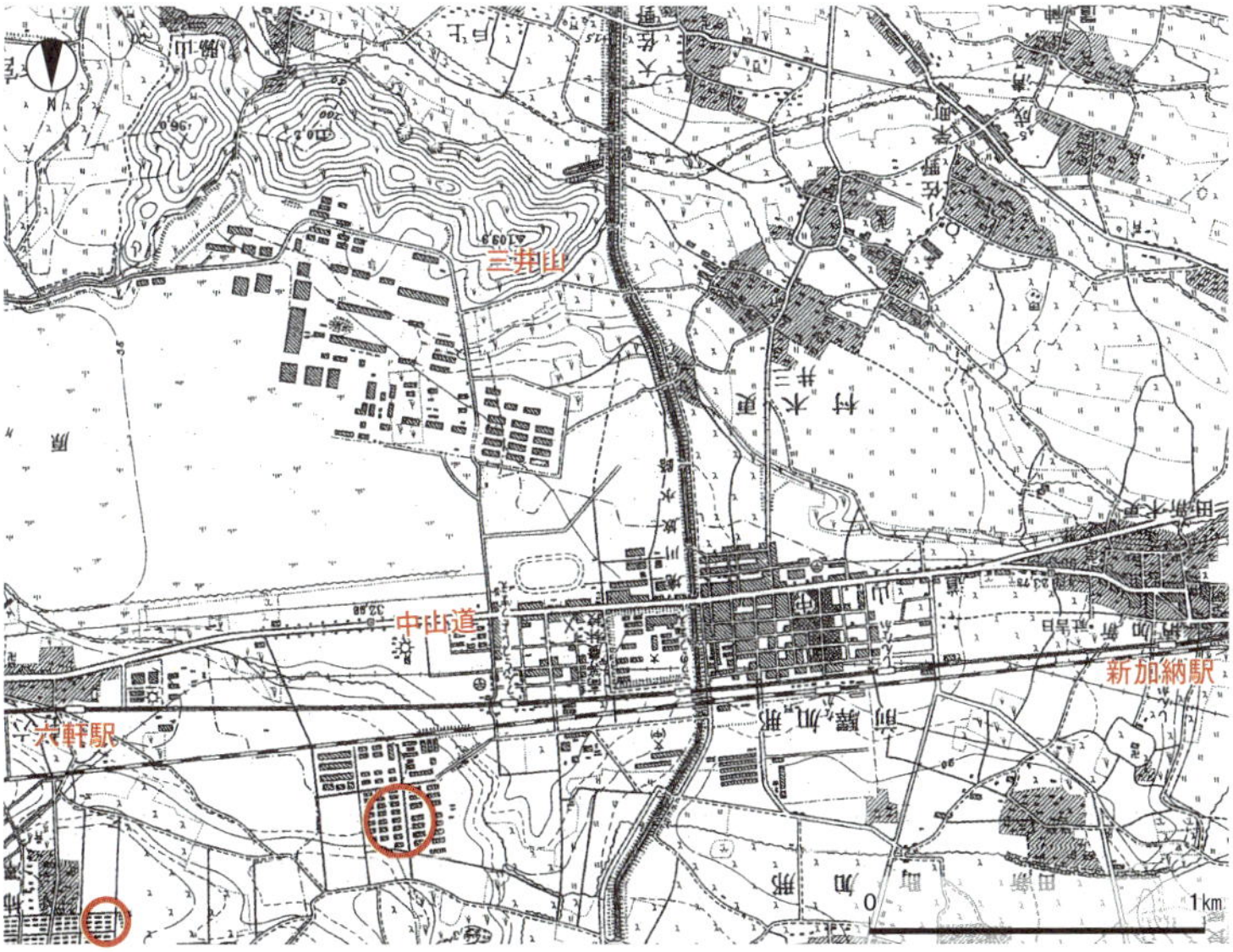

図12　1/2.5万「岐阜南部」1947年修正、丸印は川崎の社員住宅。中央部左(東)が飛行場(注：地形図は南北逆にしてある)

高山線の「各務ケ原」駅は設置以来「かがみがはら」と称している。また1960年に駅名変更した名鉄各務原線の「各務原飛行場」駅は、1965年に「各務原市役所前《かかみがはらしやくしょまえ》」駅とするまで「かがみはらひこうじょう」とし、1971年に設置された「岐阜県立各務原高等学校」は「かかみはら」として現在に至っている。1965年には市・名鉄などにより呼称が「かかみがはら」とされ、推奨名とされているが、旧い呼称を正しい呼び方とする意見も依然として

残っている。

　この各務原市の中央部に東西に延びる各務原台地（各務原層）と、その周辺をとりまくように展開している低位段丘面などの多くに「黒ボク」と呼ばれる黒色の土壌が見られる（図13）。

　約13万～7万年前の間氷期などに、この地域は木曽川の河口付近に当たり、膨大な量の堆積物が扇状に堆積した。その後の最終氷期などには海面が低下し、木曽川は各務原層を削り、削り残された部分が台地となっているが、表層の黒ボクについては、南九州の姶良《あいら》火山（約2・9～2・5万年前）などが形成されたときに噴出した大量の火山灰が偏西風に乗って東に流れ、広く日本列島を覆った際の火山ガラスの風化物が長い間かかって腐植と結合し、土壌化したとする説や、山焼きや野焼きなどによる燃焼微粒子が腐植を吸着・保持して堆積したとする説などがある。国内では東日本と九州などに多い（図14）が、愛知県北部から岐阜県にかけても堆積している。

　黒ボクは一見柔らかそうで、踏むとボコボコしている。黒いので、いかにもよく肥えていそうであるが、土壌pHが比較的高いうえ、台地の場合は水利の弱点もあって、農作物

図13　黒ボクを乗せる地質構造。最上部に50㎝ほどの黒ボクがあり、その下には経30㎝以上の丸石を含む礫層がある。いわゆる岡（陸）砂利採集場の全体の深さは約10m（鵜沼真名越町にて今井撮影、2015年2月）

図14　我が国の黒ボクの分布（出典：農業環境技術研究所HP「土壌情報閲覧システム」）

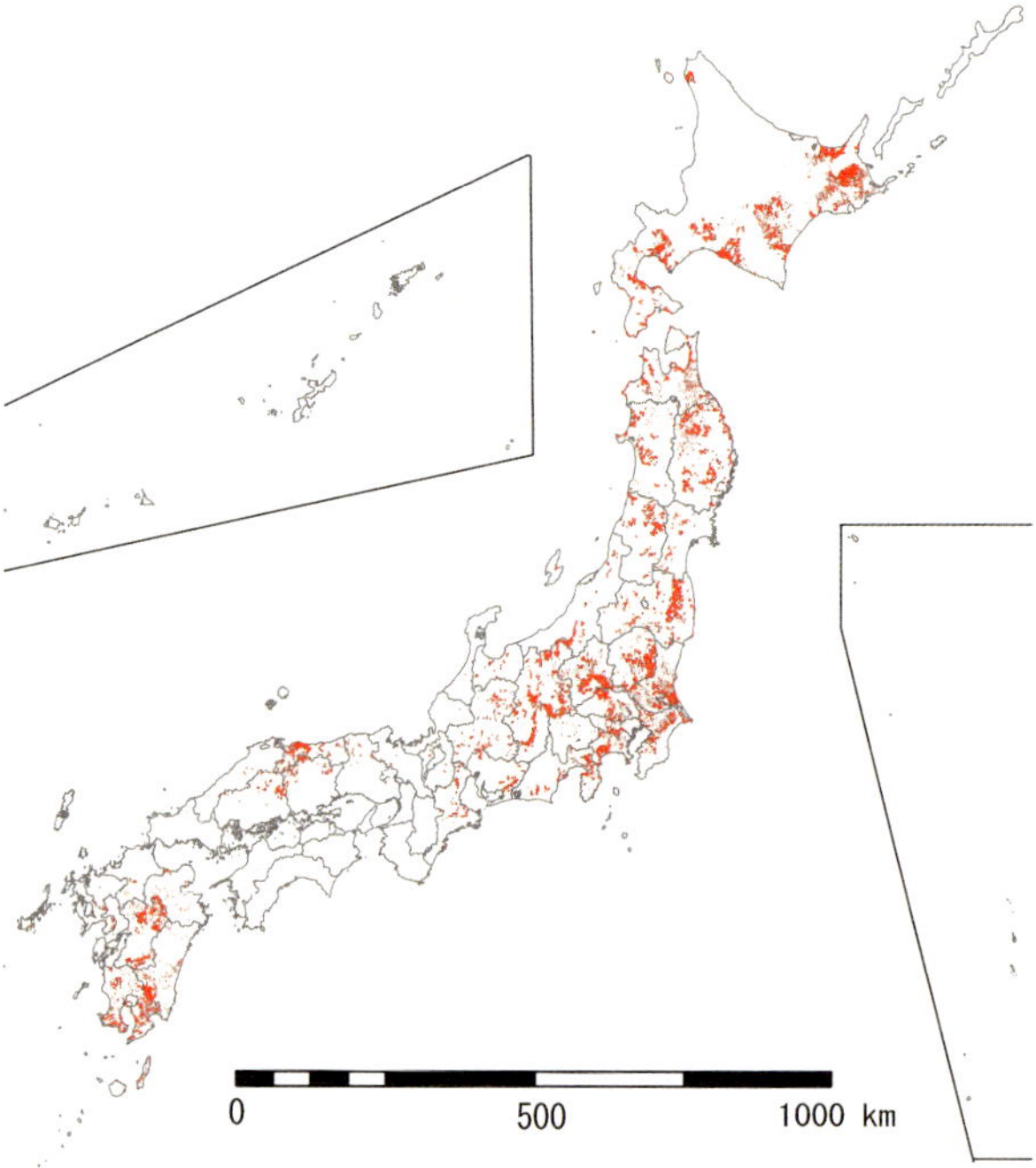

の栽培は長い間困難であった。

貝原益軒が『木曽路之記』(『岐蘇路記』)(1713年〔正徳3〕)で、「鵜沼の西のはづれより西に広き野あり各務野と云ふ。(中略)此の辺に田畠なし。唯青草のみ生ず」と記した光景が明治時代までの各務野の原風景である(図11)。

サツマイモの栽培や養蚕のための桑の栽培が多かったが、近年はニンジンの栽培が多くなっている。

川島の変貌

各務原市川島は、平安時代以前は尾張国河沼郷といった。

木曽川の流路は、犬山以西でたびたび変化しているが、とくに1586年(天正14)の大洪水は、それまで西流して墨俣付近で長良川に合流していた本流を、ほぼ現在の形に変え、それまで川の南に

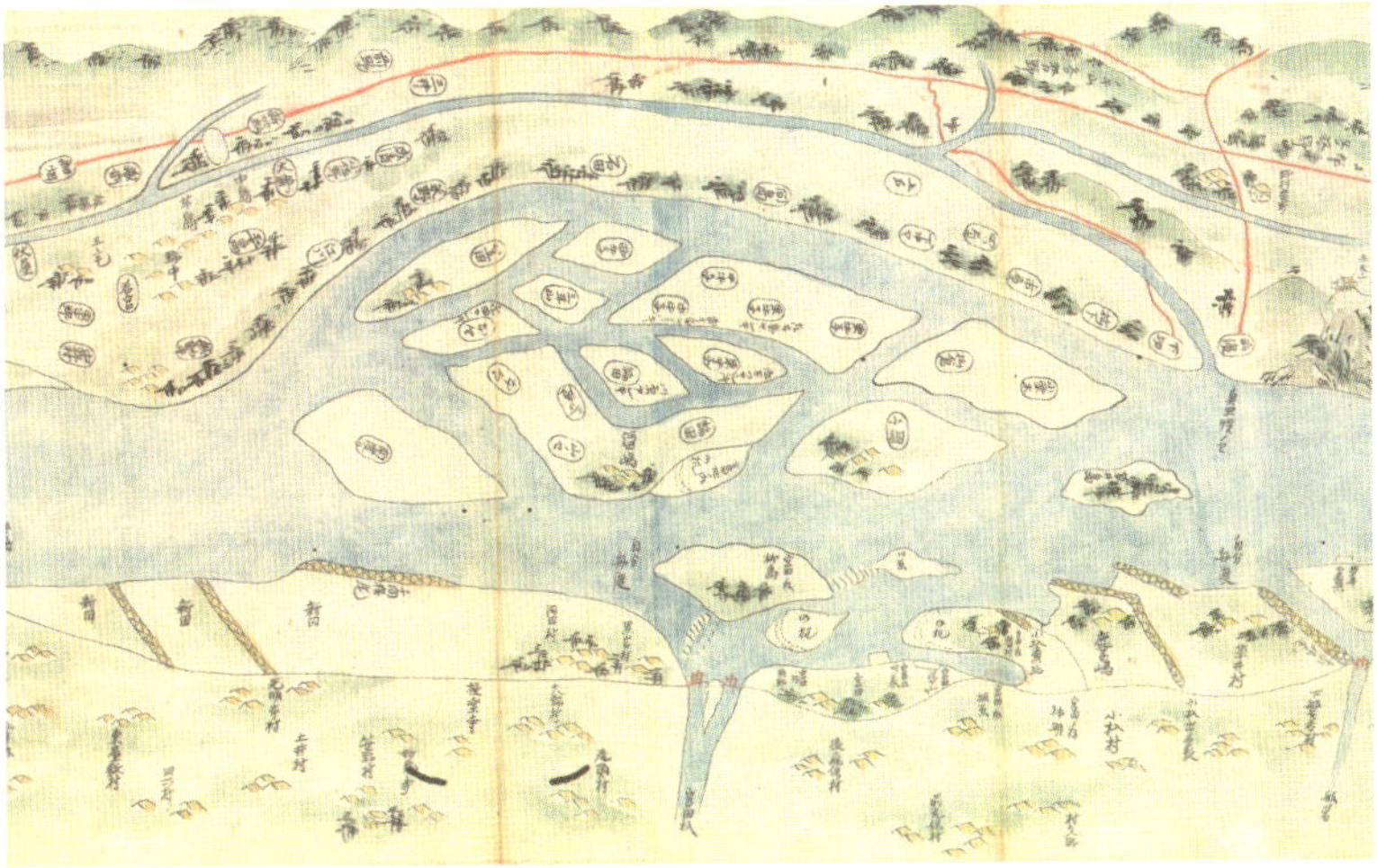

図15 「木曽川川並絵図」(出典:『犬山市史』史料編ー「近世絵図集」)原図となったものは、1810年に源清孝子敏が写したもので、1877年に元犬山藩士近藤秀胤が写した

図16 川島中心部あたりの木曽川の流路(1/2万「笠松」「各務原」1891年)

あったいくつかの村は水没したり、川の中州の島となった。この洪水の後、尾張国と美濃国の境界が変更され、それまでは尾張国葉栗郡であったこの地域は、下流の右岸諸村とともに美濃国羽栗郡となったとされているが、それとは関わりなく、すでに秀吉の時代から両岸に強固な堤防がつくられていたため、いわゆる堤外地（河川敷）として出水のたびに被害を受け続けた。「ごんぼ積み」による立派な、水防のための石積み（図17）は、この地域の人たちと水との長い闘いの歴史を物語っている。

図17　野田氏宅の立派な石積み（各務原市川島渡町、2015年5月）

　このような背景のもと、川島における木曽川の河川改修は、川島の上流部で2つに分かれている本川（現在の北派川）と南派川の役割を明確にさせようとしたものである。洪水時には主流を中央部に設ける本川に導き、異常な出水時には南派川に分流させ、さらに場合によっては、一部を溢流堤《いつりゅうてい》によって北派川に流すというものであった。

　当初、本川には「三斗山《さんど》」の集落（図18）があって著しく水流を阻害し、河道が狭められていた。

　1924年（大正13）に着工した改修工事は、この島を廃止し、本流の流れを確保す

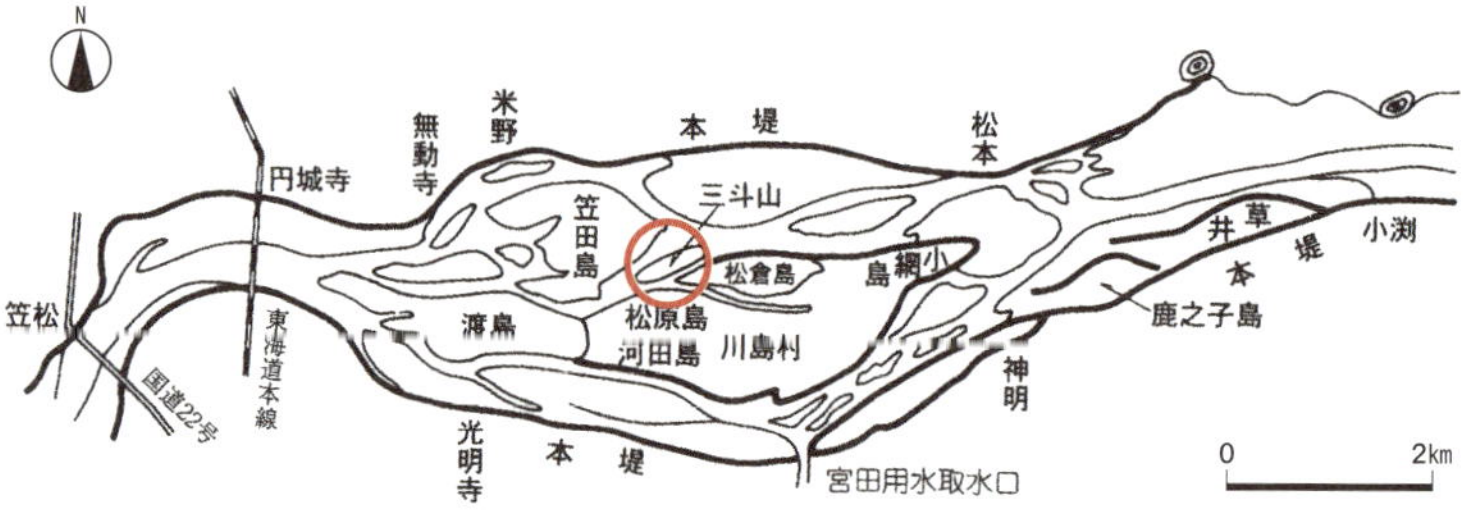

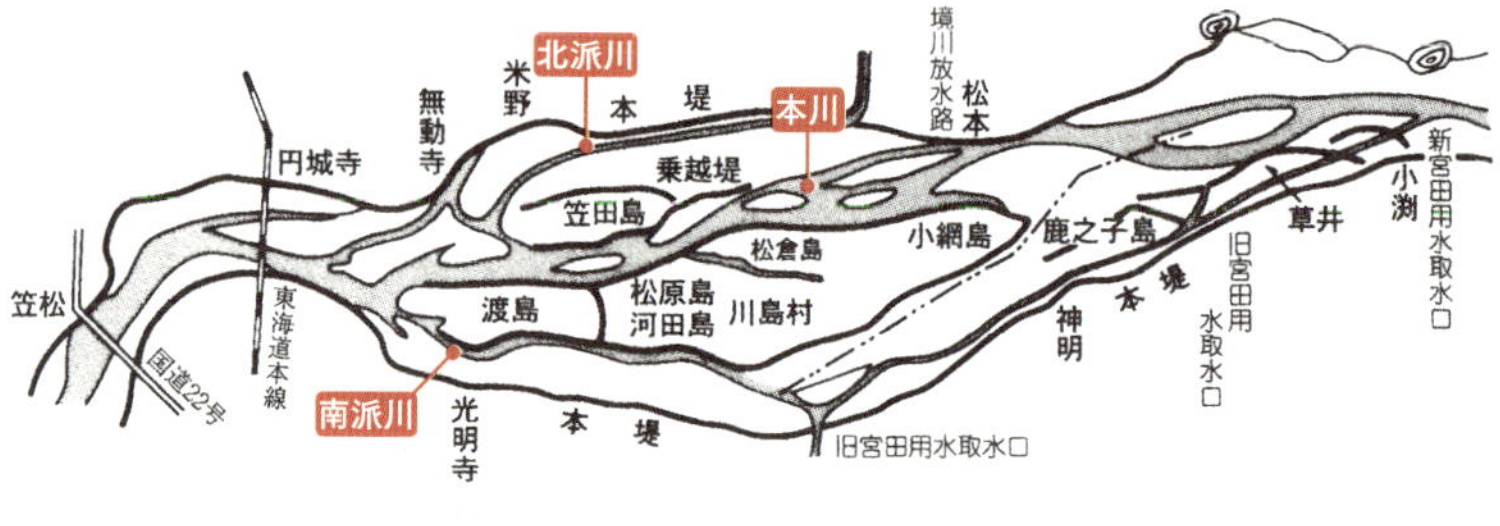

図18　木曽川河道の変遷。大正初期（上）と昭和24年（下）（出典：建設省木曽川上流工事事務所『木曽川上流80年のあゆみ』）

図19　いくつかの国営・県営施設などからなる「河川環境楽園」。中央部の白い建物が「アクア・トトぎふ」手前の道路は「東海北陸自動車道」（各務原市提供）

るなどして1938年度（昭和13）に一応の完成を見た。

この工事によって流れが大きく変わり、本川を船が往来することもできるようになって、北派川は、平時は、1930年（昭和5）に掘削された境川放水路（新境川）の水を除けば河原といっていいほどの水量となった。

その後も、南派川の改修や、一部護岸工事がおこなわれ、川島はすべての周囲を川に囲まれた珍しい町として、また農耕地のすべてが畑地等で、水田のない町として全国に名を馳せることとなったが、2004年、各務原市と合併して新しい歴史を築き始めた。

北派川と本川がつくる川中島の下流側（各務原市川島笠田）に、国営公園（国営木曽三川公園のうちの一つで、木曽川水園、自然発見館、河原広場からなる）や、岐阜県営公園（岐阜県世界淡水魚園水族館＝愛称アクア・トトぎふ、世界淡水魚園＝愛称オアシスパーク、特産品販売所、芝生広場などからなる）、さらに独立行政法人土木研究所自然研究センター、国土交通省水辺共生体験館、岐阜県河川環境研究所などの諸施設に、東海北陸自動車道川島PA及びハイウェイオアシスからなる環境共生テーマパークを加えて、総称「河川環境楽園」がつくられている。

2013年の入り込客数は460万人で、高山地域の300万人やお千代保稲荷神社の190万人、下呂温泉の115万人などをしのぎ、土岐プレミアムアウトレットに次ぐ数値を誇っている。

このうち、幅広い人たちに人気があるのは、川島町が各務原市と合併した2004年に開業した我が国有数の淡水魚水族館「アクア・トトぎふ」で、他の楽園内施設と同様に高速道路と直結していることや、淡水魚関連研究施設の充実などにより、世界トップクラスの充実度を誇り、入館者数も最近では、年間50万人弱に達している（図19）。

水と緑を生かす公園都市へ

1930年（昭和5）、各務原台地の西端近くを南北約5㎞にわたって横断する放水路が完成した。「境川放水路」（図20、21）である。

各務原市の北東部に源を発し、台地の北部を西に流れる境川（現新境川）は、蘇原大島町周辺で滞留し、付近一帯を洪水常襲地域化するとともに、辺りに芦中・大志賀島・島・大島・西島・東島・寺島・島崎など、洪水時には島状となる多くの「島」地名を生んだ。中には「村明細帳」（1869年（明治2））に見られる旗本領・蘇原東門村のように「亡村にて人なし」と記されたところもある。

この川は決して長大ではないが、河身は極めて不規則で屈曲がはなはだしく、また、堤防も十分ではないうえ、養蚕の勃興により桑園が繁茂して河川と認め難いようなところもあり、さらに、上流では山林の濫伐と各務野の開墾の結果、一時的な出水が多く、洪水は人災の一面があったとする説（『各務原市史』通史編・近世・近代・現代）もある。

境川の治水工事はすでに1885年（明治18）に一部が実施されたが、不完全で、被害も絶えなかった。

この頃の岐阜県の治水関係の最優先工事はいわゆる三川分流で、これが終了するまで、他は十分な工事とはならなかったのである。

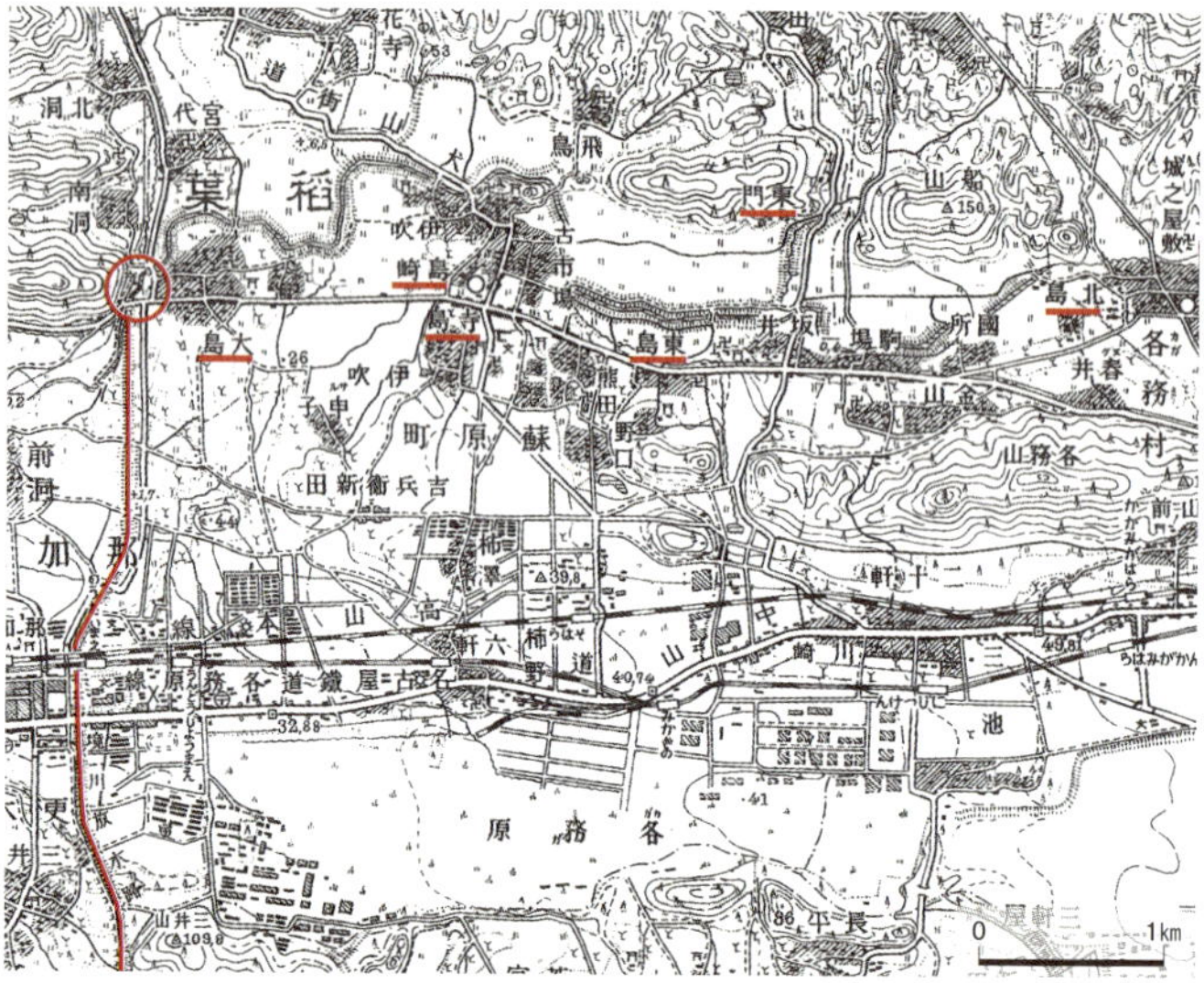

図20　東島〜大島地区の「島」地名等と境川放水路起点（丸印）および境川放水路（1/5万「岐阜」1952年修正）

図21　境川放水路の起点（『岐阜市稲葉用排水組と其関係事業概要』1930年（出典：各務原市教育委員会『各務原市史』近世・近代・現代）

放水路は1928年（昭和3）3月、大島地区の山崎橋から南下し、那加村・更木村を経て羽島郡中屋木曽堤外までの5060mを掘削するもので、流域の農業用水、洪水や悪水に対応する工事は、2年後に竣工した（図20、21）。

この放水路は各務原台地を切り込んだため、膨大な量の岩石や砂礫・土砂が排出されたが、その多くは各務原飛行場の埋め立てに使用された。

1882年（明治15）に、この用水の起点に近い各務郡大島村で生まれた歌舞伎役者市川百十郎《ひゃくじゅうろう》は、工事で亡くなった人たちの供養にと、1931年（昭和6）から翌年にかけて、吉野桜1200本を寄付、それは主に、放水路の堤防両岸に植樹された。

この桜は戦時中に燃料用などとしてほとんどが伐採されたが、1963年に各務原市の誕生を記念して植樹を再開し、戦前から残っていたものと併せて、1983年に「百十郎桜」と命名され「日本さくら名所100選」にも選ばれるほどの立派な桜の名所となった（図22）。

　こうした、市民あげての名所づくり・公園づくりの伝統はやがて、「市全体が公園であるかのようなまち、それが公園都市です」というメッセージとなって発信され、21世紀を迎えて本格的なまちづくりの展開となって結実した。「森の回廊」を北域（通称各務原アルプス）に配し、平地部には「まちの回廊」を取り囲むように「川の回廊」がある。東部の大安寺川・南部を西流する木曽川、そして北部を西流する新境川、これに境川放水路（新境川の一部）が加わって、各務原台地に広がる市街地を包んでいる。

　また、まちの回廊の中心には「空の森」を配して、各務原市発展の歴史に欠かすことのできない「航空機の街」をシンボライズしている（図23）。

　こうして市は、日本公園緑地協会の「緑の基本計画優良事例40選」に選ばれたほか、「緑の都市賞内閣総理大臣賞」（2005年）や「住みよい都市づくり国際コンクール銀賞」（2007年）を受賞するなど、日本を代表する公園都市となった。

　こうした評価は、都市公園づくりに貢献した市民全員の力への賞賛でもある。これらを基礎に、市では近年、「誇り―新しい人づくり・地域づくり」、「やさしさ―新しい安心づくり」、「活力―新しい元気づくり」をスローガンとして、公園都市づくりから生まれた市民の連帯意識の更なる発展、そこから生まれる大きくて新しい都市エネルギーの充実を目指している。

（今井春昭、佐藤秀樹）

図22　境川放水路（新境川）の百十郎桜。3月下旬～4月上旬は多くの花見客でにぎわう（2015年4月、各務原市提供）

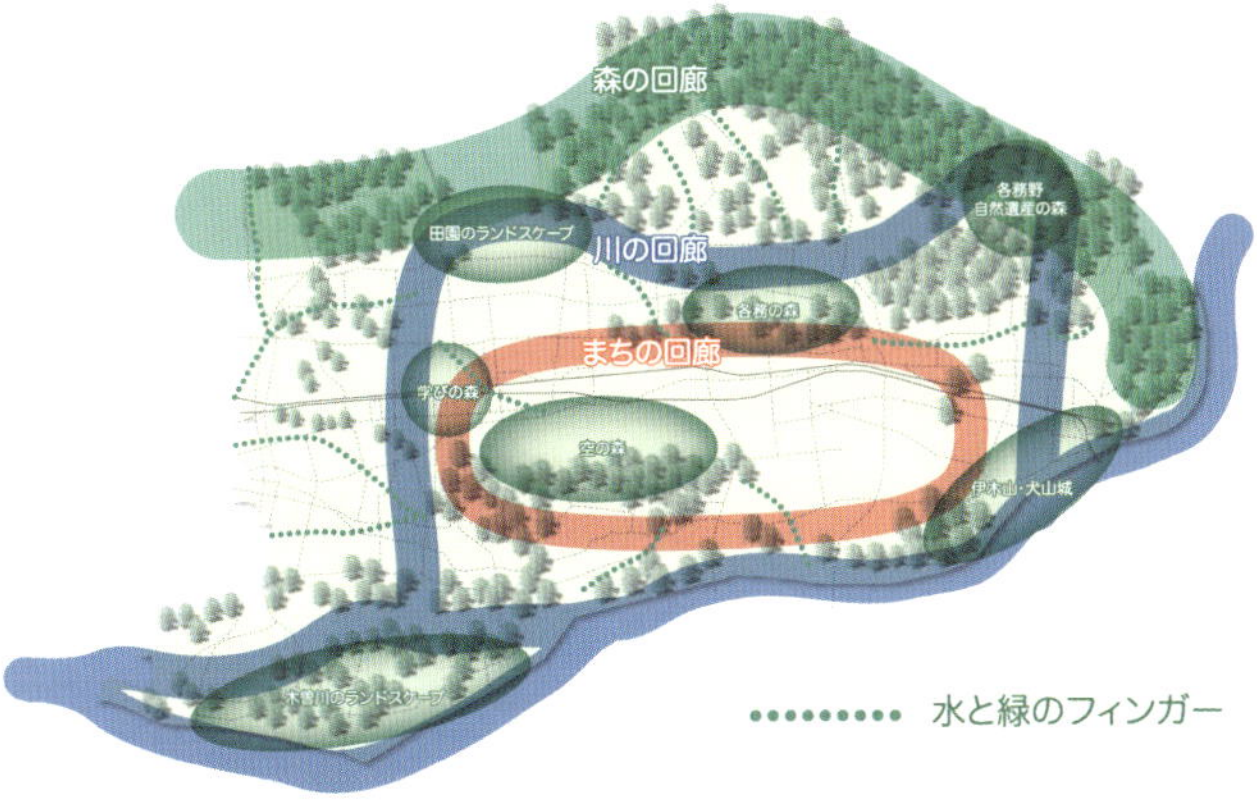

図23　緑の将来像図（出典:『水と緑の回廊計画』各務原市、2013年）

Part 4

和紙と卯建《うだつ》の町・美濃

——長良川川湊の繁栄

図1　うだつの上がる町並み（美濃市教育委員会提供）

城下町上有知《こうずち》（美濃町）

図2は、1792年（寛政4）、江戸時代中頃の「上有知村絵図」である。図の中心に目の字型で赤く描かれているのが、美濃市の中心市街地美濃町の部分である。現在「うだつ」の上がる町並みとして「重要伝統的建造物群保存地区」に指定されている。図1は、うだつの残る町並みのうち旧一番町通り（現泉町）である。

美濃の町は、関ヶ原の戦いの後、金森長近によって造られた城下町を始まりとし、明治末年まで上有知と呼ばれた。図3は、長近の肖像画である。この肖像画は、上有知における金森家の菩提寺清泰寺に残っている。長近が上有知を

図3　金森長近肖像画（清泰寺所蔵）

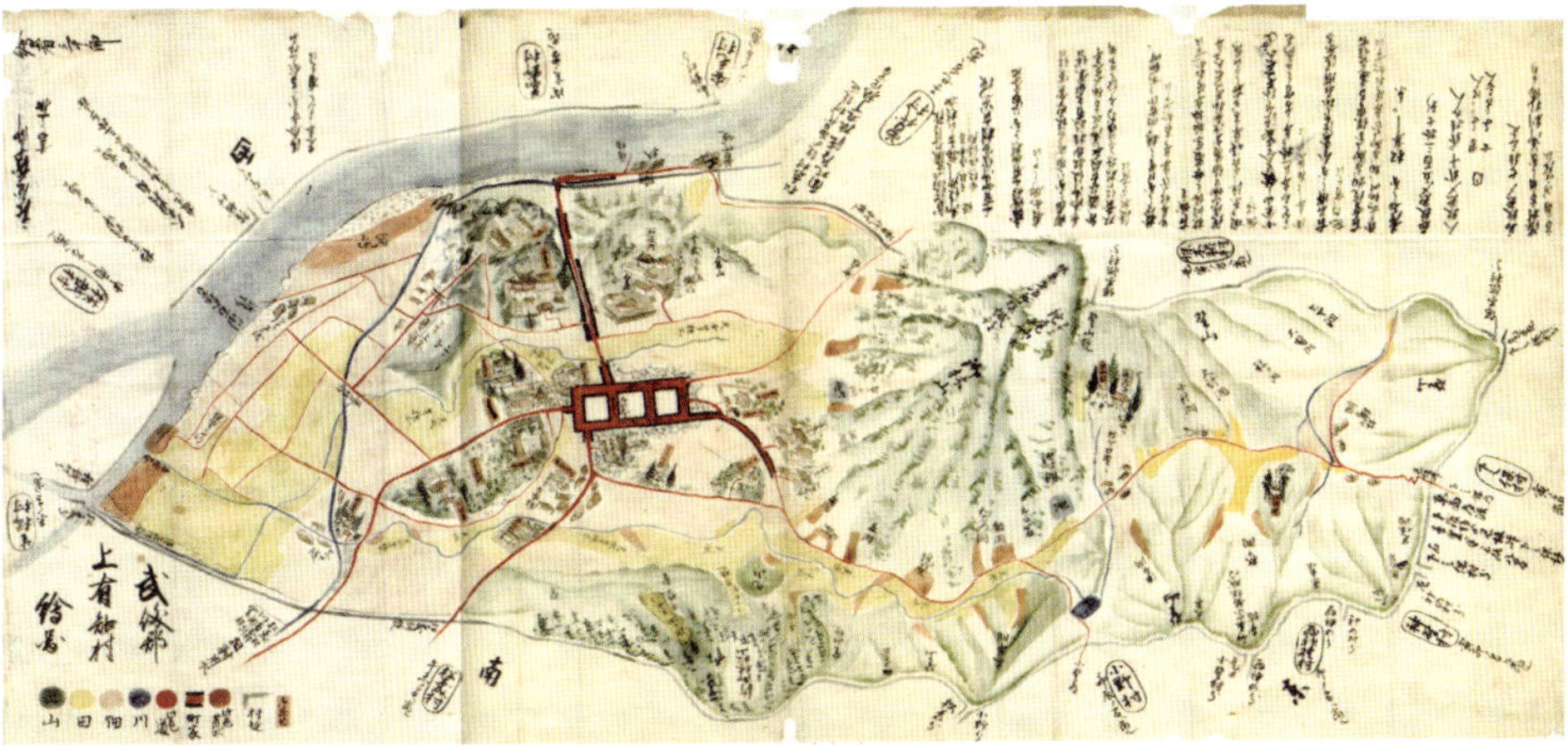

図2 「武儀郡上有知村絵図」1792年(美濃市教育委員会蔵)

図4 小倉山城趾(2014年3月)

拝領した77歳頃の姿を描いたものであろうか。

金森長近の町づくり

金森長近は、戦国時代の終わりに、織田信長、豊臣秀吉、徳川家康の3人に仕えた武将である。信長には1575年(天正3)、52歳のとき、越前国大野郡の3分の2を与えられた。越前大野の亀山に大野城とその東麓に城下町を築いた。本能寺の変後は、秀吉に仕え、1586年(天正14)に飛騨に3万3000石ほどを与えられ、飛騨高山の旧天神山城の跡に高山城を築き、現在の高山市の中心に古い町並みとして残る城下町を築いた。関ヶ原の合戦では家康に味方し、1600年(慶長5)に飛騨一国の安堵と美濃国武儀《むぎ》郡等を加増された。美濃上有知に小倉山城と上有知(現美濃市中心市街地)の城下町を築いた。また、長近の飛騨における後継者となった養子可重《ありしげ》が、長近の命で現飛騨市古川町に増島城とその城下町古川を築いた。

長近の城と城下町づくりの特徴は、城を、戦い重視の山城から、平地に近い平山城に移し、城のそばに城下町を形成し、商業活動を重視したことである。その城下町も、越前大野では六筋の竪町《たてまち》(一~五番町と寺町筋)を、飛騨高山や飛騨古川では三筋の竪町を、美濃上有知では二筋の竪町をそれぞれ有している。それらの竪町を横町でつなぎ、京の町を模した方形の町並みを形成している。

武儀《むぎ》郡と上有知の位置

一説によると、関ヶ原の戦いの後、家康は長近に「大垣に10万石」を与えようとしたといわれる。しかし、長近はそれを断り、飛騨一国の安堵と武儀郡を隠居料として加増してもらうことを願い出た。飛騨の方が山に囲まれて攻めにくく守りやすかったからとも、小さいながらも国持大名であったからともいわれるが、もう一つ、飛騨の石高が米の取れ高では3万8000石ほどであったが、林産資源や鉱山資源を入れると10万石以上の実高があったとされるのも大きな理由であろう。事実、100年後の元禄になると飛騨国は、幕府に取り上げられ天領になってしまった。幕府が、米よりも、豊かな森林や鉱山を手に入れたかったからだといわれている。

図5を見ると、武儀郡は、現在の飛騨金山（当時は武儀郡金山）で飛騨国と接している。また、武儀郡の中心上有知は、長良川の河畔にあり上有知湊を有していた。

図５　武儀郡と上有知の位置図（船戸作成）

図６　古城山と小倉山（2014年３月）

武儀郡の旧領主佐藤氏は、関ヶ原の合戦で西軍に属して滅びたが、長近の姉が嫁いでおり姻戚関係でもあった。その領地を引き継ぐ形で領有し、飛騨とは名目上は離れて長近の隠居料としての上有知藩が成立した。これによって長近は、飛騨の物産を自分の領地内を通って上有知に運び、上有知湊から長良川水運を通じて京・大阪を初め全国に運び出せるようになった。

また、上有知の位置は、北の郡上方面、北東の津保谷・飛騨方面、南東の関方面、南の岐阜方面、南西の大矢田・武芸谷方面、北西の牧谷・洞戸方面と六方向に通じる交通の要所に位置していた。長近は城下町上有知の商業を保護するために六斎市をさだめ、各方面からの物資をかならず上有知に集まるようにした。さらに上有知湊には40艘の番船を整備し、長良川の水運を生かした。

上有知の新しい城下町プラン

金森長近の前に上有知を支配した佐藤氏は3代続いたが、関ヶ原の戦いで滅んだ。佐藤氏は、高さ437mの鉈尾山《なたおやま》（今は古城山）山頂に山城を築き、戦時に備えた。平時は上有知の町近くに住んだようである。長良川の氾濫原、下渡付近には、図7のように「古城跡」、「古町」、「小物町」、「保寧寺跡」などの小字名が残っている。中世の上有知の町は下渡付近にあり、川湊もこの付近にあったようである。

上有知を領した長近は、図8のように城と城下町を移した。1601年（慶長6）、高さ159mの尾崎丸山の南斜面100mほどの高さに城を築いた。風流人の長近は、「百人一首」にゆかりのある京都嵯峨野の小倉山になぞらえて尾崎丸山を小倉山と改め、城を小倉山城とした。また、氾濫原にある上有知の町は、毎年のように洪水の被害をうけていた。長近は、城の南東に広がる台地（亀ヶ丘）の上に城下町を移した。これによって上有知の町は洪水の被害からは免れた。しかし、台地の上は水を確保しにくく、新しい上有知はたびたび火災

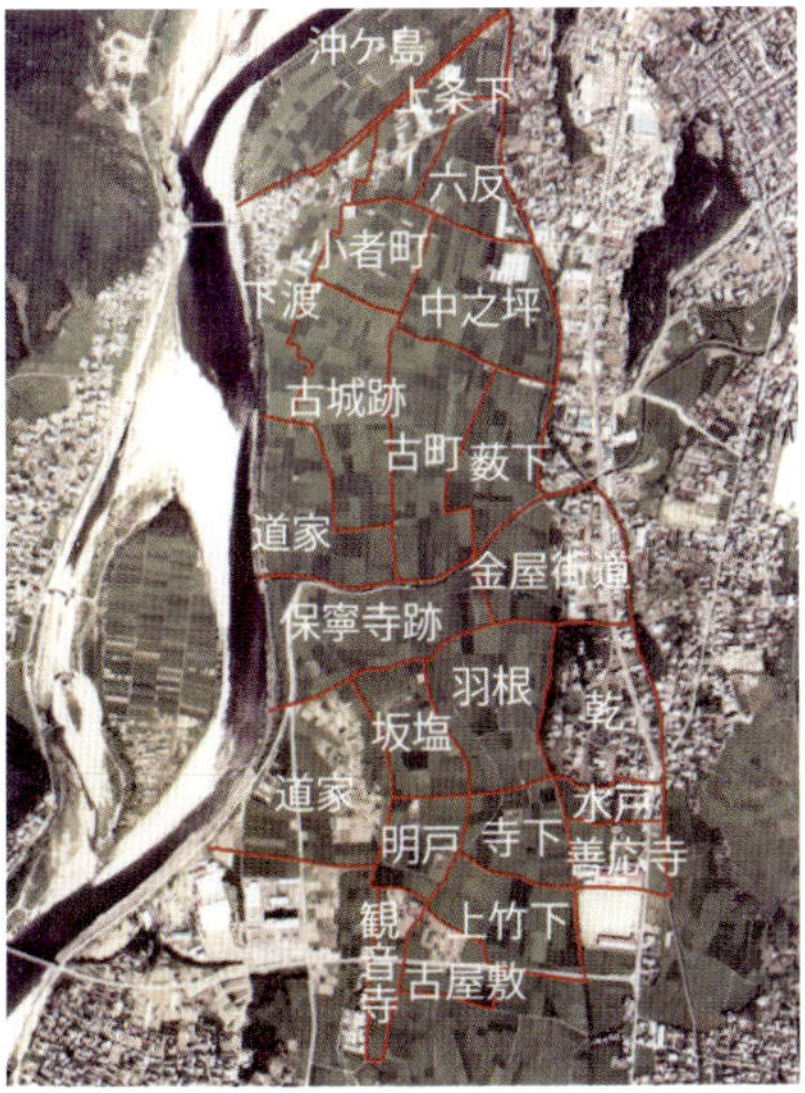

図7　中世の上有知（美濃市教育委員会提供）

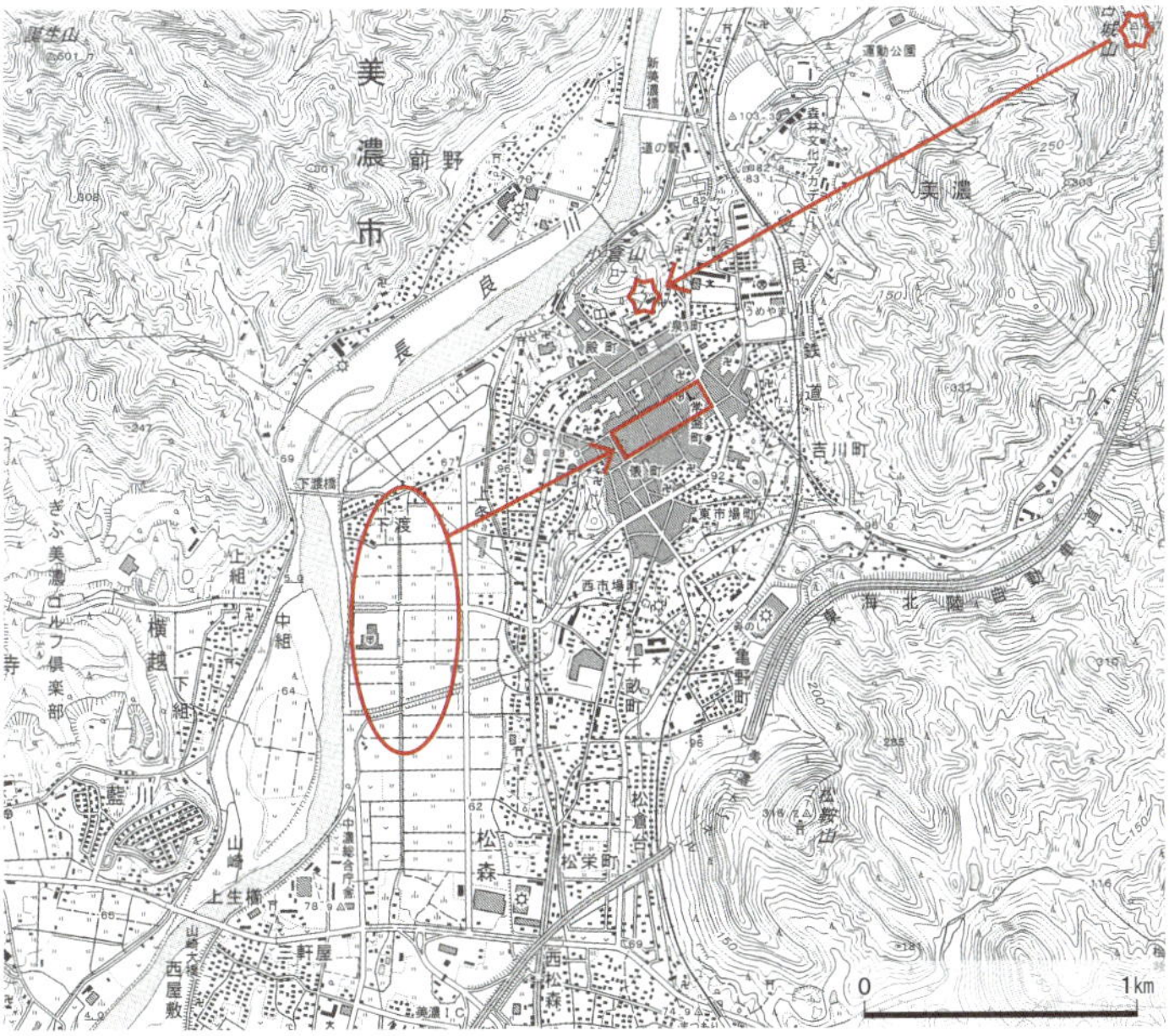

図8　城と城下町の移動図（1/2.5万「美濃」2010年修正を元に作図）

に遭うようになった。
図9は、1792年（寛政4）の村絵図の拡大図である。小倉山に「御役所」とあるが、これは1783年（天明3）に設置された尾張藩の上有知代官所である。その横に「金森法印様城跡」と書かれている。

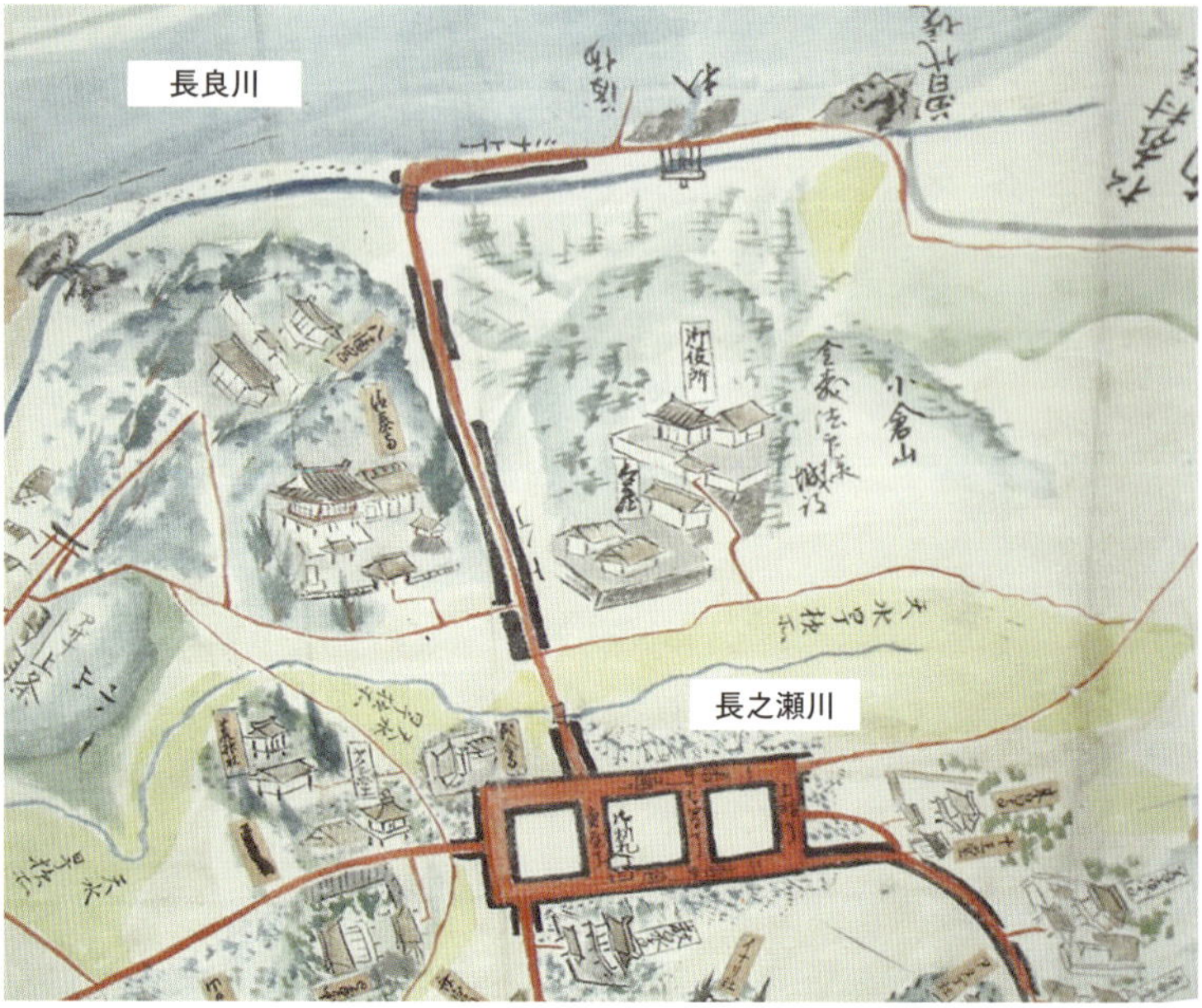

図9 「上有知村絵図」（拡大図、1792年）

図10 上有知湊川灯台（2014年3月）

城の南東側には、堀の役割をはたす「長之瀬川」があり、その南東側の台地上に城下町が形成された。今の長之瀬川は暗渠となり、上を国道156号線が走っている。

町は城と平行する縦町一番町通り、二番町通りを上横町、七軒町、魚屋町、下横町の4本の横町でつないだ目の字型をしている。魚屋町から城へ向かう道が城と城下町をつなぐ唯一の道で、その延長が長良川に突き当たり、そこがミナト町すなわち上有知湊である。この道は牧谷街道でもあり、対岸の前野村へ行く「前野の渡し」という渡船があった。図中では渡場と書かれている。この渡船で紙の生産地である牧谷の村々と繋がっていた。

上有知湊では、長近の定めた40艘の番船が、幕領から尾張藩になっても引き継がれた。ミナト町には問屋場や船頭屋敷が並んでいた。船は上流の郡上方面や下流へは、小瀬、長良、岐阜、墨俣から桑名まで往来した。京・大阪への物資は、揖斐川三湊で陸揚げされ、琵琶湖まで陸送された。

湊の守り神として住吉神社が勧請され、この神社の鳥居前の石段が船着き場となっていた。石段の横には灯台がつくられ、図10のように現在も残っており、上有知湊の繁栄を現在に伝えている。このような川灯台は、県下では大垣の船町とここの2カ所に残っている。

美濃紙で栄える町人町

城下町から町人町へ

長近は、1608年（慶長13）に84歳で没した。上有知藩の後継者は、上有知を拝領してから生まれた次男長光であった。その長光も1611年（慶長16）に幼くして亡くなると、上有知藩はわずか11年で終わることとなった。そのあと数年の幕領を経て、1615年（元和元）に尾張藩領となり、幕末まで続いた。

城下町として保護された期間は短かったが、尾張藩になってもその商業活動は保護された。寛政年間（1789〜1801）に尾張藩士樋口好古が美濃国尾張藩領の村々について書いた『濃州徇行記』の中に、上有知村について次のように書かれている。「……先年より交易の地にて商家軒をつらね繁盛の地なり、毎月三八の日並六斎市あり、穀物、糸、綿、木綿、楮、紙出《しで》類初一切の諸色を商へり、この處より、楮、反古、紙出を多く牧谷、洞戸辺りへ送る也、されば楮問屋は十三戸ほどあり……」とあり、楮の取扱高は4550両ほど、反古、紙出は2420両ほどあったという。尾張藩領になっても三八の日に六斎市が開かれ保護されていたようである。

図11は上有知と牧谷の位置関係を示したものであるが、板取川流域の牧谷から洞戸にかけては、美濃紙の生産地になっており、あらゆる和紙が生産された。とくに牧谷では、幕府や尾張藩に納める御用紙を生産していた。上有知には、和紙生産の原料となる楮、反古紙、紙出などを商う問屋が集まっていたようである。上有知は、城下町として保護されることはなくなったが、すぐ近くに美濃紙の生産地を控えていたことで、紙商人達に支えられてその繁栄を続け、幕末から明治、大正、昭和初期にかけて最盛期を迎えた。紙商人や廻船問屋などは、長近が整備した目の字型の町並みに店を構えていった。

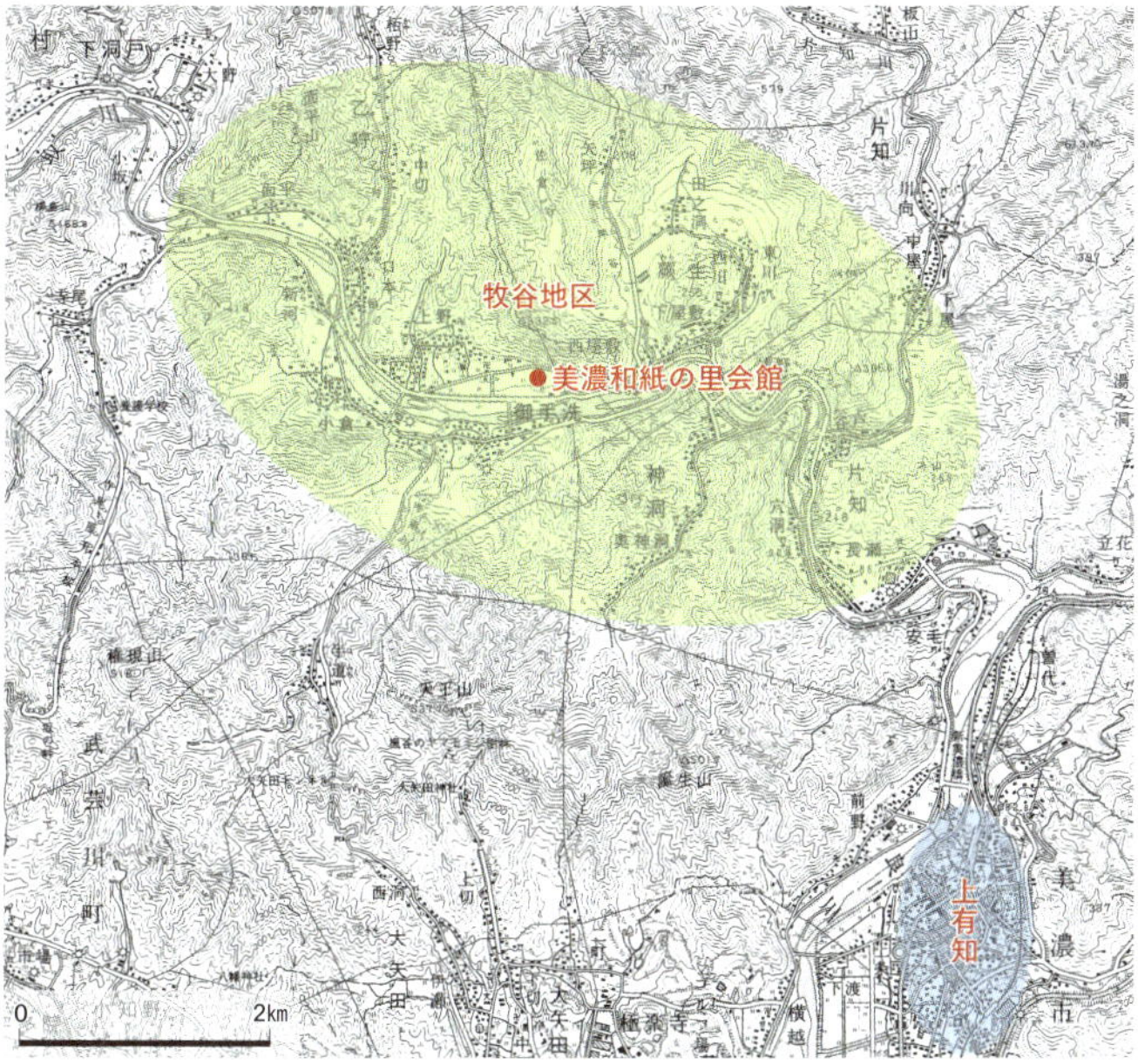

図11　牧谷と上有知の位置図（1/5万「美濃」2001年修正を元に作図）

うだつの町並み

もともと台地上につくられたこの町は、大量の水を確保

図12　うだつの上がる町並み散策マップ（美濃市美濃和紙推進課提供）

することは難しく、火災に対する備えが必要であった。防火対策の一つとして、隣家からの類焼を防ぐ防火壁である「うだつ」が発達した。図13のような「うだつ」は防火壁の機能とともに商人達の権威の象徴としての意味を持つようになり、商人達は競ってうだつをあげた。今日でも「うだつが上がる、上がらない」という言葉として残っている。

図13　うだつの図（2014年3月）

美濃では図12のように目の字型の町並みにうだつのある家が19棟残っている。

上有知から美濃へ

●上有知とは

美濃の町は明治まで、「上有知」と書いて「こうずち」と呼ばれた。もともと旧武儀郡は、古代牟義都《むげつ》国があったところで、その中心地が「内郷」であったとされる。内郷の「内」の字を好字に直して、「知恵がある」という意味の「有知」となり、平安時代に「上有知」、「下有知」に分かれ、「こうずち」、「しもうち」と呼ばれるようになった。

「上有知」は、本来は由緒ある地名であったが、「こうずち」という町名では読みにくく、初めての人にはわかりにくかった。さらに、美濃紙が輸出されるようになると外国人にも理解してもらうために、町名を変更しようということになった。

美濃紙で栄えた町なので、「上有知町」から「美濃町」へ改名し、美濃紙の名前にあやかって町を日本はおろか世界に売り出そうとした。そして1911年（明治44）、改名を県議会へ願い出た。県議会では、「美濃」は旧国名であり、小さな町に使用することには反対意見が多く紛糾したようだが、結果として「美濃町」となった。

　図14は1909年（明治42）発行の、図15は1936年（昭和11）発行の5万分の1旧版地形図である。図14では「上有知町」、図15では「美濃町」となっている。その後1954年に、美濃町は美濃紙の主産地である牧谷の上牧村、下牧村などと合併して美濃市となって、現在に至っている。

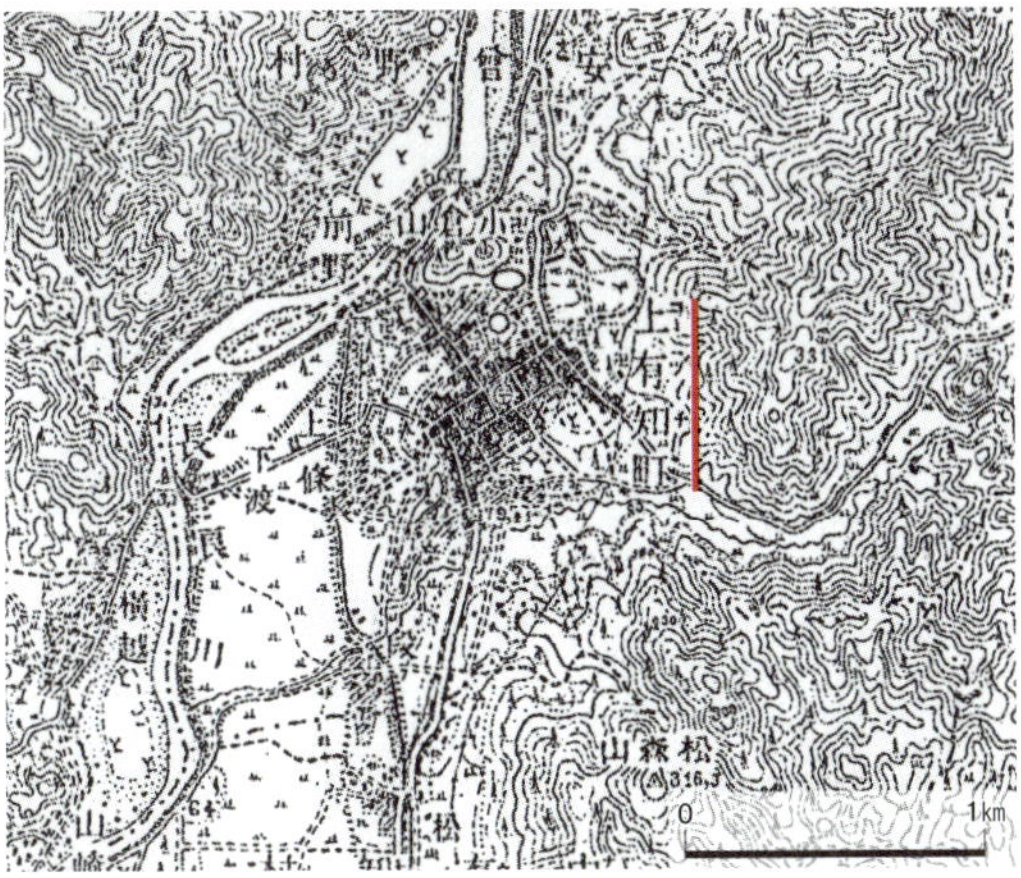

図14　1/5万「上有知」1909年

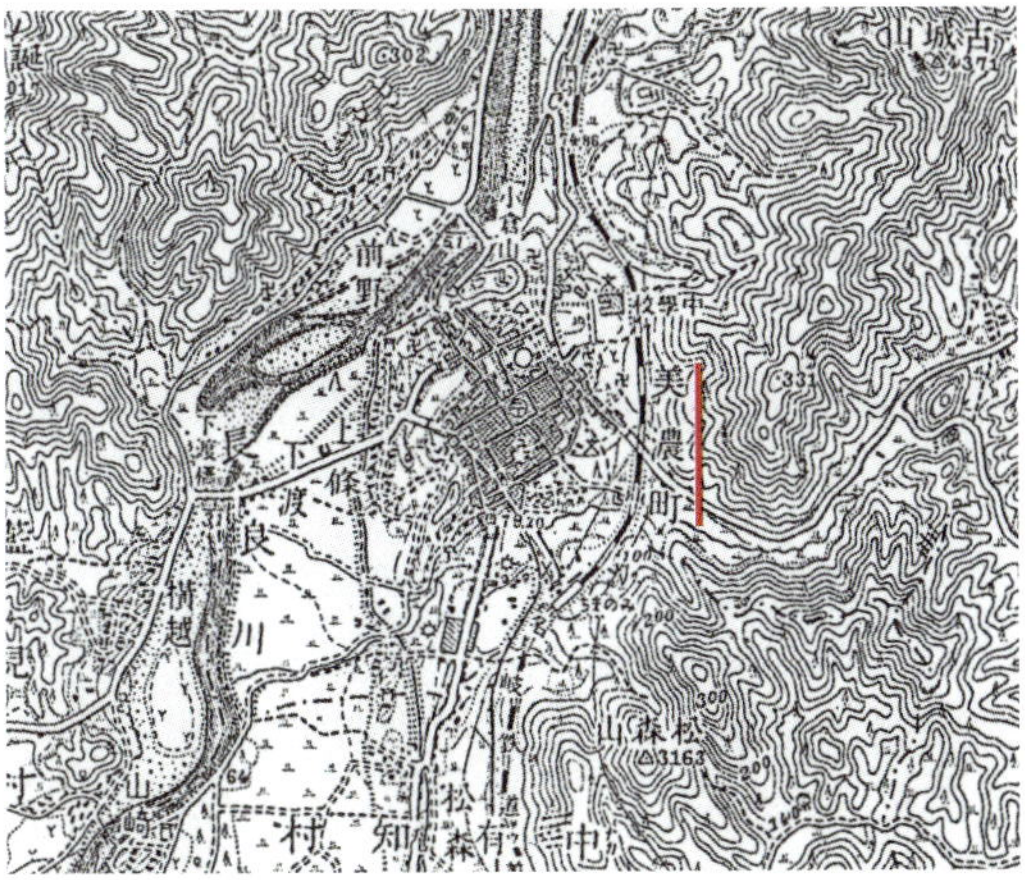

図15　1/5万「美濃町」1936年

水運から鉄道へ、そして車へ

　明治初年、上有知は、岐阜、笠松、大垣と並び称さる県内4大川湊の一つに数えられたが、明治以降の近代化が進む中で、ここにも例外なく新しい交通革命の波が押し寄せてきた。1936年発行の図15には、1911年（明治44）に開設された美濃と岐阜を結ぶ電気軌道（図中では名岐鉄道）や、1923年（大正12）に開通した美濃太田と郡上を結ぶ越美南線（現長良川鉄道）が描かれている。

　美濃電気軌道は、この地域で進んだ電力開発の賜であった。名古屋電灯株式会社（現中部電力）によって1910年（明治43）に開設された「長良川発電所」に触発されて、地元資本で同年に「板取川発電所」が開設された。長良川発電所の電力は、すべて名古屋に送電されたが、板取川発電所の電力は地元で消費する目的で設置された。この地方も電気の時代を迎えることとなった。電力の安定供給先として、美濃から岐阜までの電気軌道が考えられた。

　図16は美濃電気軌道が開設されたのを祝して1911年（明治44）2月に発行された「美濃電気軌道案内」と題された地図である。上有知から岐阜までの路線が示されてい

る。写真の人物は社長の才賀藤吉である。大阪出身の電気材料商で、この人の協力を得ることでこの会社を設立できたようである。設立当初の7人の取締役のうち3人は上有知の商人が占めていた。

　当時は県下初の私鉄であったが、国鉄やバス開通に押されて、名鉄との合併を余儀なくされていった。そして自家用車の普及とともに、1999年に美濃と関間の路線が廃止され、2005年には全線が廃線となった。

　いずれにしても、鉄道や自動車という新しい交通網の発達は、水運で栄えた上有知（美濃）の立場を相対的に低下させることとなった。

●製紙近代化と手漉技術の保存

明治以降の近代化の中で、紙に対する需要が高まり、さまざまな紙が生産されるようになった。和紙の生産も、近代化に合わせて家内工業の各家でも乾燥機の導入や紙原料を粉砕するビータが協同設置されるなど近代化が進んだ。さらに機械化された工場での生産もおこなわれるようになった。第二次大戦の統制経済下では衰退したが、戦後の物不足の中で、各家での紙生産も最後の活況を呈した。図17は昭和40年代の牧谷の風景で、ほとんどの家が紙板で和紙を天日乾燥している様子がうかがえる。

　その後の高度経済成長期を迎え、生活の洋風化とともに、障子紙を中心とした和紙生産は衰退していった。しかし良質な和紙に対する需要は少な

図16　「美濃電気軌道案内」（美濃市教育委員会所蔵）

図17　昭和40年代の「牧谷の風景」（美濃市教育委員会提供）

図20　美濃和紙の里会館（2014年3月）

図18　美濃和紙保存会員による紙漉きの様子（2014年3月）

図21　「花みこし」（美濃市教育委員会提供）

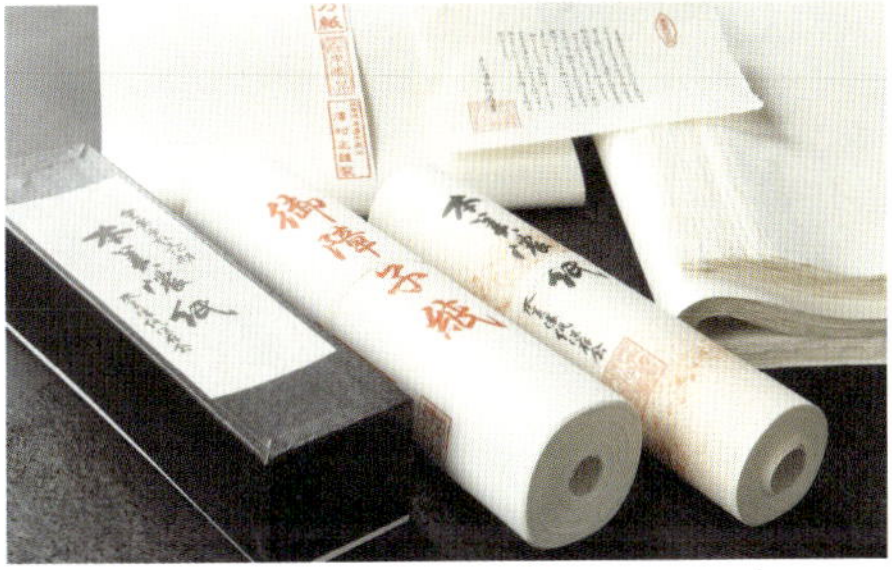

図19　本美濃紙（美濃市美濃和紙推進課提供）

いながらも存在した。そんな中で手漉き業者も「美濃和紙保存会」を結成して、伝統的な和紙作りを護ってきた。そうして護られた「本美濃紙」は、1969年には国の重要無形文化財に指定された。1994年には、和紙の博物館として、「美濃和紙の里会館」が牧谷蕨地区に完成した。和紙の歴史や製造工程を紹介するとともに紙漉きを体験できる施設となっている。2014年11月には、「本美濃紙」の手漉和紙技術がユネスコ無形文化遺産に登録され、手漉和紙も新しい段階を迎えている。

また「うだつの上がる町並み」を舞台として、「花みこし」で有名な「美濃まつり」や「美濃和紙あかりアート展」がおこなわれている。

図22　美濃和紙あかりアート展」（美濃市観光協会提供）

初三郎鳥瞰図

美濃に関する吉田初三郎の鳥瞰図は2枚確認されている。1枚は「美濃町名勝案内図繪」と題された図23で、別冊太陽『吉田初三郎のパノラマ地図』には、1934年（昭和9）に、蚕紙台紙株式会社、朝日楼、松全薬局、武藤商店岐阜支店、仙気五湯本舗など多数のスポンサーの依頼で作成されたと書かれている。原画は現在美濃市が所蔵し、美

図 23　吉田初三郎「美濃町名勝案内図繪」（美濃市教育委員会所蔵）

初三郎のサイン（右下部分を拡大）

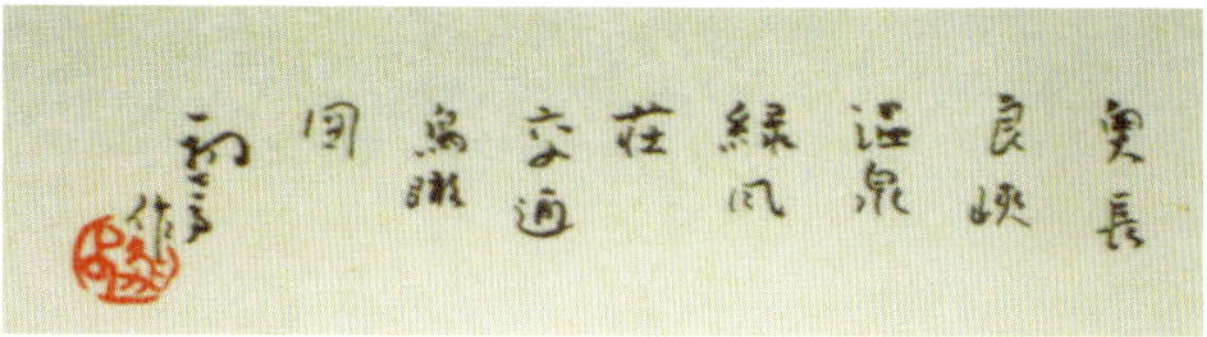

図 24　吉田初三郎
「緑風荘交通鳥瞰図」
（緑風荘所蔵）

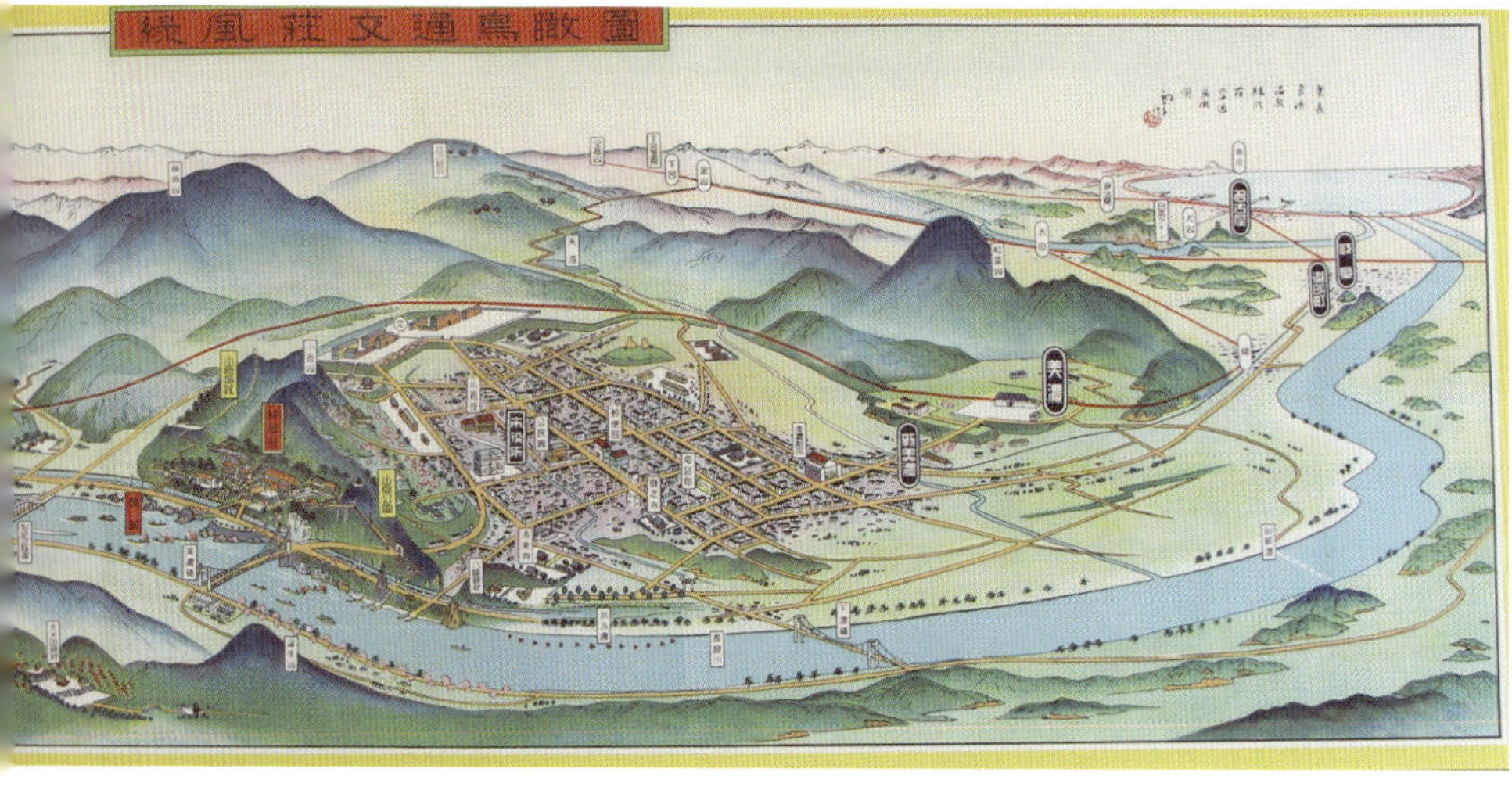

濃市教育長室に掲示されている。桜の名所小倉公園を中心に、「うだつの上がる町並み」、上有知湊の川灯台、近代的な吊り橋の美濃橋や下渡橋、美濃橋付近の観覧鵜飼、宮内庁御料場の献上鵜飼、1911年（明治44）に開業した美濃電気軌道美濃町線、1923年（大正12）に開業した国鉄越美南線などが描かれている。この図を元にした観光パンフレットが、昭和の初めに「み乃の美濃町」と題して、図中に描かれている旅館「小倉館」（今は営業していない）から発行されている。

　もう一枚は「緑風荘交通鳥瞰図」と題された図24である。先掲の別冊太陽には1953年頃に描かれたと書かれている。図中に「奥長良郷温泉緑風荘交通案内図初三郎」とサインされている。緑風荘は旅館で現在も営業しており、その玄関に大きく拡大して掲げられている。緑風荘を図の中心に描き、図の題からしても、緑風荘の宣伝広告のために作成されたもののようである。図23では小倉山南側の小倉公園を中心に描き、緑風荘のある小倉山の北側は陰になって描かれていない。同図は下渡橋のやや南、美濃の南西側から見た美濃町を描いているが、図24はやや北に移動して、下渡橋と美濃橋の間、美濃町の北西側からの視点で描き、小倉山の北側が描けるように視点を変えている。

　図23と図24は20年ほど描かれた時期が違っているが、描かれた部分の大きな変化としては、美濃町役場が市役所に代わり、美濃橋の上流に新美濃橋が描かれている。美濃市誕生は1954年、新美濃橋の完成は1957年なので、図24が1953年作成だとすれば、市設立準備や工事中の橋を先取りして描いたものであろう。

（船戸忠幸）

Part 5

美濃の陶都・多治見

――織部のふるさと

3つのオリベストリート

JR中央本線「多治見」駅から、南東方向に向かい、「ながせ商店街」を進むこと約10分で、土岐川にかかる多治見橋に出る。この橋を渡った南から「本町オリベストリート」が始まる。およそ400mにわたる道路で、その左右には、かつて多くの陶磁器商が店をかまえ、多治見や近隣の町で生産された美濃焼を販売していて、買付の人や荷車・馬車などで大変なにぎわいであったという。

今も当時の様子を物語る大きな商家や、商品を保存する蔵が、そこかしこに残っている。多治見市観光協会の発行する「絵図」(図1)を見ると、この古い街並を新しい感覚で創りなおしたり、いろいろな店に活用したりしている様子がよく描かれている。

1912年(大正元)の地図(図2)と比べてみると、この通りには、少なくとも22軒の陶磁器商のあったことがわかる。屋号で店の名前が表現されていて、今も使用されていたり、記憶している人も多い。以下に3軒をあげてみる。

∧カ「ヤマカ」とよび、この地域の代表的な陶磁器商であった。昭和初期に建てられた豪壮な邸宅が今も残る。

㋜「満留寿《まるす》」とよみ、多治見の陶磁器業の販売について大きな功績を残した「加藤助三郎」商店で、「美濃陶器特約販売所」の標札がかかげられ、軒下には人力車が待機するほどであったが、現存していない。

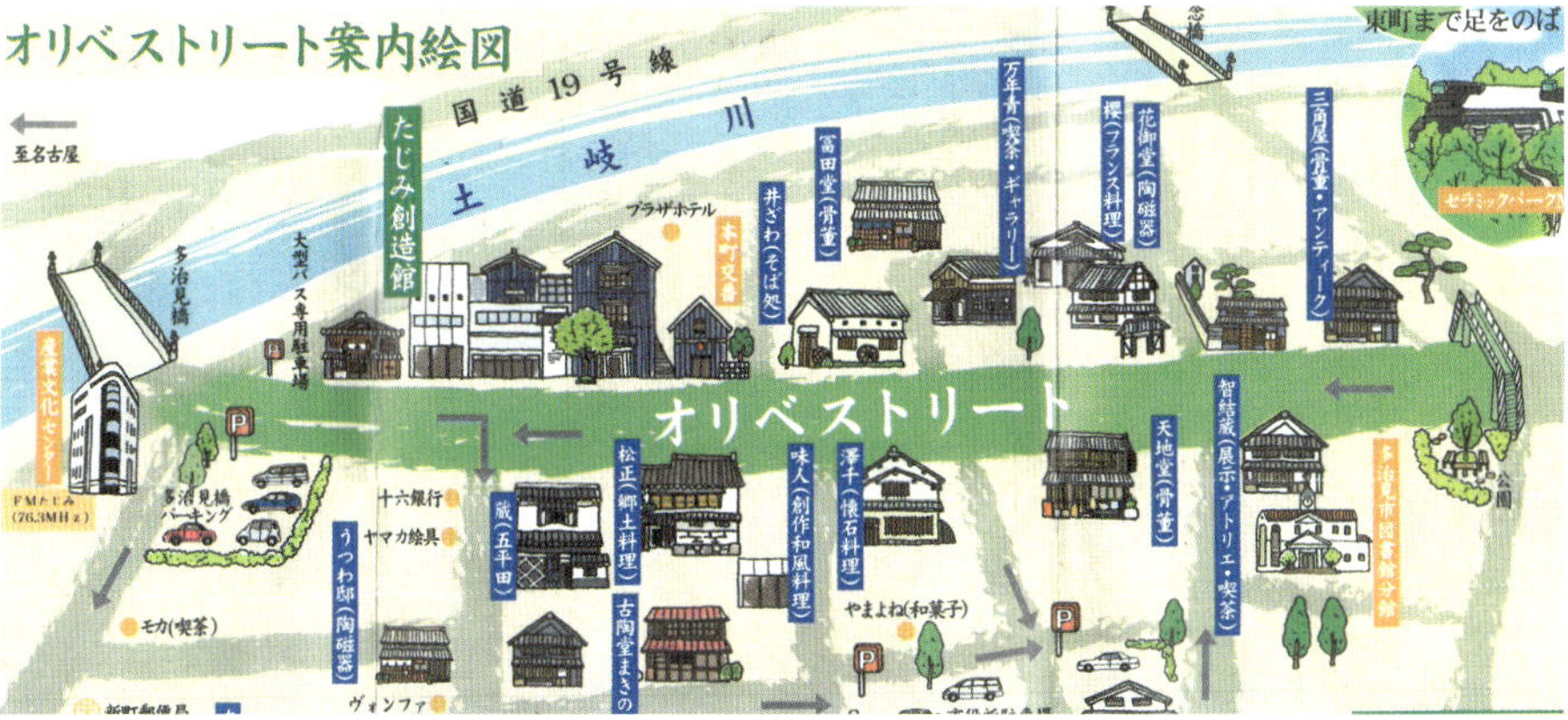

図１　本町オリベストリート（出典：多治見市観光協会「はなやぎのまち」）長さは約400mで、大正・昭和の面影を残す

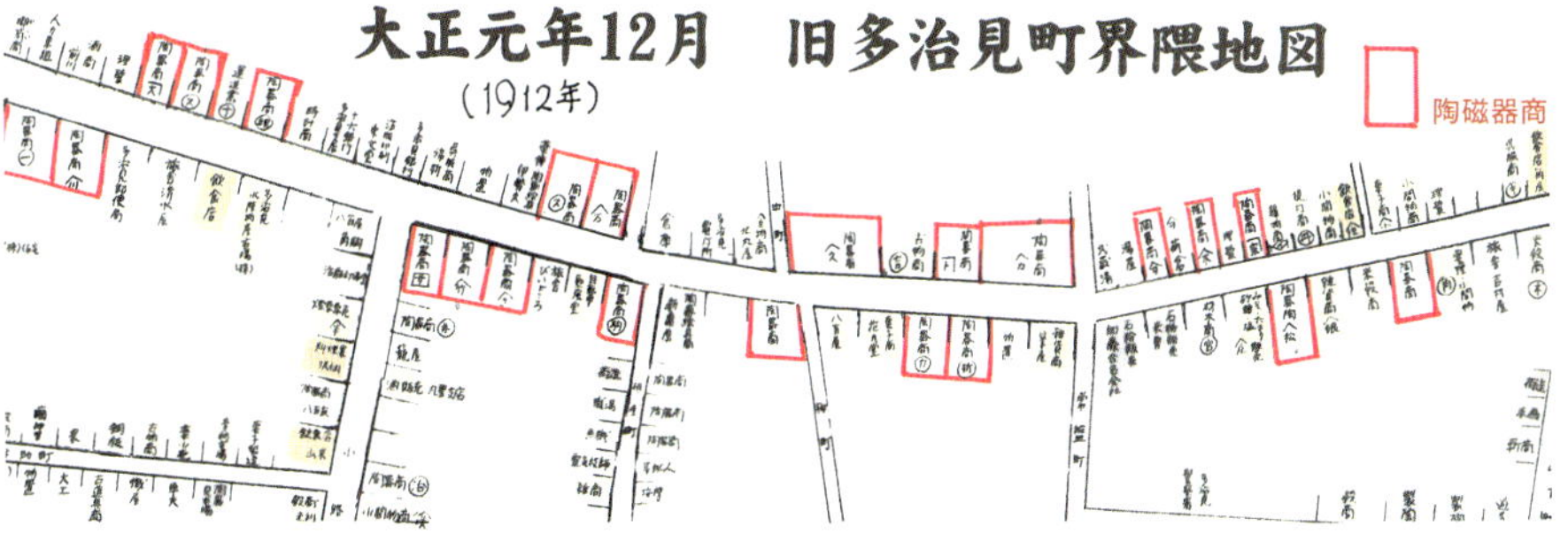

図２　旧多治見町界隈地図（沢井義三郎）（出典：『多治見町史』多治見市郷土資料室作成）陶磁器商が軒をつらねている

∧松「山松《ヤママツ》商店」で、現在も明治以来この通りで陶磁器商を営んでいる。

　この通りが「本町オリベストリート」と名づけられたのは比較的新しく、１９９９年（平成11）である。安土・桃山・江戸にかけて活躍した美濃の生んだ武士であり茶人であった「古田織部《ふるたおりべ》」と彼の指導によってつくられた「織部《おりべ》焼《やき》」にちなんでいる。千利休の高弟でもあった織部の精神（自由・挑戦・革新）を街づくりに取り入れようと、市と地元住民が第三セクター「華柳《はなやぎ》」を設立、中心市街地の活性化を目ざして、この名称がつけられたのである。

　絵図の左方に描かれている「たじみ創造館」が、この地域の中心的建築物であり、左右非対称の斬新な姿を見せ、陶磁器販売や市のPRセンターも入っている。美濃陶芸協会のすぐれた作品も展示販売されている（図3）。

　毎年、このストリートで、陶器まつりがおこなわれ、陶器商のブースが並び、多くの買物客が訪れる。２０１５年４月11・12日には、40の店のテントが張られ10万人余の人々が訪れた（図4）。

●たかた・おなだオリベストリート

　SL列車の時代の旅では、弁当とともに、必ずといってよいほど、小型の汽車土瓶《どびん》（図5）を買って蓋《ふた》でお茶を飲んだものだった。ペットボトルに変わるまで、これが旅の風物詩であった。また酒を入れる大型・小型の徳利もこの地域の特産品である。保温性・耐久性という利点から、陶製湯たんぽも需要があり今も生産されている。

多治見市北部のやや山間にある高田・小名田地区は、このような陶器の特産品を多く生産してきた歴史があり、「斧研《よぎとぎ》橋」を渡ったところから始まる「たかた・おなだオリベストリート」(図6)の左右には、窯元が点在し、庭に素焼の製品が日干しされている様子が眺められる。

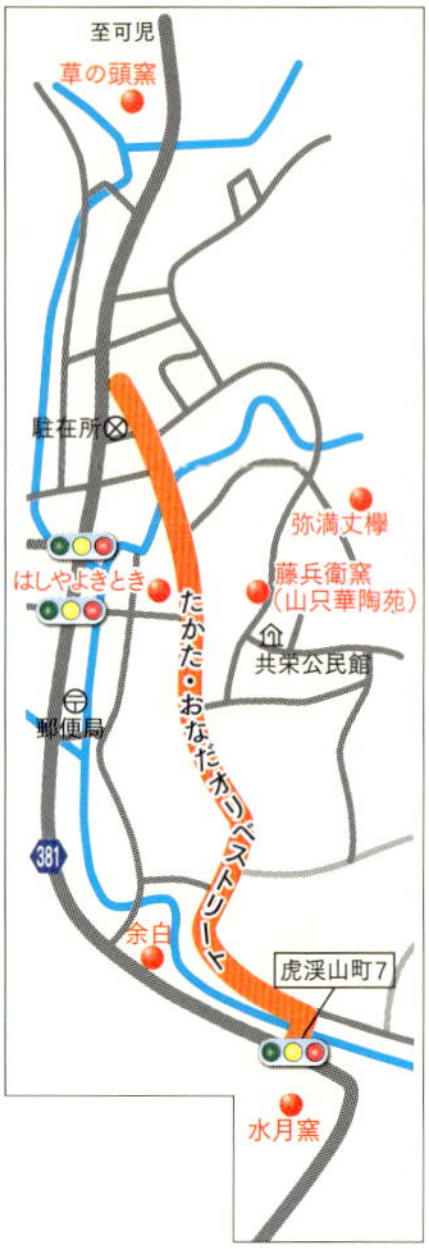

図6　たかた・おなだオリベストリート

図3　たじみ創造館。本町オリベストリートの中心拠点。倉庫風の建物が非対称で斬新(2015年4月)

図4　たじみ陶器まつり。本町オリベストリートに出店した陶器商のテントと買い物客(2015年4月)

図5　小型の汽車土瓶(右下)と徳利(左、高田陶磁器協同組合ウインドウ)(2015年4月)

市之倉オリベストリート

市之倉といえば、「盃《さかづき》」といわれるほど、その生産は有名である。ピーク時には全国の90%を占め、明治30年代には記念品などの盃が、飛ぶように売れたという。今も上質な盃や茶碗の生産が、五十余の窯元で続けられている。

酒をくみかわす小さな盃が、なぜ市之倉でつくられるようになったのか。その理由は、多治見の中心にある問屋への道が、峠のある細い坂道で、輸送が極めて困難であったこと、原料である土も、他の地域からまわさなければならなかったため、その原料である土を有効に使い、小さくとも価値の高い陶磁器をということで、

図7　市之倉オリベストリート

盃や煎茶《せんちゃ》茶碗をつくるようになったといわれている。

　今は国道248号線で、南の方に車で向かえば20分くらいで着くが、製品の運搬には、大変な苦労があったことが偲ばれる。市之倉川の川ぞいに、西に向かって「市之倉オリベストリート」（図7）があり、著名な作家の窯元や販売店が点在する（図8）。国道東側には、「市之倉さかづき美術館」があり、名工の作品を鑑賞することができる。

図8　市之倉オリベストリート沿いの「器の店」

多治見の今むかし

　多治見の現在を描いた図9の略地図には、3つの「オリベストリート」のおよその位置や、主な歴史的建築物・鉄道・道路が記されていて、地域の状況を把握できる。2015年の人口は11万4215人、面積は91・2㎢である。

　一方、次ページ上の江戸末期の多治見（図10）支配地に現代の市域をあてはめてみると、きわめて複雑な領地関係であったことがわかる。

　主なものは、幕府領、尾張藩領、旗本領の3つであるが、さらにその領内がこまかく区分され、村の数は17ヶ村にも及んでいる。

　明治に入って、ほぼ真中を東西に流れる土岐川をはさんで、北側は「可児郡」、南側は「土岐郡」となり、この2つが1つの「多治見市」になっ

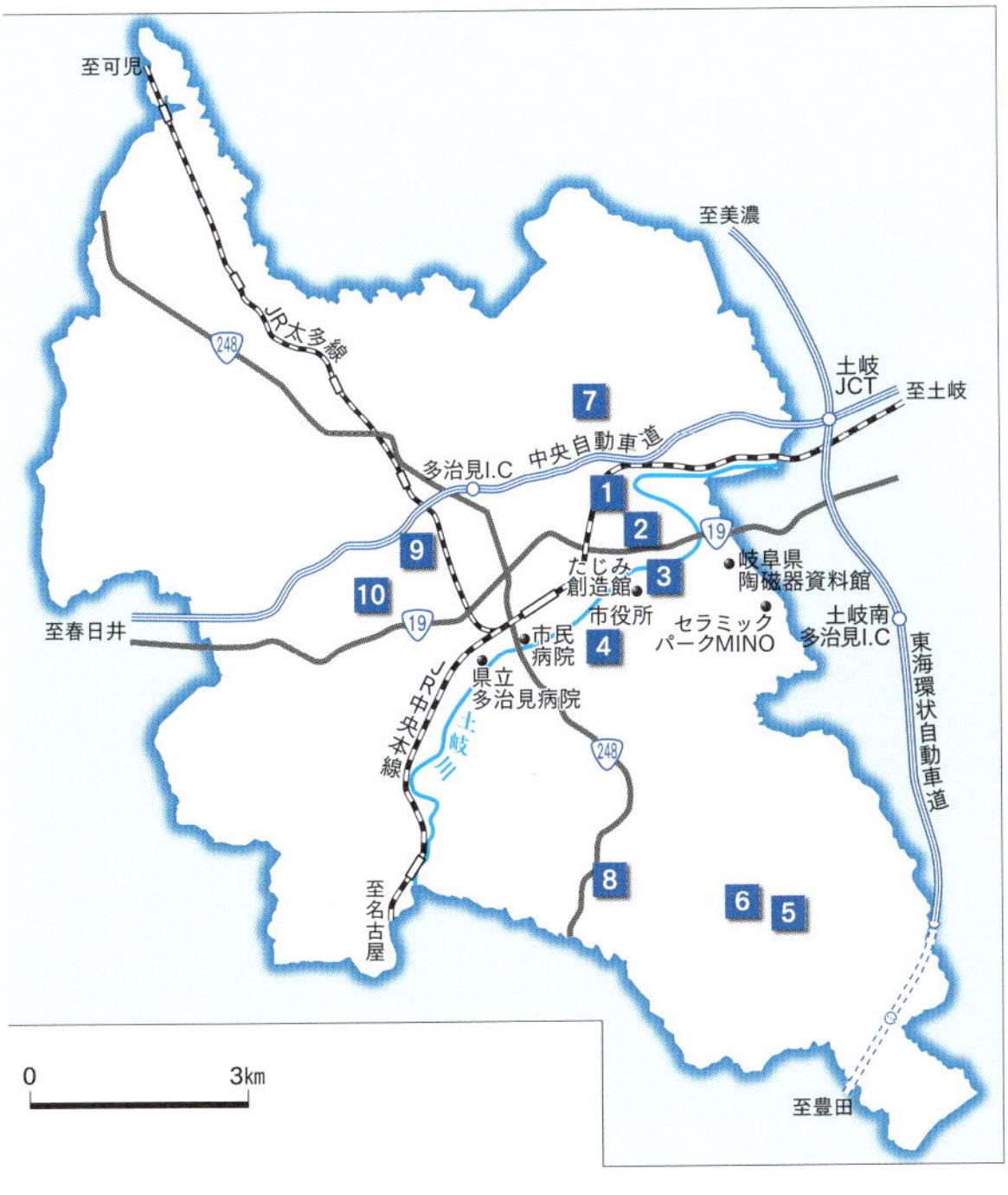

図9　現在の多治見市（出典：『市制70周年　市制要覧』〔2010年〕から）

1 虎渓山永保寺
2 神言会多治見修道院
3 本町オリベストリート
4 西浦庭園
5 笠原神明宮
6 笠原狐塚古墳
7 たかた・おなだオリベストリート
8 市之倉オリベストリート
9 喜多町西遺跡公園
10 池田第一古墳

たのは、1940年（昭和15）のことである。

　ところで、「多治見」という地名の由来は何であったのか。

　実は、地名の起源には3つの説があり、現在確定的なものはない。『多治見市史』によると、1つは、植物の「いたどりの花」説で、仁徳天皇の皇子の産湯《うぶゆ》に、いたどりの花がまいおり、縁起のよいことだと「多遅比瑞歯別命《たじひのみずはわけのみこと》」と名づけられた。古名で、いたどりのことを「多遅比《たじひ》」と呼び、皇子の養育にあたった人々に多遅比部《たじひべ》という姓が与えられ、全国に多遅部が置かれたところからきているというものだ。

　2つめは「まむし」説で、この地方に移り住んだ部民《べのたみ》が「蝮部《たじひべ》」と名のり、「まむし」の古名が「蝮《たじひ》」であることから地名になったというものである。怖い存在を誇示したとも考えられている。

　3つめは「地形説」で、「地名の由来・飛騨美濃」によれば、「台地の縁の高い崖」を「タチ」と呼び、それに接尾語の「ミ」がついて「たじみ」とよばれるようになったというものである。

　『太平記』に記されている「正中の変」（1324年）で、後醍醐天皇の挙兵に応じて戦った土岐一族の武将「多治見国長」が、この地域を支配していたことから見られるように、当地がそれ以前から「たじみ」と呼ばれていたと考えられている。

図10　江戸時代の多治見（出典：多治見市図書館郷土資料室『多治見市史』を元に作図）

多治見の貴重な古地図類

●多治見村見取場《みとりば》案内絵図（図11）

　年号の入った多治見村の地図では、もっとも古いものと考えられる。1755年（宝暦5）多治見村は幕府領であったため、「検地」を受けることになり、その時の案内図である。本郷・脇郷《わきごう》・下之《しもの》洞《ほら》・大畑《おおばた》・市之倉・生田《いくた》の新開発地が開かれるにあたり検地がおこなわれた。当時幕府は年貢増収のため新田開発を積極的にすすめたが「検地」はこまかく厳しくおこなわれ「高入地《たかいりち》」という名で幕領に組み入れていった。本郷は今

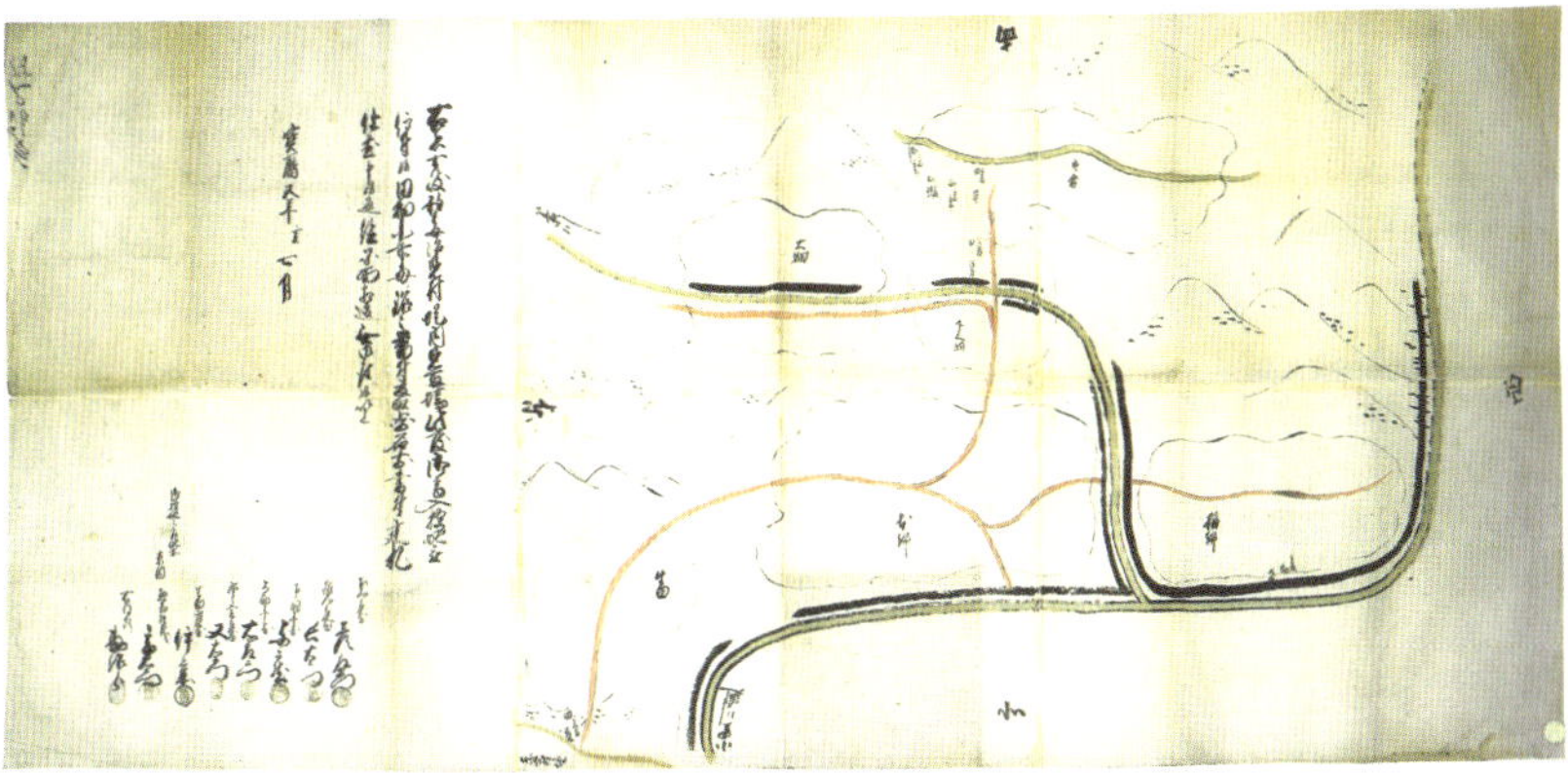

図 11 「多治見村見取場案内絵図」（1755 年）（出典：多治見市教育委員会『多治見市史料絵図集（一）』

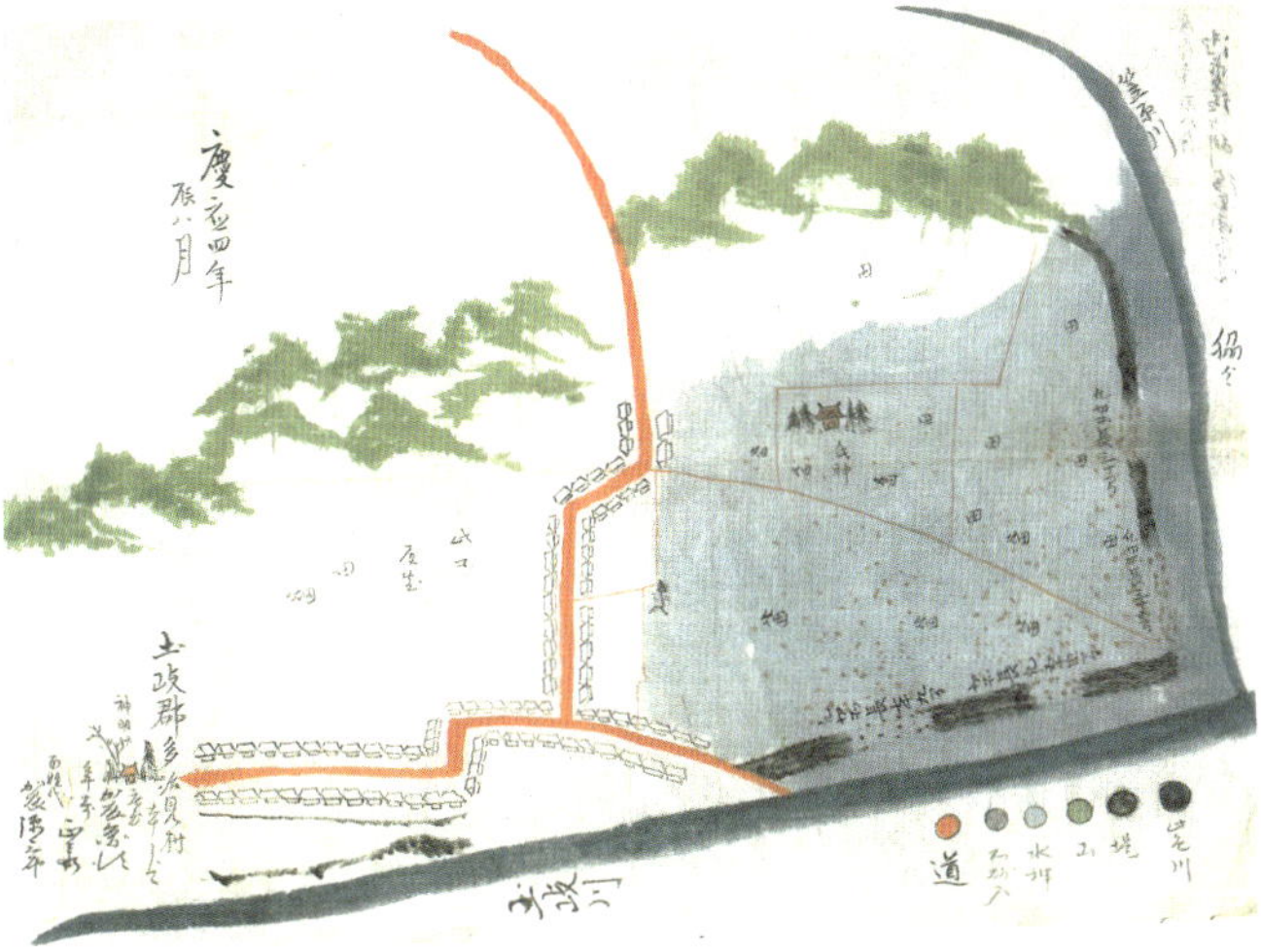

図 12 「多治見村普請箇所絵図」1868 年の洪水を表現したもの（1869 年）（出典：『多治見市史料絵図集（一）』）

の本町付近、下之洞は今の新町付近、大畑、脇島、市之倉、生田は現在も同じ地域である。土岐川は、当時「小里川」と表現されていた。

● 多治見村普請箇所絵図（図12）1866年（1868?）（慶応4）

1867年（慶応3）の大雨による洪水で多治見村が、土岐川・笠原川の合流点付近の堤防切れで水につかった様子が描かれている。土岐川は79間（142ｍ）と54間（97ｍ）の2カ所で切れたため、氏神である現在の新羅神社も水びた《した》しになっている。下街道軸の家には水はきていないが、この水害で年貢が払えず、隣村から借金をしたとも伝えられる。

● 池田町屋村村絵図（図13）

図の真中を東西に貫く赤い線が、「下街道」で、今の国道19号線にあたる。池田町屋村は、現在の多治見市池田町で、江戸時代はこのあたりの有力な宿場町であった。旅籠《はたご》をはじめ、民家、商店、社寺などがあり、隣の長瀬村から買物にくる人も多かった。西の端に境界を示す二本の杉の木と、「内津《うつつ》峠」の名がある。峠を越えると名古屋は近い。右側に大きく曲がる土岐川が流れているが、これがよく氾濫し住民を苦しめた。昭和になって改修がおこなわれ、今は直線状に流れている。

図13 「池田町屋村村絵図」現在の多治見市池田町で、江戸時代下街道の宿場町として賑わった（出典：『多治見市史料絵図集（一）』）

　国鉄中央本線は1900年（明治33）名古屋から多治見まで開通したが、図14の池田村の山端が14号トンネルの出入口であった。

図14　中央本線の開通（1900年）の前後。上は1893年、下は1911年の地形図（大日本帝国陸地測量部）

●耕地整理と虎渓用水の活用

　土岐川北の豊岡町は、大正年間に入り人口が増え始め、住宅や耕地が不規則な形で広がり始めたので、昭和の初め

図15 「可児郡豊岡町耕地整理組合の整理図」（1928年、多治見市郷土資料室蔵）

にかけて整理事業が進められた。この図（図15）は、1928年（昭和3）に作成された耕地整理図である。赤色の住宅地と、直線状に整然と区画された田畑が描かれ土地利用の近代化がすすんだ。

しかし、ここまでに至る町の苦労は並大抵ではなかった。豊岡町の大部分を占める長瀬村は、長年水不足に悩まされ、土岐川の水を引こうとしたが、何度も失敗。たまたま中央線のトンネル工事がおこなわれたのをヒントに、虎渓山に用水用のトンネルを掘り、水を長瀬村に引き入れた。これが「虎渓《こけい》用水」で1902年（明治35）以降、ようやく水田耕作の成果が得られるようになった。弁天池から北西へ本流が流れ、そこから各水田に給水された。耕地整理や用水建設に尽力した豊岡町長佐藤邦三郎の功績を讃え、町の北側に銅像が建立された。

一つの町になった多治見——陶都多治見全図（図16）

1935年（昭和10）のこの図は、前年に合併した川南の多治見町と川北の豊岡町が一つになり、「多治見町」と

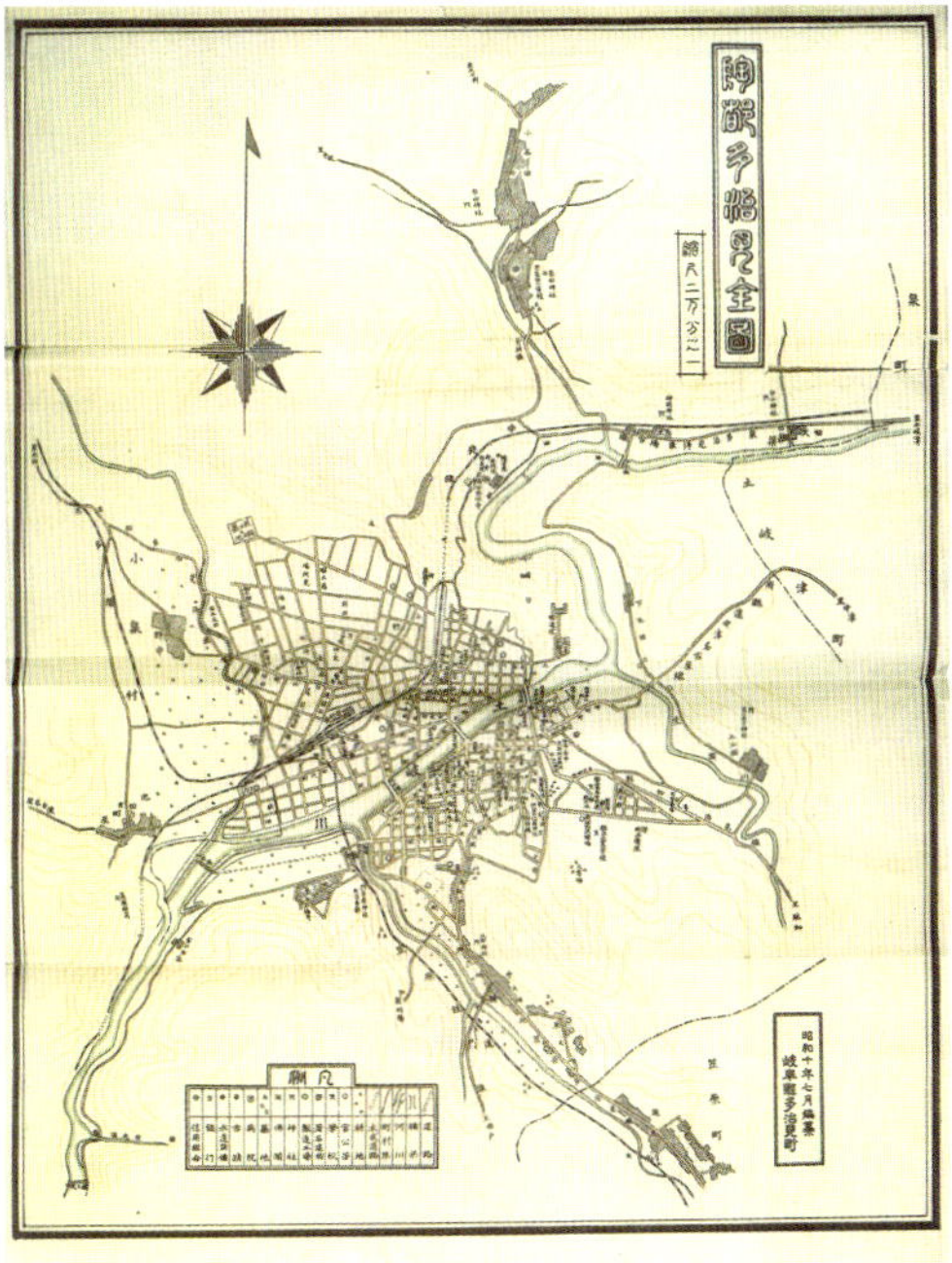

図16 「陶都多治見全図」（1935年、多治見市郷土資料室蔵）

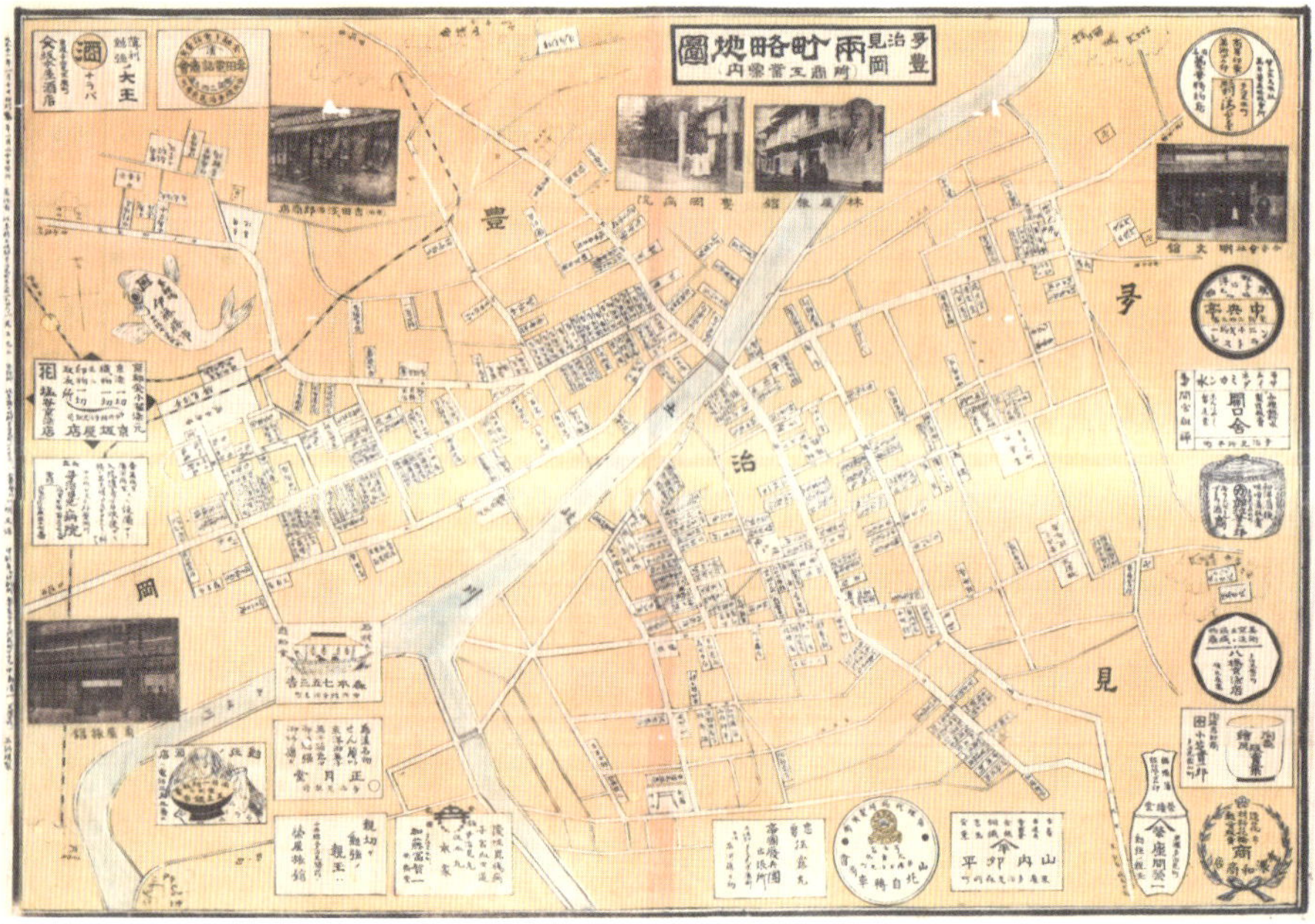

図 17　多治見・豊岡両町略図（1922 年）。おもしろい広告がまわりに一杯（多治見市郷土資料室蔵）

なったことを表わした公式の地図である。中央を流れる土岐川には多治見橋を中心に東に記念橋、西に昭和橋がかけられ、何かと対立していた両町が一つの経済活動をおこなうようになったのである。陶都と呼ばれるように市内には工場のマーク☼が数多く見られる。この時から5年後の1940年（昭和15）、隣村の小泉村、池田村を合併し、多治見市となった。県下で4番目、全国では163番目であった。

図18　吉田初三郎「陶都多治見を中心とする名所交通鳥瞰図」（1929年、多治見市郷土資料室蔵）

面白デザインの広告で囲まれた商工業地図（図17）

この図は、1922年（大正11）発行のもので、まだ多治見が一つになる前のものである。題名は「多治見・豊岡両町略地図」とあり商工業の面ではすでに合併が視野に入っていたものと考えられる。

陶磁器の街らしく、陶磁器販売、陶磁器絵付販売などが多いが、酒屋、薬屋、料理屋、旅館、病院、自転車店などもあり、それぞれアイデアあふれるデザイン広告で、まわりが囲まれている。宣伝文句も「親切で勉強の親玉は栄屋旅館」など巧みな文章だ。勉強とは安価にするという意味である。今も営業している「中央亭」は、左側からカタカナで「レストラン」とあり時代の先端をゆく様子がうかがわれる。この時、土岐川には、まだ多治見橋が一本しかかかっていない。

陶都多治見を描いた鳥瞰図（図18）

大正の広重とも呼ばれる鳥瞰図画家の「吉田初三郎（1884—1955）」による「陶都多治見を中心とせる名所交通鳥瞰図」で、多治見商工会が1929年（昭和4）に依頼し描かれた。「絵に添えて一筆」とあり「美濃の国は、世界に誇るべきものが二つある。一つは長良川の鵜飼、もう一つは多治見の陶器である」と書き、この地の陶磁器業を高く評して描いたことがわかる。

まわりを小高い丘に囲まれた盆地の中に、土岐川が流れ、道路をオレンジ色でくっきり描き街の様子をくわしく表現している。当時はまだ川をはさんで、南側（図の上部）が多治見町、北側（図の下部）が豊岡町で、それぞれの「役場」が表示されている。

土岐川には4本の橋がかかっている。左から記念橋・多治見橋・昭和橋・笠原鉄道鉄橋である。多治見橋は中心的な橋で、江戸時代は「下街道」の通る道として、その後は国道19号線として利用されてきた。この橋を渡ったところから、現在の「本町オリベストリート」が始まる。この道の両側には、有力な陶磁器商が軒を連ねていたのである。

陶磁器産地の中心都市として、図の左上の丘の上に「県立陶磁器研究所」があり、同じ敷地に、窯業専門の「多治見工業学校」がある。現在の多治見工業高校であり、多くの陶芸家、実業家を輩出している。

街の各所に、もくもくと煙をはく煙突と工場が描かれ「日本タイル」「佐藤工業」などの名が見える。丘の斜面には、登り窯が数基見られるが、これは昭和20年代まで、昼夜を分かたず赤々と炎を絶やさぬ様子が見られた。

1900年（明治33）に完成した国鉄中央線の多治見駅を中心として、右側が名古屋方面、左側が土岐津方面である。美濃太田を結ぶ太多線も煙を出してSLが走っている。新多治見駅は、市之倉口、滝呂、笠原に向う笠原鉄道の起点で、陶磁器産地であるこれらの地域から生産品を運ぶのに大きな役割を果してきた。しかし時代の流れもあり、また土岐川増水によって鉄橋が流失したこともあって、1978年に廃線となった。

多治見町役場の近くには、警察署、税務署、銀行などが描かれているが、近年、次第に豊岡町側、駅北地域にこれらの機関が移りつつある。

娯楽関係では、映画館が、多治見町側に「多治見館・榎元座」の二つ、豊岡町側に「豊岡劇場」が描かれているが、いずれも今は姿を消した。西ヶ原遊廓の名も見える。

平野公園には、多治見の陶祖加藤景増《かげます》の碑が建ち、近くには、多治見の商人として大きな力を発揮した「加藤助三郎」の像も建っている。

同じく当地の陶業を世界に広めた「西浦円治」の庭園、後醍醐天皇の挙兵に応じて戦った「多治見国長公」の碑も、町のほぼ真中に描かれている。

図の左下には、鎌倉時代創建の「虎渓山永《こけいざんえい》保寺《ほうじ》」が美しく描かれていて、国宝の「開山堂・観音堂」と庭の心《しん》字《じ》池にかかる「無際橋《むさいばし》」も小さいけれど正確に描かれている。

図の右側には、土岐川沿いに、黄金沢《こがねさわ》温泉があり、川面に船も浮び遊び処でもあった。このあたりの美しい風景は、「古虎渓《ここけい》」の名勝へとつづいている。

2007年8月16日には、この多治見盆地が日本の最高気温40・9度を記録し「日本一暑いまち」としても有名になったが、現在は高知県四万十市にその地位を譲った。

（杉山仁）

図19　虎渓山頂から見た現在の多治見市街（2015年5月）前方の段丘には、地名の由来と考えられる崖が続いている

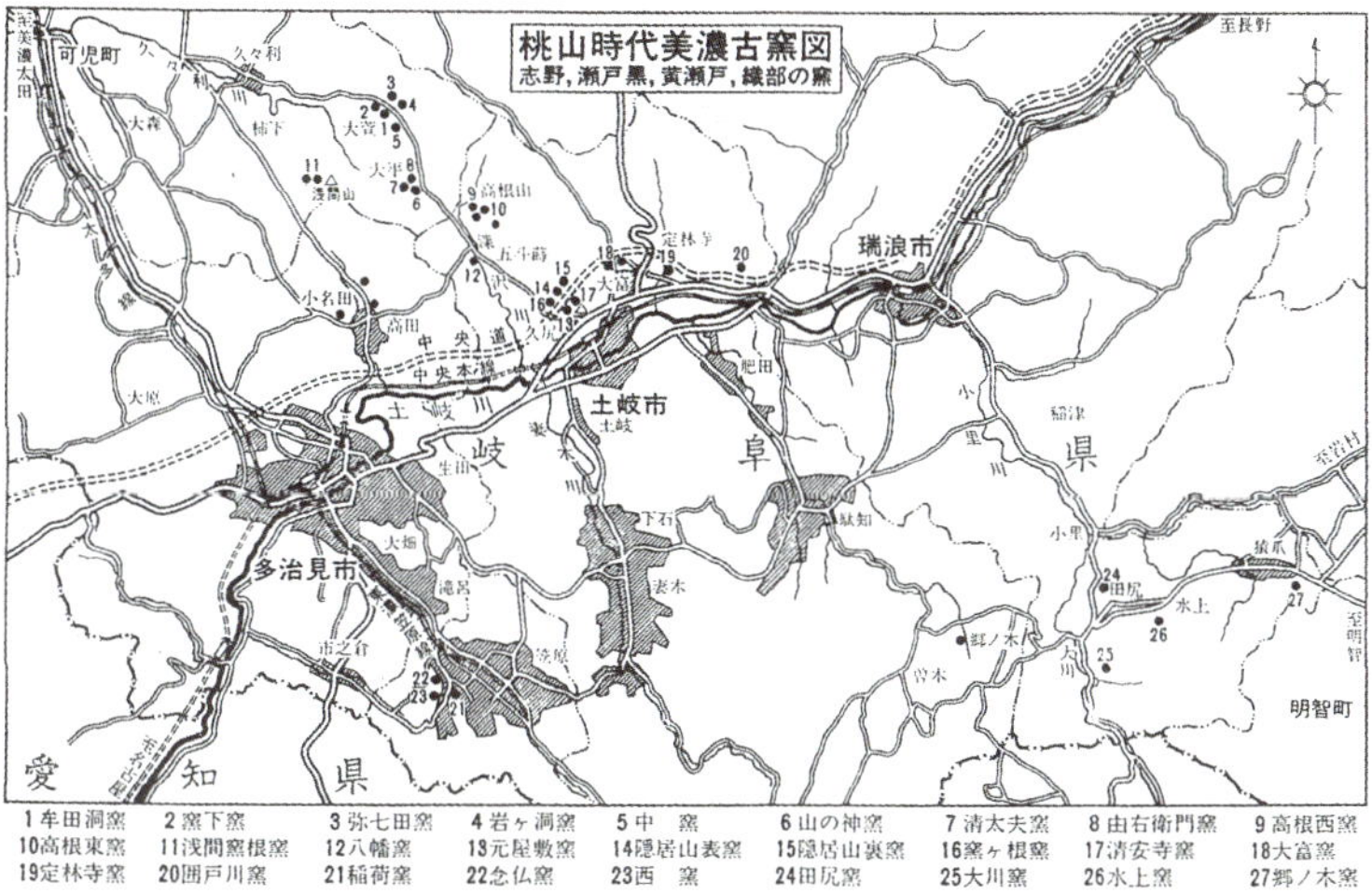

図1　桃山時代美濃古窯図（出典：『美濃の陶片』）No.1 牟田洞窯、No13 元屋敷窯は、よく保存されている

【column】 窯跡を歩く

「織部」「志野」などのすぐれた陶磁器を産み出した窯跡は「古窯跡《こようせき》」とよばれ、図1にみるように、岐阜県東濃地方では多くの箇所で発見されている。発掘・調査・研究もすすめられてきたが、残念ながら、宅地開発や道路建設によりその姿を消したものが多い。

しかし、1300年の伝統を受けつぐ多くの窯は、「窯元」として炎を消さず、今もこの地域でさまざまな製品をつくりつづけている。

そこで、窯跡を探りつつ「美濃焼」の窯元のいくつかを巡ってみよう。

人間国宝・文化勲章受章者として「志野」という焼き物の美を追究しつづけた荒川豊蔵（1894―1985）は、1930年（昭和5）苦心の末、今の可児《かに》市大萱《おおがや》の谷あいで、小さな「志野」の陶片を発見した。この発見をきっかけに、美濃地方ではつぎつぎと発掘がつづけられ、桃山期のすぐれた古陶や古窯跡が明らかにされていった。荒川の発見した大萱の窯は図の上方に「牟田洞《むたぼら》窯」として記録され、今も大切に保存されている。

● 水月窯《すいげつがま》（虎渓山町）

たかた・おなだオリベストリートへの道の左側、木立の中に水月窯はある。この窯は、右に見た荒川豊蔵が、1946年に築いたもので、入口に、多治見市によるくわしい説明板がかかげてあり、その成立

図２　水月窯。多治見市虎渓山町にあり、荒川豊蔵が開いた窯元（2015 年 5 月）

図３　幸兵衛窯（市之倉）（2015 年 5 月）。伝統をもつ窯元で、6 代加藤卓男は人間国宝

図４　穴窯。幸兵衛窯で現在も使用されている（2015 年 5 月）

図５　現代の焼成窯。ベルトコンベアで、ゆっくり動く皿が、燃える炎で絵付される（2015 年 5 月）

が書かれている。

　１９３３年（昭和８）に築いた牟田洞窯では、志野・瀬戸黒・黄瀬戸など桃山陶の再現を試みていたが、それとは別に、美濃の伝統を生かしながらも、一般家庭向けの陶器を提供したいという思いからこの水月窯を築いた。その志は今も受けつがれている。土づくりから焼成《しょうせい》、上絵付《うわえつけ》に至る工程や、登り窯、穴窯など美濃焼の伝統的な姿が見られ貴重である。

● 幸兵衛《こうべい》窯（市之倉町）

　市之倉オリベストリートのスタート地点といってもよい場所にある。幸兵衛窯は、１８０４年（文化初年）初代加藤幸兵衛により開かれた長い歴史をもつ。五代幸兵衛は、青磁《せいじ》、赤絵《あかえ》、天目《てんもく》など幅広い技術を駆使した作品により１９７３年には、岐阜県重要無形文化財保持者に認定され、６代にあたる加藤卓男（１９１７―２００５）は、伝統を引きつぎながら同時に古代ペルシャ陶器を研究、ラスター彩の復元、正倉院三彩の復元製作により、国指定重要無形文化財保持者（人間国宝）に認定された。七代幸兵衛もペルシャ陶技を引きつぎ地域の陶芸界で活躍している。「陶磁器資料館」とともに、今も使われている「穴窯《あながま》」を見ることができる（図４）。

● 仙太郎窯（市之倉町）

　明治の初めに開窯され、今は岐阜県重要無形文化財保持者の安藤日出武が、桃山陶から近代までの作品を追求している。

● 玉山《きょくさん》窯（市之倉町）

　１００年以上の伝統をもつ窯元で、今は岐阜県重要無形文化財保持者玉置保夫が、織部の美しい緑を代表作としている。

● 陶人舎窯（高田町）

　１９４６年に築かれた連房《れんぼう》式登り窯で、高田徳利などを焼いた窯であり、今は多治見市史跡。

弥満丈《やまじょう》欅《けやき》窯（高田町）
地元の粘土を使用し、湯たんぽ、土鍋などを製作。高田を象徴するような風景の窯である。

陶芸を体験できる窯元

虎渓《こけい》窯（住吉町）
虎渓山の丘の上にあり、和食器づくりのロクロ造りや手びねりなど、本格的な陶芸体験ができる。

安土桃山陶磁の里ヴォイス工房（東町）
体験コースでは、高校生などの参加も多い。ロクロ回しや手びねりなどの作陶では、思わず熱中し、真剣になる人が多い。

現代の窯

maebata庫山《こざん》窯（前畑町）
市内では、もっとも大手の陶磁器企業（前畑株式会社）で、日本の美、和陶器の伝統を、すぐれた新しい作品に仕上げ、ショールームでの、美しい多彩な製品は、見る人を感動させる。

㋲高木陶器（市之倉町）
創業は1900年（明治33）だが、最新式の窯で業務用和食器の開発、製造をおこなっている。近代的な生産工程で、多種多様な製品がつくられ、1990年には、天皇即位の礼と大嘗祭に際し和食器一万アイテムを宮内庁に納めた。イングレース焼成とよばれる窯（図5）で、コンベアに並ぶ絵付《えつけ》の皿がゆっくりと進み、真赤な火で焼き上ってゆくのは印象的である。

（杉山仁）

【column】岐阜県現代陶芸美術館

岐阜県現代陶芸美術館（図1）
多治見市東町の美しい木々の間の丘陵に、「セラミックパークMINO」という名称で陶磁器文化を発信する大型の複合施設がある。「岐阜県現代陶芸美術館」は、この中にあり、所蔵する作品は「陶芸の現代」をテーマとして国内外にこだわらず、近現代の陶芸作品を収集し、さまざまな展示会を開催している。2014年には、武将茶人古田織部の400年遠忌《おんき》に合わせて「大織部展」が企画開催され、国宝や重要文化財が展示され、多くの人が鑑賞した。

市内にはこの美術館のほかに、本格的な2つの陶磁器美術館があるので紹介しておこう。

多治見市美濃焼ミュージアム（東町）（図2）
セラミックパークMINO近くに位置し、2012年、名称・内容ともリニューアルされた。「美濃焼の美しさをじっくり味わいたいならこのミュージアムへ」をテーマに、古墳時代から現代までの「美濃焼の流れ」がわかりやすく展示され興味深い。とくに美濃古陶とよばれる志野・織部・瀬戸黒・黄瀬戸など貴重な作品を眼のあたりで鑑賞することができる。同時に、江戸時代の終わりに、磁器の生産が可能になり、明治に入って欧米にも大量に輸出されるようになった美濃焼1300年の流れを知るには、最適な美術館である。

　多治見市出身の人間国宝は、先に記した荒川豊蔵、加藤卓男に加え、「志野」で認定された鈴木蔵《おさむ》、「瀬戸黒」で認定された加藤孝造の4人だが、この人たちの作品とともに、美濃を代表する現代作家の作品も鑑賞できる。

●市之倉さかづき美術館（図3）

市之倉オリベストリートの東側に位置し、白壁と和風の屋根が調和した落ちついた美術館である。幕末から明治にかけてつくられた約1500点の盃を展示している。明治期市之倉を代表する名工加藤五輔《ごすけ》の作品は、わずか3㎝ほどの盃に描かれている筆づかいと色彩が、実に見事である。その奥深い世界が実感できる。大正から昭和にかけてのユーモアあふれる盃など、さまざまなアイデアがこめられた小さな宇宙をみることができる。館内には地元の「巨匠館」「幸兵衛作陶館」もあり、一度は必見の美術館である。

●多治見市モザイクタイルミュージアム

　モザイクタイル生産全国一を誇る笠原町地内に、2016年完成を目ざして、多様な技術、デザインの結晶であるモザイクタイルの魅力を伝える美術館の建設がすすめられている。

（杉山仁）

図1　岐阜県現代陶芸美術館（東町）（2015年5月）セラミックパークMINOの中にあり、所蔵する名品や内外の作品による企画展がすばらしい

図2　多治見美濃焼ミュージアム（東町）（2015年3月）美濃焼をじっくり味わえる

図3　市之倉さかづき美術館（2015年3月）白壁と和風の屋根のハーモニーが美しい

Part 6

岐阜県政発祥地・笠松陣屋

――木曽川水運で栄えた川湊

県政発祥の地

幕末から明治初期にかけて大政奉還、版籍奉還、廃藩置県と国のしくみが大きく変わった。県政発祥の地「笠松」はその激動の節目に登場し、明治維新以降の岐阜県は「笠松」抜きでは語れない。

江戸時代に笠松陣屋がおかれ、そこから笠松県になり、のちに岐阜県になるが岐阜県の産声は笠松からといっても過言ではない。

木曽川とともに

木曽三川（木曽川、長良川、揖斐川）は広大沃野の濃尾平野を古代より潤してきた。木曽川は全長227㎞（全国8位）、流域面積9100㎢（全国5位）の国内では有数の大河川である。そして清流長良川、貯水量日本一の徳山ダムを有する揖斐川とともに、木曽三川の造る日本屈指の沃野は古くから人が住み開明の地であることがわかる。信長、秀吉、家康の三英傑がこの地から出たこと、壬申の乱、承久の乱、関ヶ原の戦いなど、天下分け目の戦いがこの地方が舞台であったことを考えると偶然とはいえ歴史の妙に興味は尽きない。さて、犬山を扇頂とする木曽川の扇状地は、愛知県北部を潤し、同時に木曽川は犬山から美濃尾張の国境をなして流れていた。木曽川は時代と場所によって、その呼び名はまちまちで、広野川、鵜沼川、境川、美濃川、尾張川などと呼ばれた。水源の「木曽」は考慮に入れず目の前の

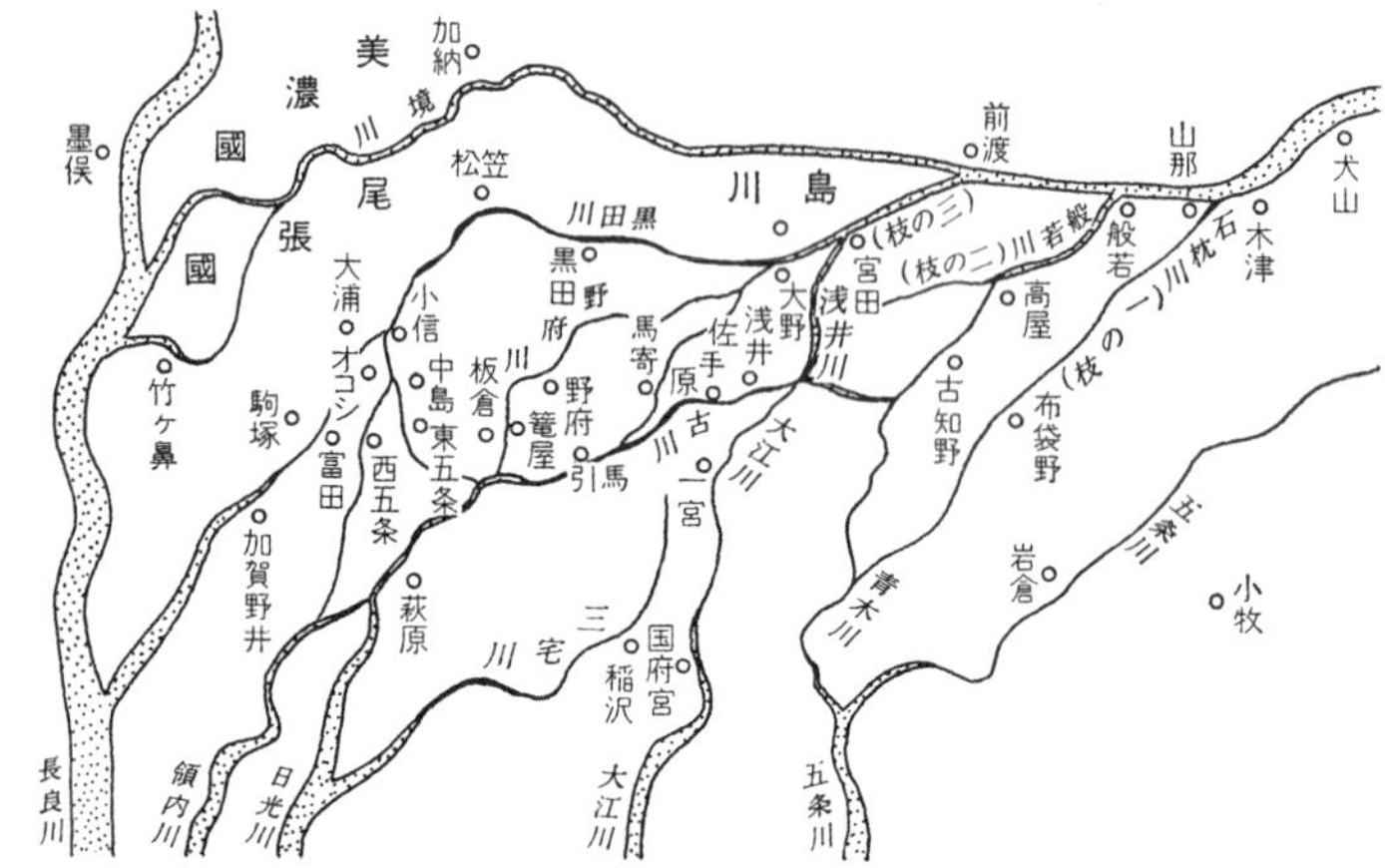

図1　木曽川流路図（出典：『木曽川町史』）

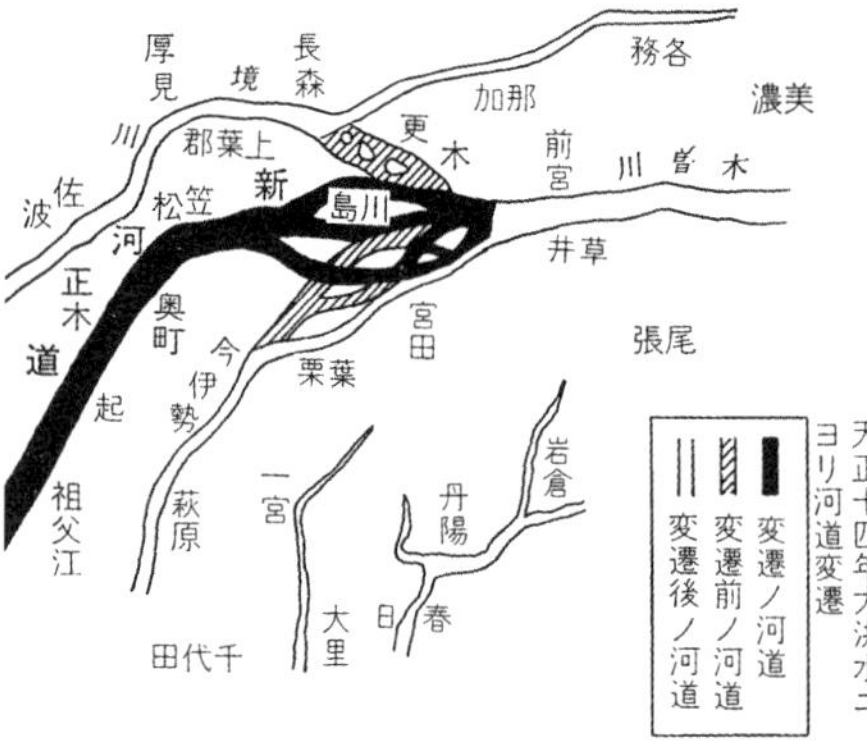

図2　木曽川変遷之図（出典：『川島町史』）

地形の特徴や支配者の家名などから命名していたようである。

その木曽川は犬山からは幾筋にも分かれ木曽七流または木曽八流と称し（図1）、その流れは網状流となり、どこをどう流れるのか、まさに「川に聞いてくれ」という状態であった。木曽川が現在のような川筋になったのは1586年（天正14）の大洪水からだったようである（図2）。

笠松の誕生

この大洪水で、木曽川の本流は愛知県の草井付近より西進し、前渡を経て川島地区（各務原市）を乱流し、屈折点にできた中州が開発され、これが笠松（笠町）の始まりとさ

表1　天正～慶長年間の水害（関係分）（出典：『岐阜県災異誌』）

1586（天正 13）年	木曽川大洪水後、木曽川を以て美濃、尾張の国境とする
1595（文禄 4）年	木曽川出水（笠松田代村寺及び民家流失）
1596（慶長元）年	尾張美濃両国洪水
1597（慶長 2）年	長良川出水（厚見郡早田村にて家屋流失）
1598（慶長 3）年	木曽川出水（中島郡須賀、大浦、三柳村にて家屋流失）
1602（慶長 7）年	美濃国大水　葉栗郡人畜の溺死、家屋の流失
1605（慶長 10）年	木曽川　呂久川　出水　家屋流失
1606（慶長 11）年	木曽川　羽栗郡　堤防破壊
1607（慶長 12）年	美濃大水　長良川河渡破堤　木曽川米野村入水
1608（慶長 13）年	美濃尾張大水　木曽川羽栗郡出水
1609（慶長 14）年	木曽川大洪水
1610（慶長 15）年	西美濃大水　木曽川洪水中島郡加賀野井破堤

れている。当時、豊臣秀吉は、この新しい河道を濃尾の国境と定め、1594年（文禄3）木曽川堤を建設し、木曽川右岸となった笠松や正木は美濃国に編入した。そして1609年（慶長14）、尾張藩主の命により、尾張側の木曽川左岸に強固な「お囲い堤」が築堤され、木曽川の流路がほぼ定まった。

しかし、木曽川の洪水、大水害は跡を絶つことはなかった（表1）。

木曽川と長良川

笠松誕生の経緯を考えるとき、もう一つあげておきたいのが、その位置である。木曽川と長良川はともに伊勢湾に注ぐ大河川だが、両河川が山間部から濃尾平野に出て、最接近するのが、現在の岐阜市と笠松を結ぶ線である（図3）。直線距離にして約4㎞、この線に沿って「御鮨街道」があるのもうなずけるような気がする。鉄道や道路などの陸上交通が未整備の場合、陸路より水路を選択するが、木曽川、長良川は古代より大動脈で、多くの物資が行き交いしてきた。一里ほど離れた所にもう一本の交通路があることは、商品の運搬、販路拡大にとって、計りしれない経済効果があった。

土岐氏がその居城を東濃の瑞浪から長森、川手に移し、その土岐氏の家臣であった斎藤道三が岐阜城を築いたりするのも、木曽長良の両水運の経済効果を考えたからかもしれない。

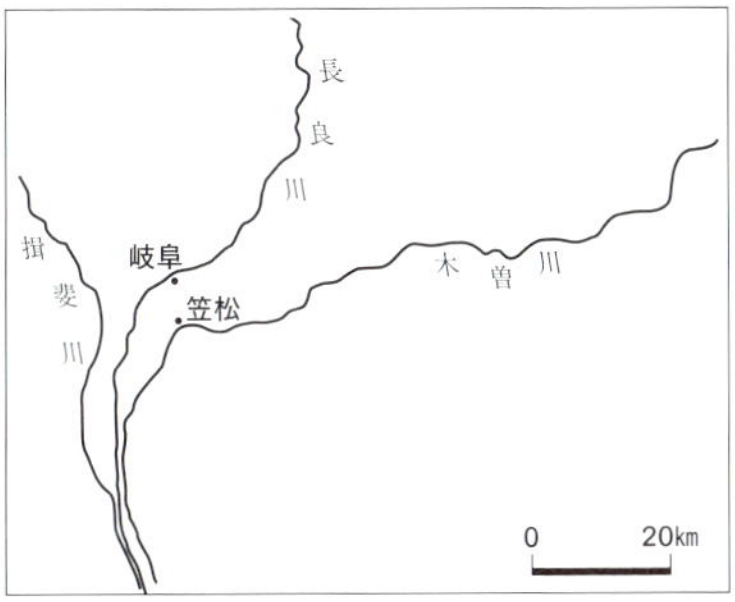

図3　笠松位置図

笠松陣屋

関ヶ原の戦いののち、美濃の所領は、豊臣恩顧の大名が多くいたこともあり、ことごとく家康に没収された。美濃の国は、直轄領、大名領、寺社領、旗本領、尾張藩領に細分化され、直轄領（天領）は、郡代が支配した。

江戸時代になっても、木曽川の水害は頻繁に発生し、とくに1650年（慶安3）の「枝広の洪水」では長良川、揖斐川も破堤し被害は甚大であった。事態を重くみた幕府は、復旧や普請のため、笠松村の徳田新田地内に休憩所を設けた。今でいえば災害復旧事務所である。もちろん休憩する所ではない。この休憩所を陣屋と定め、美濃代官であった名取半左衛門長知が1662年（寛文2）、美濃郡代となり陣屋を正式に管轄した。郡代は代官のうち広い地域、または重要地を管轄し、江戸、笠松、高山、日田（大分）の4カ所に置かれた。全国で4カ所のうち、笠松、高山と2カ所指定されるほど美濃と飛騨は幕府から重要視されていたのである。

郡代の職務は代官と同じであるが、石高は10万石以上で近隣の大名や旗本以上に優遇されていた。加納藩主の永井氏は江戸末期は3、2万石なので羽振りの良さが想像される。職制上、郡代は老中、勘定奉行の直下にあり、「金回り」はよかったのである。

〔参考〕江戸幕府職制（関係分）

老中―勘定奉行―郡代

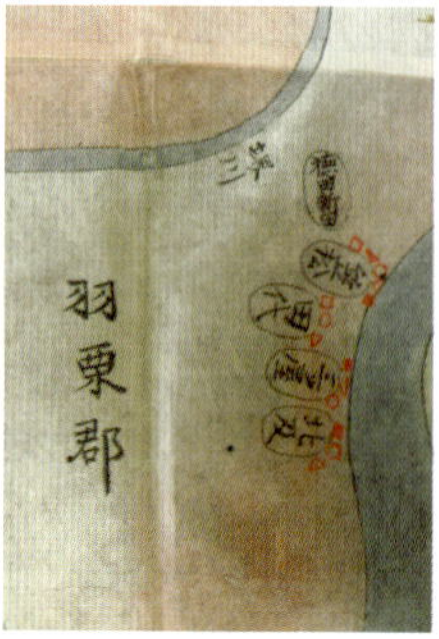

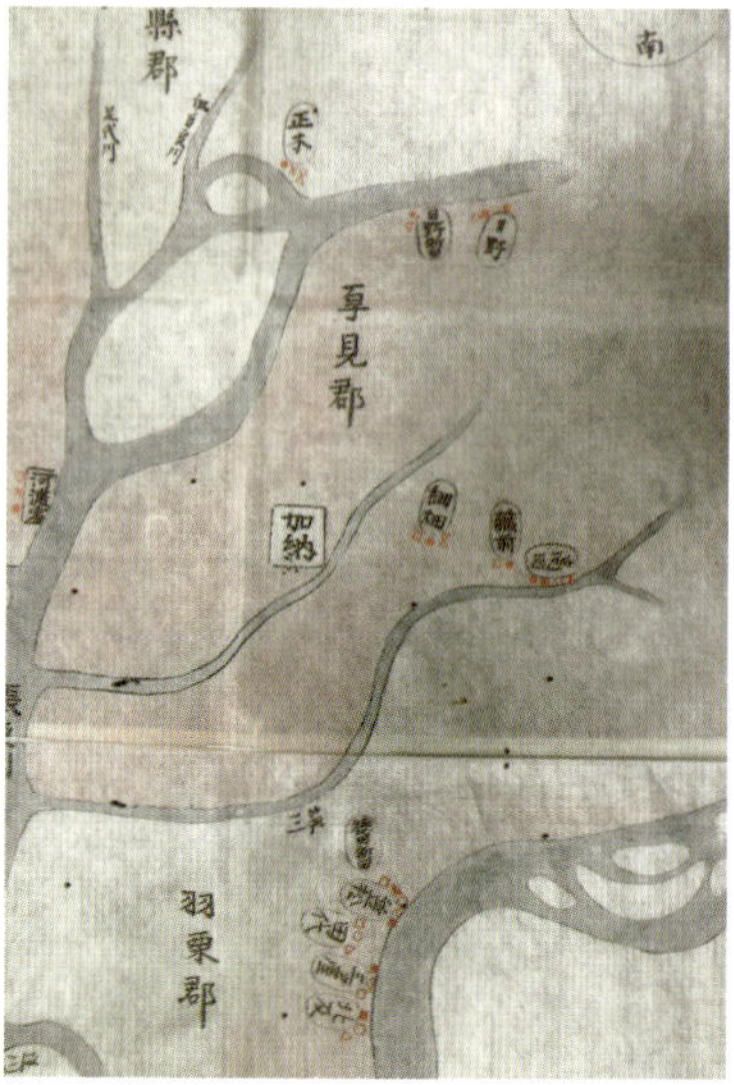

図5　濃州勢州御手伝普請図（1766年、岩国徴古館蔵）上図は一部拡大したもの

笠松三郷と明和治水

笠松三郷とは笠松村、徳田新田、田代村《でんだいむら》の三地域で、昔から笠松を代表する村であった。

その笠松三郷は木曽川の屈折点にあたり、西に流れる木曽川が直撃し洪水の常襲地域であった（図5）。幕府がこの地に代官を置き休憩所なる事務所で堤防や民衆を監視していたのである。図5の古地図で、木曽川と境川に挟まれた笠松三郷の地名が確認できるが、この洪水常襲地帯に幕府は1766年（明和3）、山口の長州藩に対し、河川改修工事のための「お手伝い普請」を命じた。「お手伝い普請」といえば、薩摩藩の宝暦治水が有名だが、長州藩にも命じていたのである。笠松、田代の地名に○□などの記号が確認できるが、これは「堤切所」「堤欠所」を表し、長州藩士が築堤工事をした箇所の一例である。

美濃縞織

木曽川に限らず、河川は上流から土砂を運び扇状地、自然堤防、三角州などの沖積平野を形成する。笠松は木曽川右岸に立地し高燥の自然堤防には砂質土壌が堆積し、畑として綿、粟、モロコシなどの適地となる。美濃縞織は江戸時代より農閑期の副業として織られてきた木綿織物で、当地の特産品となった。また川の運んだ泥土を交えた砂礫土壌は桑の植え付けに適し、養蚕業が発展した。

木綿織物の生産は、近隣の川島、柳津などの村をあわせた羽栗郡（現笠松町、岐南町、柳津〔現岐阜市〕、川島〔現各務原市〕）の生産が、県内では群を抜き美濃縞の名を世に広めた（図6）。

このように木綿織物の生産が著しく向上した背景には、東京方面への市場開拓、新製品の販路拡張などがあげられ、堅実な経営感覚が実を結んだことは確かである。

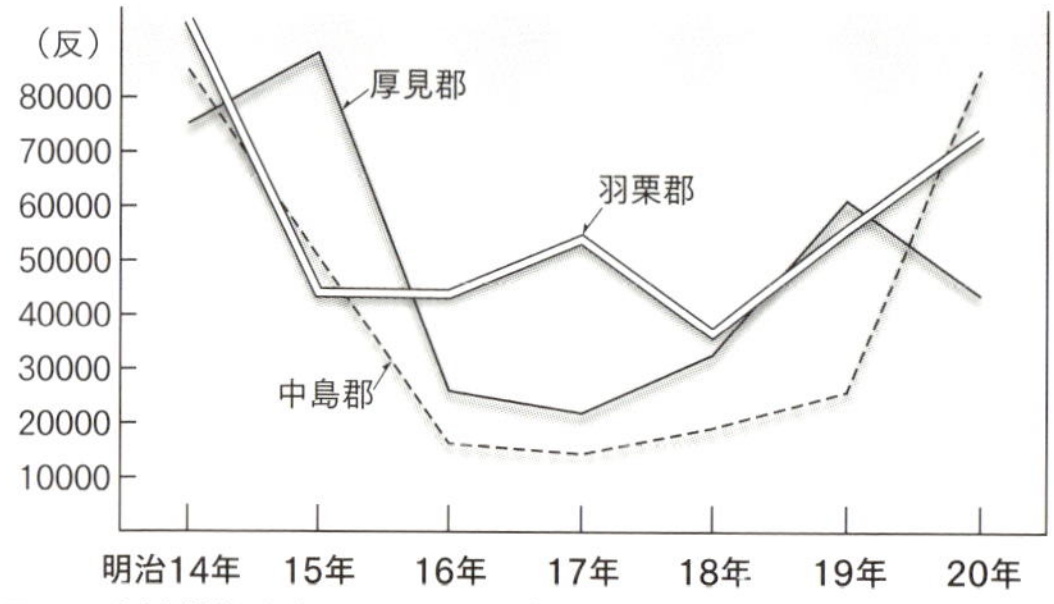

図6　木綿織物生産の郡別推移（出典：『川島町史』）

笠松湊

　笠松陣屋が当地にあることから、やがて地方行政の中心地、物資の集散地となり、川湊と渡船場という機能を合わせ持つ集落は、時代とともに大きく広がり栄えた。陸上交通がまだ発達していなかったこともあり、笠松湊は、木曽川最大の川湊であった。橋のない時代、対岸の木曽川町宝江（現一宮市）との往来はもちろん、下流の桑名まで物資を運んだ。幕末から明治にかけて笠松湊は隆盛が続き、1885年（明治18）には1日に38艘、1年間に6440艘の舟が入港した記録が残っている。さらに、1893年（明治26）ごろまでは桑名への定期船（小蒸気船）が一日二往復し、多くの労働者がはたらき、50石舟という大船も荷物を運んでいた。荷は主に米、塩、糸、肥料、大豆などであった。荷車や馬車の輪が土に入り込まないように、石畳を敷き詰めてあることからも、その繁栄ぶりがうかがえる。

　1889年（明治22）に東海道本線が開通するが、当時はまだ舟運がさかんで、大正から昭和初期まで、ポンポン船と呼ばれる大型発動機船が健在であった。しかし、鉄道の普及や自動車の発達により笠松湊の役割は終わる。灯台と石畳、そして眼前の木曽川、昔の賑わいが浮かんでくるようである。今は、笠松みなと公園として整備され多くの人々が憩いを求めて訪れている。

図6　笠松灯台（2015年4月）

図7　笠松湊の石畳（2015年4月）

鮎鮨と真桑瓜

　時代がやや前後する。

「すし」と「うり」、もちろん食べ物だが、笠松湊を必ず通って江戸へ運ばれていた。陣屋が置かれた笠松は美濃国の幕府政治の中心地で、交通の要所でもあった。木曽川という大動脈ともいえる水街道。そして中山道の茶所から分かれて、笠松を通り、木曽川を越え名古屋までの名古屋道。この木曽川と名古屋道の結節点に位置するのが笠松である。名古屋道は将軍へ献上する鮎ずし《あゆずし》や真桑瓜《まくわうり》を運んだ道で、鮎鮨街道《かいどう》とも呼ばれた。

　鮎鮨街道は岐阜市では御鮨《おすし》街道《かいどう》と呼ばれているようだが、「おすし」といっても今の鮨ではない。

　鵜が獲った鮎を塩漬けにしてさらし、エラなどを取って腹に飯を詰めて桶に並べ、水をとおした飯を上からふりかけ、桶一杯に漬け込み発酵させ、江戸に着く頃に食べ頃になるという高級グルメであった。

　岐阜から江戸まで4～5日かかったそうだが、貴重な管理と遅延なき受け継ぎが求められ、老中証文を受けた特別輸送で夜も休まず運ばれた。笠松問屋跡の碑があるが、ここで到着時刻の記載、縄のゆるみなどのチェックをしていたようで、何か緊張感が伝わってくる。鮎鮨の将軍家への献上は、秀吉の時代にもあったようだが、1862年（文久2）まで続いた。

図8　鮎鮓街道（2015年4月）

図9　美濃郡代笠松陣屋　笠松県庁跡（2015年4月）

笠松県から岐阜県へ

明治維新後、1869年（明治2）の版籍奉還、1871（明治4）の廃藩置県を経て美濃は幕領地と旗本領を含めて笠松県となるが、大名領は藩名がそのまま県名になった。整理すると表2の通りである。

表2　廃藩置県による名称の変遷

○明治4年7月14日の廃藩置県			明治4年11月23日の廃藩置県
藩名	石高（万）	県名	第一次府県連合
大垣藩	一〇	大垣県	岐阜県
野村藩	一	野村県	
高富藩	一	高富県	
郡上藩	四・八	郡上県	
岩村藩	三	岩村県	
苗木藩	一	苗木県	
加納藩	三・二	加納県	
今尾藩	一・四	今尾県	
笠松		笠松県	
飛騨		高山県	筑摩県

廃藩置県といっても、ただ藩が県になっただけでかえって混乱が生じた。笠松は郡代のいる幕領地、飛騨は天領だったので正式な石高はない。

美濃郡代笠松陣屋、笠松県庁と刻まれているが（図9）、笠松県の県名としては約4カ月の短命であった。

あらためて岐阜県の成立をまとめておく。

1868年1月　笠松陣屋を天朝御用所に改める。

1868年4月18日　郡代にかわり笠松裁判所が設置される。

1871年11月22日　美濃の九県が統一し岐阜県が設置される。

1873年3月27日　岐阜県庁が岐阜市西本願寺に移り、仮庁舎とする。

1874年6月11日　今泉村の新庁舎に移転する。

1876年8月21日　飛騨三郡が岐阜県と合併する。

笠松県は1871年（明治4）11月、美濃国一円を管轄する岐阜県の発足とともに廃県となるが、1873（明治6）3月岐阜市の西本願寺の仮庁舎へ移転するまで元笠松県庁にて岐阜県の事務を取り扱った。

最初の廃藩置県では、美濃に9つの県が誕生したが新しく統一される県名に9つの県名は用いなかった。幕末、岐阜町は尾張藩領、加納は永井氏の城下、笠松は幕領と所管が三者三様、歴史の長い岐阜がそのまま県名になったと考えてよい。

なお高山県は最初筑摩県であったが、松本や飯田地方と同一県内では無理があったようで、岐阜県と合併し現在に至っている。

笠松と競馬

笠松といえば笠松競馬を連想するが、競馬場近くの道路は標識からして馬の標識である。厩舎が離れたところにあり、競馬開催の日は馬を延々と歩かせて競馬場まで移動させる。オグリキャップなど笠松競馬から強い馬が出るのはこの移動で足腰が鍛えられているからだといわれている。なお、笠松競馬場は1931年（昭和6）、恵那郡にあった中津競馬場を笠松町に移転したのが前進である。競馬場は各務原や養老にもあったが、今は笠松に統合されている。

図10　競馬標識（2015年4月）

発展する笠松

木曽川、自然堤防、綿、生糸、美濃縞織。時間と空間が紡ぎ出した笠松の自然環境、そして文化、産業。どの分野、項目を取っても変貌や変化は避けられない。昭和10年代に描かれた吉田初三郎の笠松鳥瞰図を見ると、笠松の変容がよくわかる。紙幅の都合で細部は見づらいが、織物、製糸、織布、工業試験所、工業学校などの繊維関係の施設が多数描かれている。笠松の歴史や産業がまさにこの1枚の鳥瞰図に凝縮されている。品質管理や研究開発、そして人材育成のための試験所や学校を町内で開設するところに、笠松の力を感じるし、地域振興のありかたを見る気がする。繊維の町として活況を呈していたころの絵図だが、今後の笠松がどう描かれるか注視していきたいと思う。

（木村稔）

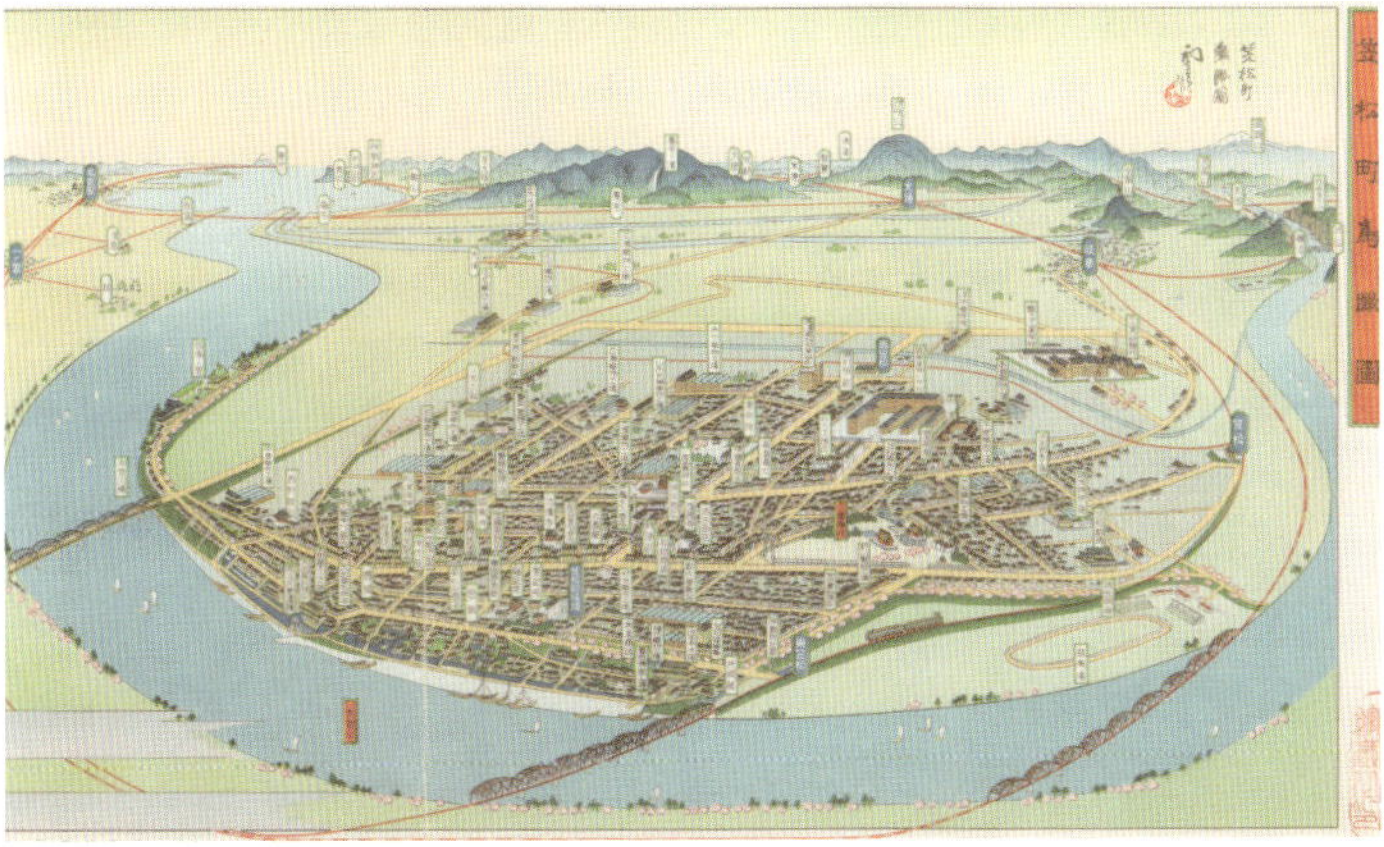
図11　吉田初三郎『笠松町鳥瞰図』（岐阜県図書館蔵）

Part 7

郡上踊りの郡上八幡と分水界のひるがの高原「ジオパーク」

ひるがの高原の自然

ひるがの高原は郡上市の北端にあり、大日ヶ岳（1709m）と鷲ヶ岳（1672m）の噴火堆積物によって安山岩の溶岩台地に長良川や荘川の水源となる河川が浸食してできた海抜900m前後の高層湿原である。新生代第4期に入って大日ヶ岳の活発な火山活動による噴出物が河川に運ばれ、ひるがの高原は扇状地となった。その後、地盤の隆起と浸食作用によって数万年前にはひるがの一帯は湖となった（図2）。湖底は砂礫層が堆積して浅くなり、約7000万年前から湿原化し泥炭層の堆積が始まった。泥炭層の厚さは平均2・5m、泥炭層の下には砂礫層や火山噴出物が見られる。土壌はpH5・5と酸性が強い。

泥炭層が発達するには、寒冷な気候か豊富な水が必要である。ひるがの高原は夏期の平均気温が24℃を超え、日本国内の他の高層湿原に比べて高い。年降水量は3249㎜と多く、とくに夏の降水量が多い。根雪になるのは12月下旬、4月上旬には完全に雪が消え、根雪期間は4カ月未満である。尾瀬ヶ原や根室湿原では半年以上雪に閉ざされているのに比べ、ひるがの湿原の根雪期間は短い。気温が高く根雪期間が短いことから蒸散量が多いと予想され、ひるがの湿原で泥炭層が発達したのは、降水量が多いことと、降水を保水する能力の高い地形が存在したためと考えられる。長い年月をかけ泥炭層が形成されて、環境に適応した高山性湿原植物は生育した（図1）。ひるがの高原内の流水沿いには、ミズバショウ、ザゼンソウ、コバイケソウ、レンゲツツジ、ウメバチソウ、シュロソウ、ワタスゲなどこの地を南限とする植物が自生している。また、ヒメカンアオイも自生しており、これに卵を産み付けるギフチョウの生息地としても有名である。現在、ギフチョウが多く舞う湿原周辺や周りの雑木林は別荘地開発によって失われつつある。

ひるがの高原の開拓

江戸時代の鷲見郷（旧高鷲村）8カ村の石高は1266石余で、この数値は明治初期までほとんど変わらなかった。しかし明治の中期になると村の人口は急増し、村の石高では村人を養うことができず、一部の村民は北海道へ移住し、さらに昭和の前期になると640人が満州開拓移民として離村した。1931年（昭和6）に書かれた『郡上郡案内』によれば、昭和初期のひるがの高原は「これより広漠たる蛭ヶ野（中略）付近の展望全く遮る者無く、脚は高く、園は廣く、意気自ら豁然たるを覚える」と書かれ、ほとんど手付かずの湿原がひるがの高原全体に広がっていた（図3）。

図1　ミズバショウが生えるひるがの高原（2013年5月）

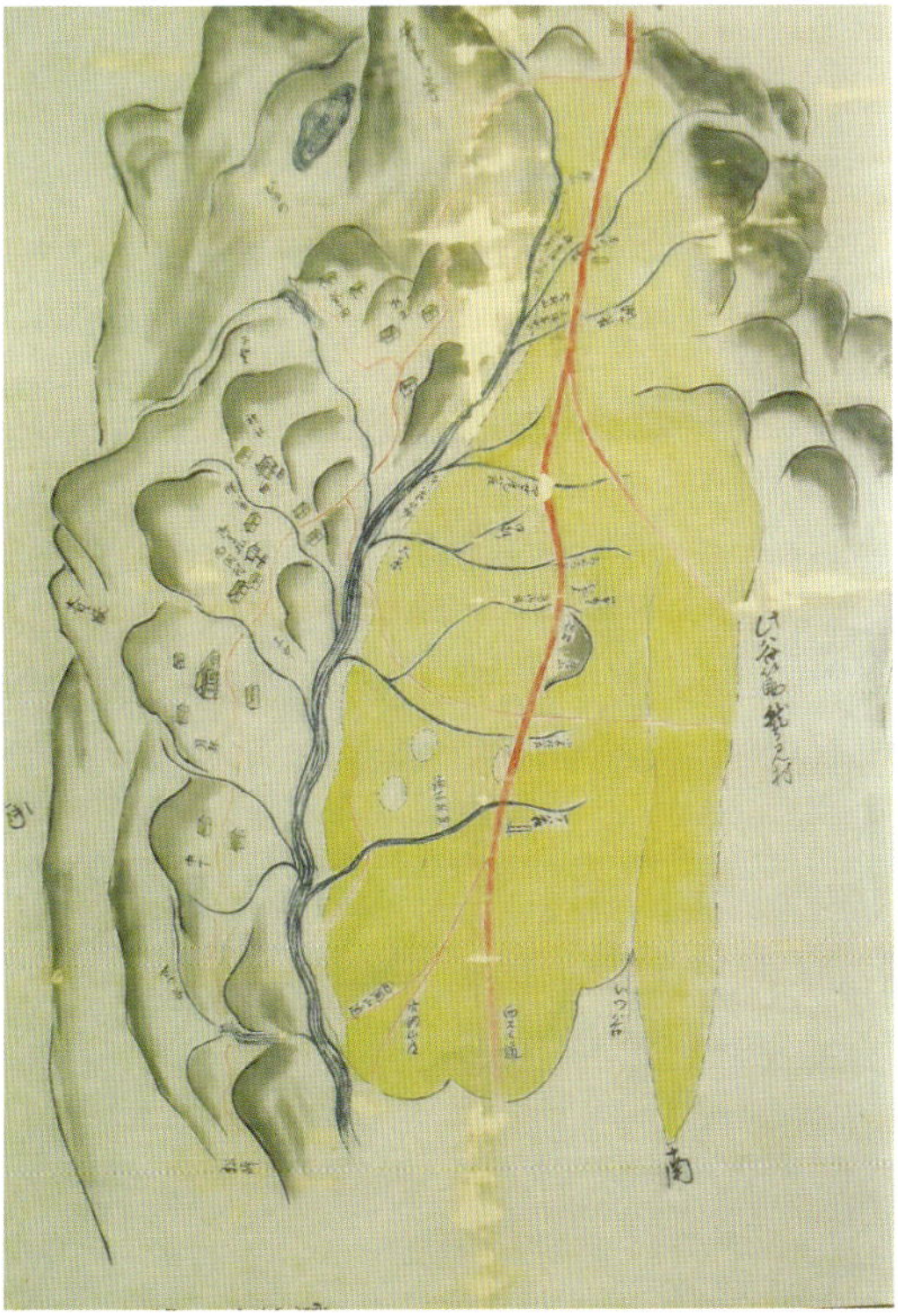
図2　ひるがの高原に湿原が見られる西洞村絵図（1790年、西洞地区自治会蔵）

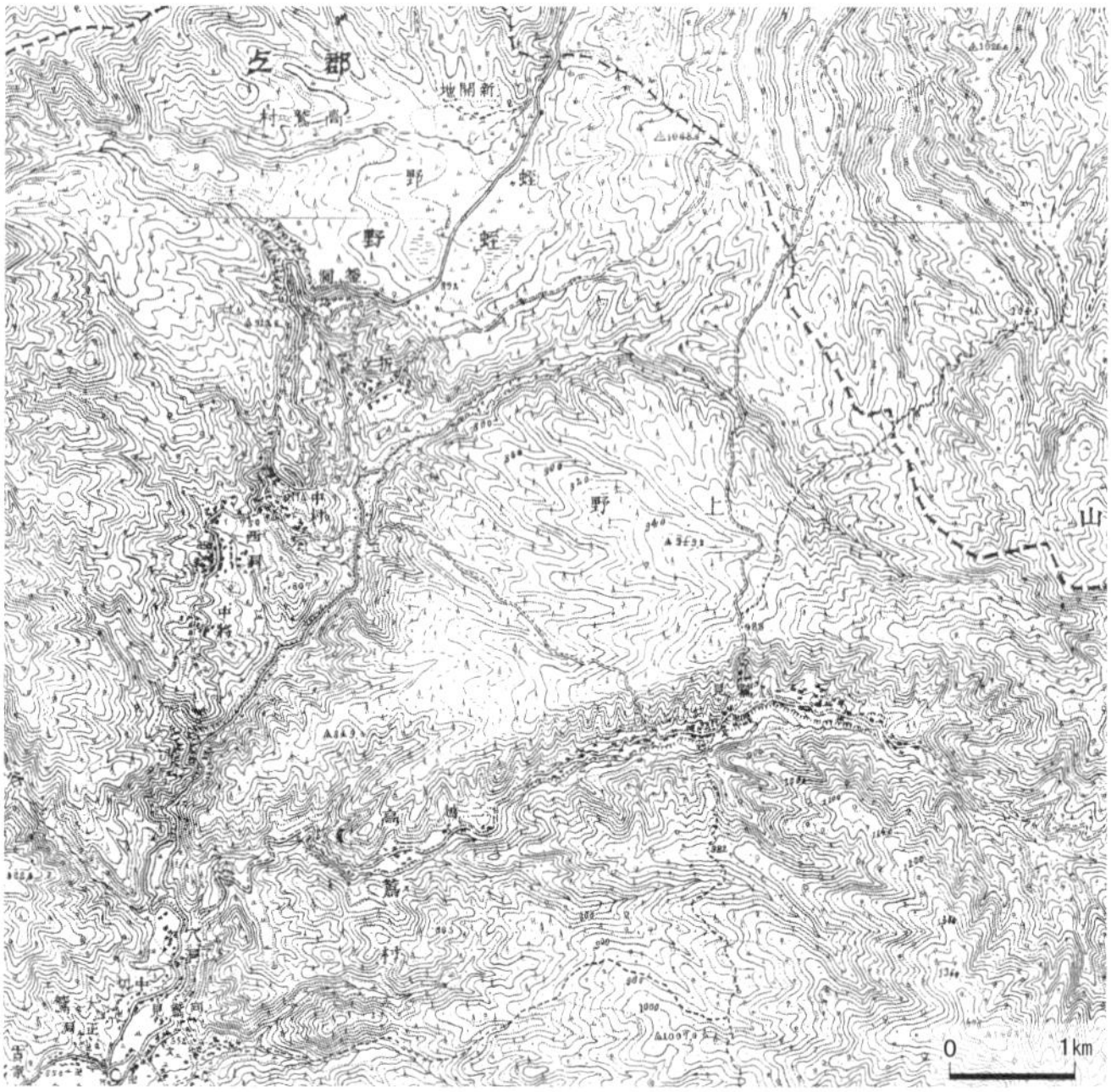

図3　1/5万「白鳥」「白山」1891年

戦後、ひるがの高原に満州開拓移民の引き揚げ者94世帯が国の政策によって入植し、本格的な開拓が始まった。開拓を進めるうえには湿原に排水路設置が不可欠である。開拓当時はブルドーザーのような機械類はなく、雑木を図4のように伐採して焼畑開墾をおこなう共同作業であった。

さらにひるがのの開拓民は、大日開拓農協から「乳と蜜の流るる里」という酪農指導がおこなわれたが、「米だけは自給したい」という強い思いがあった。しかし、泥炭層で強い酸性土壌のうえに高地寒冷地という厳しい自然環境から、米は1反当たり2俵しか取れず、しかも味が悪く食べられるような米でなかった。開拓農民は、開墾した畑へのこだわりから焼畑などをおこなったり、山羊や緬羊などを飼育するなど酪農への転換がなかなか進まなかった。

図4　ひるがの高原開拓風景（出典：『高鷲村史』）

1954年になると59頭の乳牛が導入され、本格的な酪農経営が始まった。翌年にはブルドーザーも導入され、急速に開墾が進み、種子馬鈴薯や漬け物用大根の作付け面積が伸び、乳牛の飼育頭数も増えていった。56年には森永乳業への出荷も始まり、酪農への期待も高まったが、道路が整備されておらず交通の便が悪かったため牛乳輸送の問題、さらに乳牛は多くの飼料を必要とするにもかかわらず牧草地や飼料畑ができておらずスキ等に飼料を依存しなければならず、乳質が他地域に比べ悪い問題もあった。

1961年になると184・2haが牧草地として開墾され、乳牛の成育から搾乳まで管理された。65年になるとひるがの高原に隣接する上野高原から高鷲村の中心地に近い国道沿いの穴洞までパイプラインが通り牛乳輸送問題が解決し、本格的な酪農地域へと発展し、1戸当たりの飼育頭数は増加して、酪農の専業化が進んだ（図6）。

1979年にはグリコ乳業から「ひるがの高原牛乳」の銘で販売され、ブランド化が進み、現在にいたっている。

1964年に名鉄資本によるひるがの高原スキー場（図7）が開設されると観光開発が急速に発展し、100軒近い宿泊施設、150面以上のテニスコートなどが湿原を埋め立ててつくられた。

こうして高鷲村の三白産業（大根の白〔図8〕、牛乳の白、スキー場の雪の白）は順調に伸びていった。

2000年には農畜産物を加工する第三セクターの「たかすファーマーズ」がひるがの高原に設立され、翌01年から生産が開始された。主要加工品は、ひるがの高原で育った乳牛から搾った「ひるがの

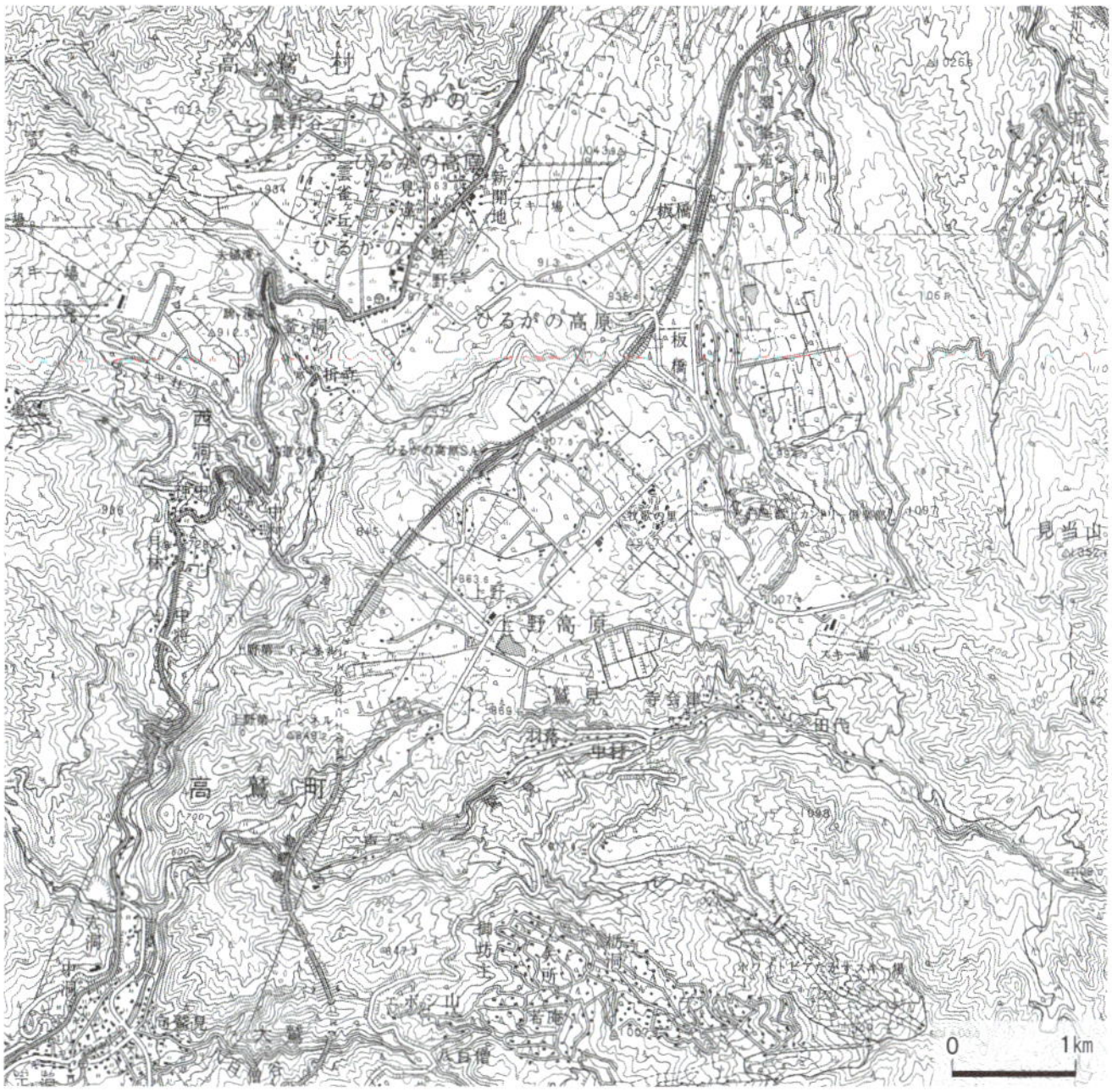

図5　1/5万「白鳥」「白山」2007年修正

図6　開拓初期の畜舎とサイロ（2013年10月）

図7　ひるがの高原スキー場（2015年2月）

図８　ひるがの高原大根（ＪＡめぐみの高鷲支店提供）

高原牛乳」、その牛乳を加工した「アイスクリーム」「プリン」「ヨーグルト」さらに各種「チーズ」などの乳製品と長良川源流の名水でつくった「ひるがの源流とうふ」等を生産し、ひるがの高原内の土産物店やリゾート施設、宿泊施設、東海北陸道のひるがのサービスエリア、さらに国道156号線の道の駅「大日岳」などでも販売されている。

　このようにひるがの高原は、酪農、観光業、別荘地販売の不動産業者によって湿原が埋め立てられ開発が続いている。そのため開拓遺構の排水路や湿原は埋め立てられ、さらに道路は拡幅舗装されて、岐阜県指定天然記念物である「湿原植物群生地」は指定を解除された。かつて何もない原野であったひるがの高原は開拓者の力で「乳と蜜の流るる里」へと発展したが、その発展がミズバショウなどの高地

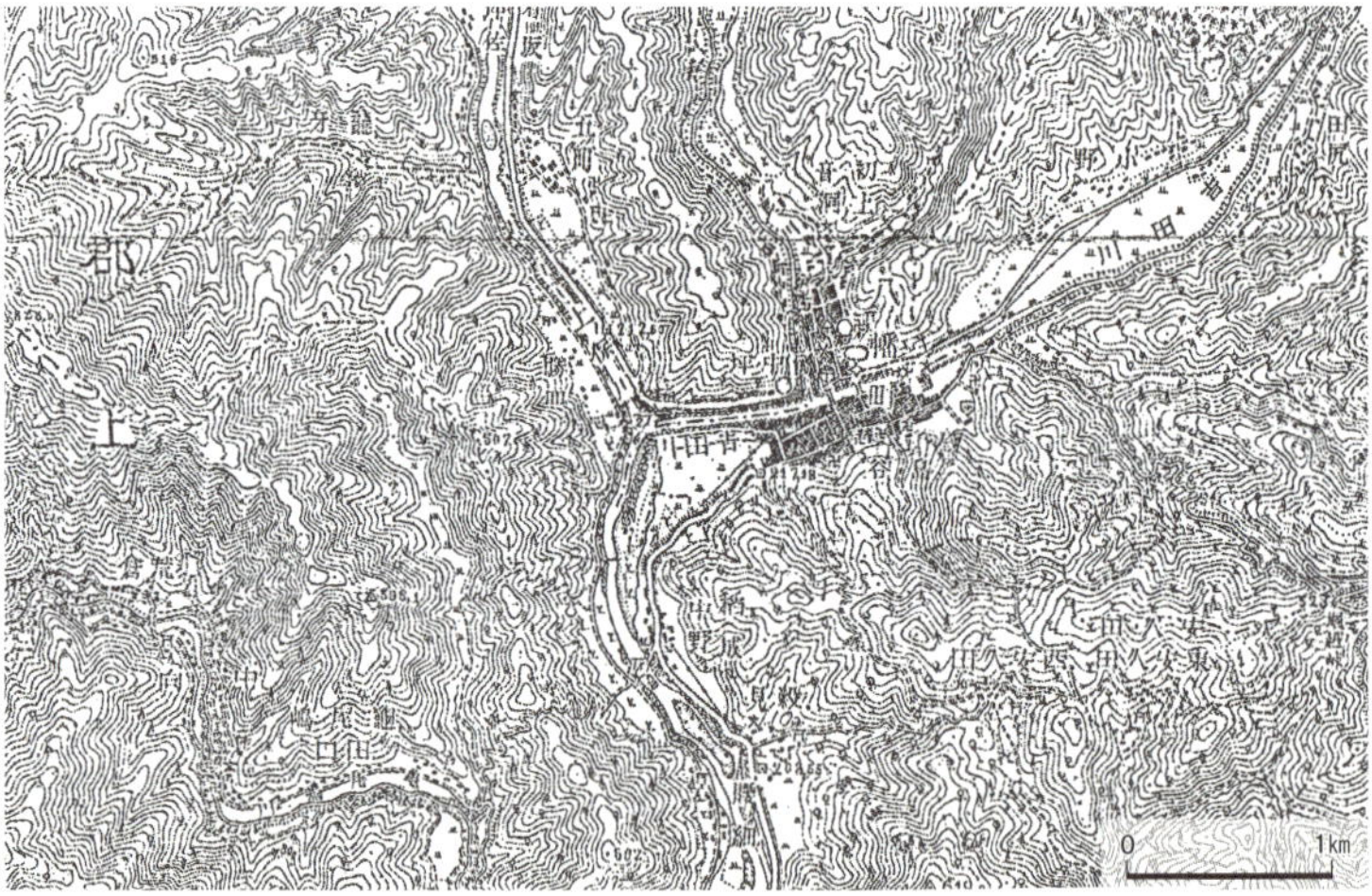

図９　1/5 万「白鳥」「白山」1891 年

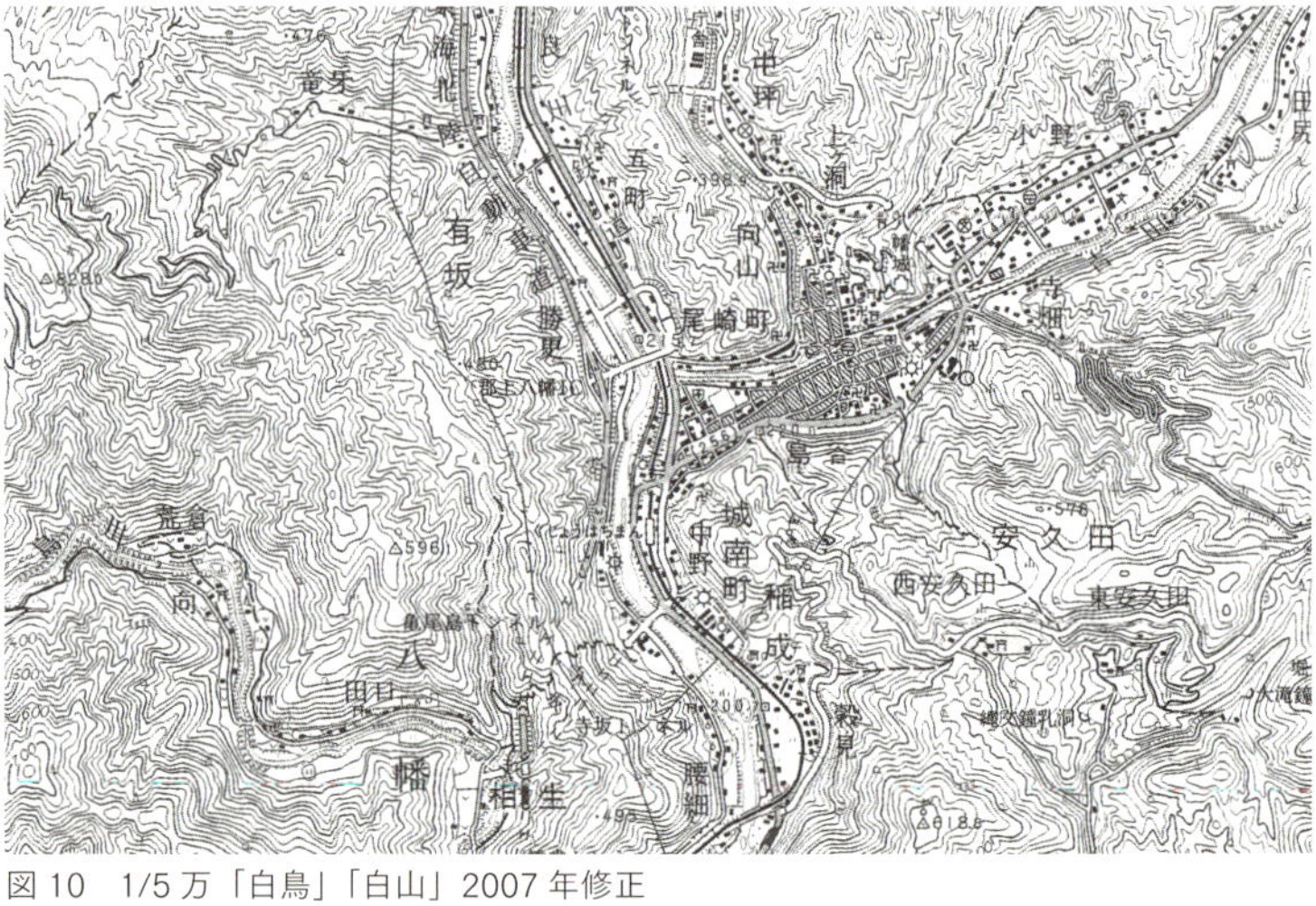

図 10　1/5 万「白鳥」「白山」2007 年修正

図11　八幡町遠景（2014年）

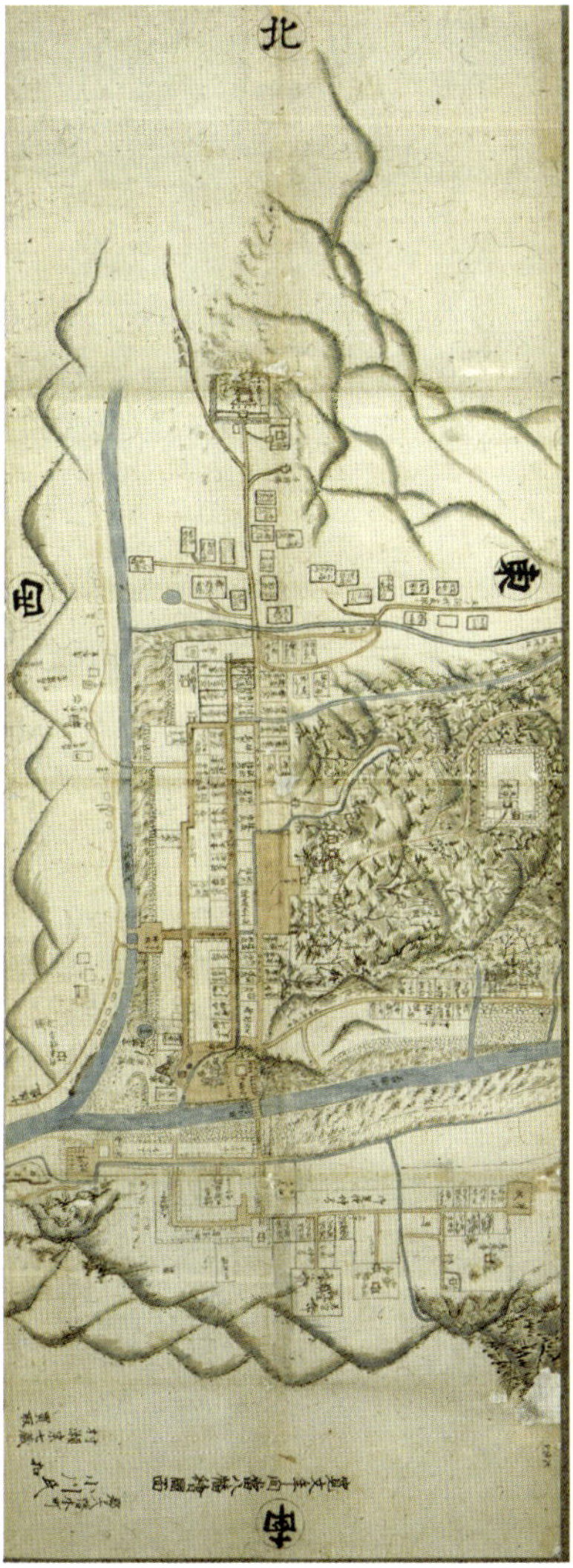

図12　寛文年間八幡絵図（個人蔵）

性湿原植物の破壊、ギフチョウなどの絶滅危惧種の根絶に直面している（図5）。「ジオパーク」としての分水界「ひるがの高原」の開発と保全を今こそ考える時である。

郡上踊りの郡上八幡

奥美濃の小京都と呼ばれる郡上八幡は、飛騨・美濃・越前へ通じる交通の要所であった。郡上市は2004年3月に高鷲村、白鳥町、大和町、八幡町、明宝村、和良村、美並村の郡上郡7カ町村が合併して市制をひき、奥美濃の中心地であった八幡町に市役所が置かれた（図9・10）。

郡上八幡町は岐阜県の中央にあり、三方を山に囲まれ面積の約92%が山林であり、人々は吉田川や長良川、小駄良川が形成した河岸段丘や谷底平野のわずかな平地に生活をしている（図11）。市街地は、吉田川と小駄良川によって形成された南北逆T字型の谷底平野にあり、南は堀越峠、東殿山、赤谷山が聳え、北は城山などの位山分水嶺につながる山脈となっている。高温多湿な気候で豊富な湧き水がいたる所から湧出し、住民がその水を多様な形で利用している水の町でもある。

1600年（慶長5）、関ヶ原の合戦後、郡上藩主に復帰した遠藤慶隆《よしたか》は八幡城を新しく作り直し、城下町を整備し

たが、1652年（承応元）、横町（現大手町）から出火した火事が横町、鍛冶屋町、本町を焼き尽くし（承応の大火）、以来城下町は荒放題となった。遠藤氏4代目城主常友は1667年（寛文7）から八幡町城下の町振りをトくするため

図13　現在の八幡城（2014年6月）

に、鍛冶屋町・本町を西へ2mほど寄せ、馬場町（現殿町）を広げた。職人町と鍛冶屋町の間に食い違い（遠見遮断）があるのはそのためである。さらに柳町と桜町の間に、城山の尾根が突き出し通行の難所となっていた岩山を切り開き通行しやすくし、吉田川には宮ヶ瀬橋を架け、北詰に岸剣神社を設け、火事に強い町並みにするため島谷用水や北町用水を設け城下町の再整備した（図12）。

1870年（明治3）郡上藩最後の藩主青山幸宜《ゆきよし》が新政府へ「郡上藩城撤去方伺」を提出し、八幡城は石垣と土台を残し、廃城となった。

1933年（昭和8）、昭和恐慌の中で当時の町長が建設委員長となって、旧大垣城を模した八幡城を再建し、現在の姿となった（図13）。

吉田初三郎は、郡上八幡に

図14　吉田初三郎「岐阜県八幡町絵図」（岐阜県図書館蔵）

1カ月滞在して町並みを図14のような鳥瞰図に著している。

この城下町の中で踊られる郡上踊りは、郡上の人々が昔からの盆踊りを守り、観光化されてきたものである。

そもそも郡上では白山信仰を核に修験者や放下僧が持ち込んだ「バショウ踊り」と伊勢信仰の伊勢御師や熊野聖が伝えた「伊勢踊り」等が基盤となり神事芸能が形成され、さらにお鍬様を契機に洗練され、郡上各地の太神楽や盆踊りを生み出したと考えられている。1723年（享保8）の古文書によると盆踊りが習慣化され、1840年（天保11）の郷中盛衰記には「拝殿にて徹夜踊りが踊られていた」と記してある。八幡町では、盆踊りの中で「かぶり物一切いたすまじく候　これまでの中には異風姿盗にて踊候もののもこれあり」「於踊場所喧嘩口論」とあるように度々取り締まりをおこなわなければならないように風流化され華やかで賑やかなものとなった（図14の表紙）。金森藩時代は盆踊りの民衆統制が厳しくおこなわれ、郡上一揆後の青山藩時代には、神楽や盆踊りは黙認された。

明治時代になると盆踊りは岐阜県令から「盆踊り禁止」の通達が出されて、一時衰退する。大正時代になると町民の間から盆踊りを復活させようという動きが盛んになり、「踊り保存会」が設立され、郡上踊りの種目が決定された。1925年（大正14）には囃子屋台、踊り手拭いがつくられ、8月14日から17日の間を徹夜で踊ることとなった。また、1932年（昭和7）には各縁日に郡上踊りを開催することを決定した。しかし、太平洋戦争の開戦によって戦時統制が始まり、郡上踊りは「銃後の総親和・体位向上」の翼賛運動として踊られるようになった。戦時中は益々統制が厳しくなり、郡上踊りは衰退していった。

戦後の1946年になると10年ぶりに縁日で郡上踊りが復活し、保存会は「川崎」など9曲の踊りを限定して再開した。その後、縁日踊りや徹夜踊りが毎年7月から9月にかけておこなわれ、1960年には観光客を対象に「踊り免許状」を保存会が審査して交付している。郡上踊りは1978年に国の選択重要民俗文化財（古調川崎）、1996年には国の重要無形民俗文化財（郡上踊）として指定されている。

現在、郡上踊りは、7月の第2土曜日に「踊り発祥祭」（図15）が旧役場前広場でおこなわれて開幕し、9月の第1土曜日の旧役場前広場でおこなわれる「踊り納め」で終わる。その間、暴風警報等の警報が発令されない限り、32夜の各町内の縁日に合わせて郡上踊りが開催され、とくに8月13日から16日の盂蘭盆会の4日間は徹夜踊りとなり、踊り会場は踊り客と観光客であふれる（図16）。

八幡町北町地区は、2012年12月28日に岐阜県で6番目の「伝統的建造物群保存地区」に国から選定され、「踊りと水の城下町」として名実ともに岐阜県を代表する町となった。

さらに、郡上市では、2011年に『郡上かるた』（図17）を制作し、市内の小中学生に広く配布し、観光みやげ用などとしても一般に市販して、郡上市をもっと知ってもらうために「郡上かるた大会」を毎年おこなっている。

（馬淵旻修）

図15　現在の郡上踊り発祥祭（郡上市役所提供）

図16　郡上徹夜踊り（郡上市役所提供）

図17　郡上かるた（チラシ）

Part 8

女城主の城下町・岩村

——廃線地をたどる

江戸期の佇まい残す城下町

女城主とはこの地における織田、武田の抗争により翻弄された織田信長の叔母で遠山景任に嫁したおつやの方をさす。おつやの方はのちに信長の五男御坊丸を養嫡子として迎え、病没した城主遠山景任にかわり武田方の秋山晴近との攻防戦に臨むが、破れて降伏する。降伏にあたっては秋山晴近に嫁すという条件を呑まされるとともに養子御坊丸を人質として甲斐に送ること も強要された。状況を知り憤った信長は嫡子信忠を派遣して岩村城の攻略を開始する。半年の攻防で城は落ち、おつやの方と秋山晴近ら五人は信忠の陣地（現在の大将陣公園）で磔の刑に処せられた。ここに遠山氏本家は滅びたのであるが、城下町岩村はこのような悲惨な歴史を背負っているのである。

女城主の悲劇の舞台となった城下町岩村を含めた一帯は地形的にみてみると屏風山断層により形成された傾動地塊の南斜面と恵那山断層の断層崖とに挟まれた北東から南西方向に延びる狭い断層角盆地である（図1）。

断層角盆地は水系の異なる小盆地に分けられ、最盛期にはこれらを遠山一族が分割支配し子城の合計は18におよんだという。よく知られている江戸町奉行遠山金四郎の本家は旗本として存続した明智遠山氏で、町域のなかばが盆地南西部を占める明智町にその陣屋跡も残っている。支配地

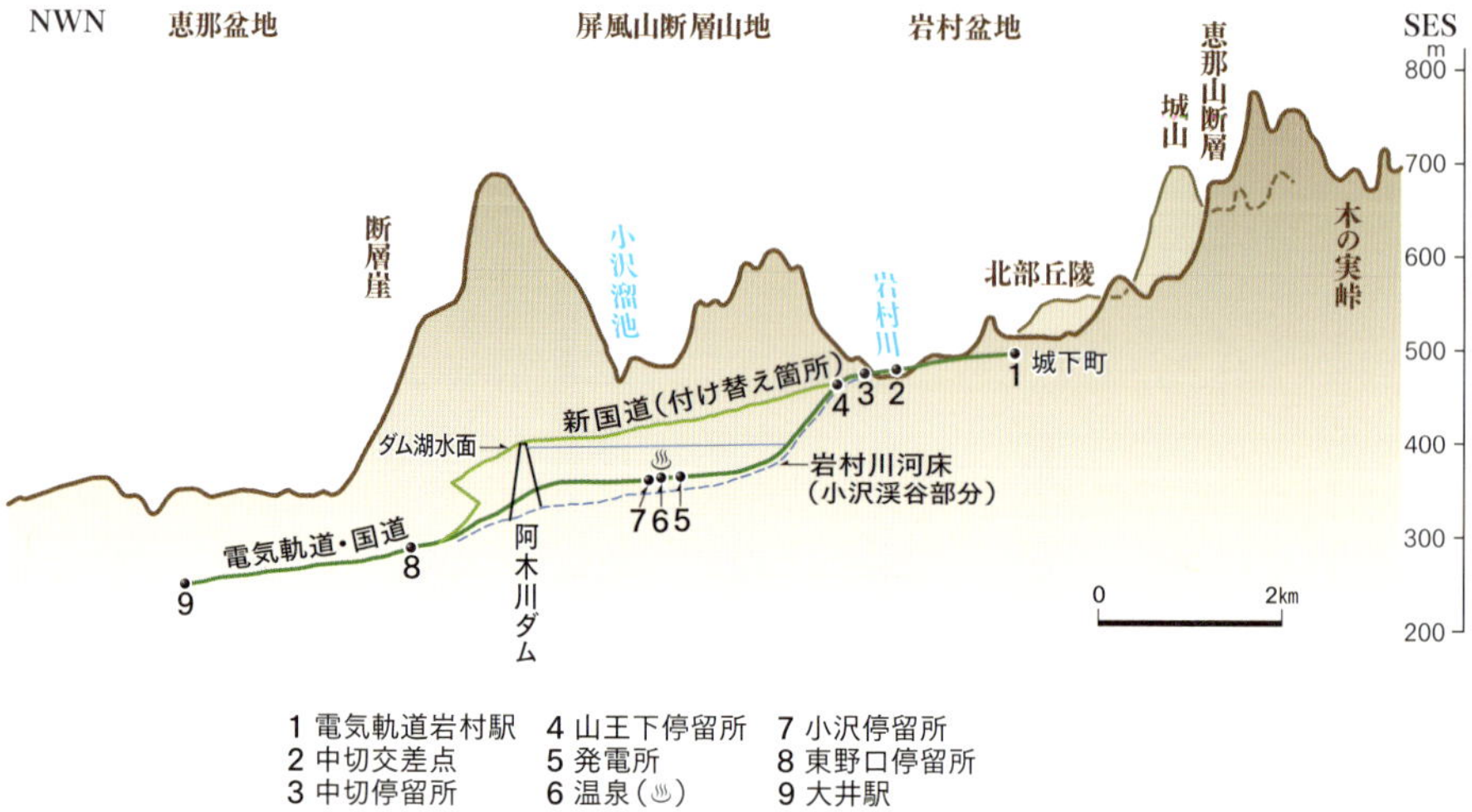

図１　地形断面図

は盆地を越えて木曽川の北部地域にまでおよんだが、この地は幕末まで大名として存続した苗木遠山氏が支配した。

岩村の城下町としての起源は遠山荘にさかのぼる。遠山荘が歴史に最初にその名を示すのは、源頼朝が伊豆で源氏再興の旗揚をした際に大きな働きを見せた加藤景廉に恩賞として与えられた時点にはじまる。景廉は鎌倉にとどまり、実質的な支配は代わって赴任した長子景朝が開始し、景朝は性を加藤から遠山に改めている。

現在の岩村町西部には中世の荘園制を推察させる領家と一色という字名が存在する。これを根拠にして遠山荘の支配初期には領家の一角にある小丘陵の麓付近に寝小屋が存在したという説がある。承久の乱（1221年）に加担した一条信能が景朝に伴われてきて処刑された場所が居館外地とされる相原の地（近世城下町南外れ、現在の柳町の若宮社）にあたることも根拠の一つとされている。一方、城山の北方に位置する大円寺（現在の字地名）に根小屋があり、遠山の荘の中心であったとも主張されている。根拠としてあげられているのは建武年間（1334〜1345年）に遠山氏が勧請した禅宗寺院の大円寺の存在、その近くに残る古市場という字名と出土する当時の古銭などである。この北西一帯に広がる水田地域は富田と名づけられていることから推して、おそらく盆地内の開発の進行とともに最初の支配中心である領家から移転したのであろう。季節を問わず豊富な湧水のある霧ヶ井と名づけられた井戸のほか16の井戸の存在や連続する急峻な尾根の先端部だが鞍部《あんぶ》が存在することで独立丘陵状の城山（岩村城）の防御機能の優位性を考慮したこともその理由であろう。ここからは近世前の大手筋とされる俄《にわか》坂を経て城山の砦（岩村城）

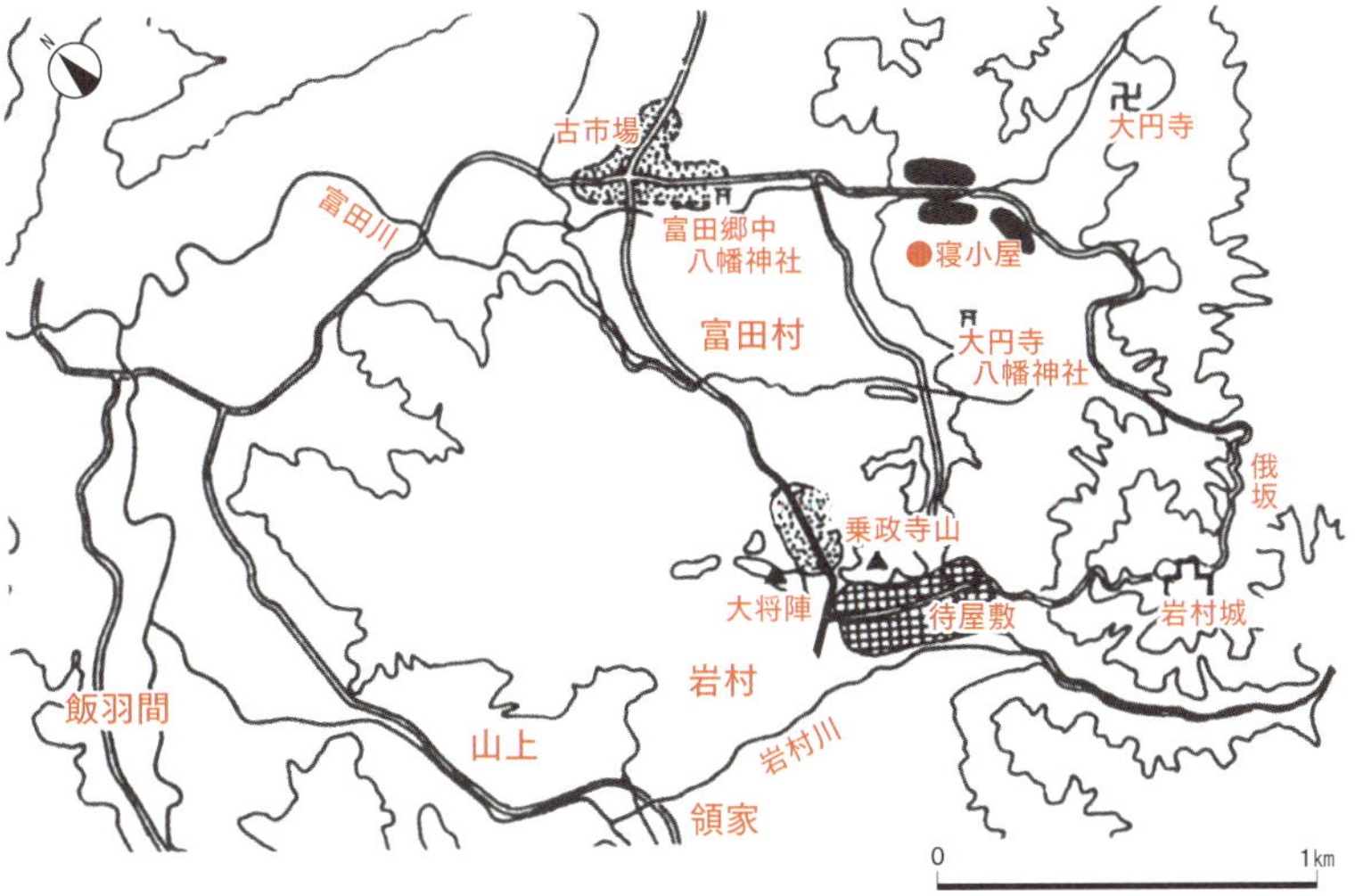

図２　岩村城下概略図（『岩村城下町伝統的建造物群保存対策調査報告書』岩村町）、以下『伝建地区報告書』と略記）

図３　岩村城下町全景　武並神社より東方向に撮影（『岩村町史』）

図4　城址二の丸東6段積石垣（2015年5月）

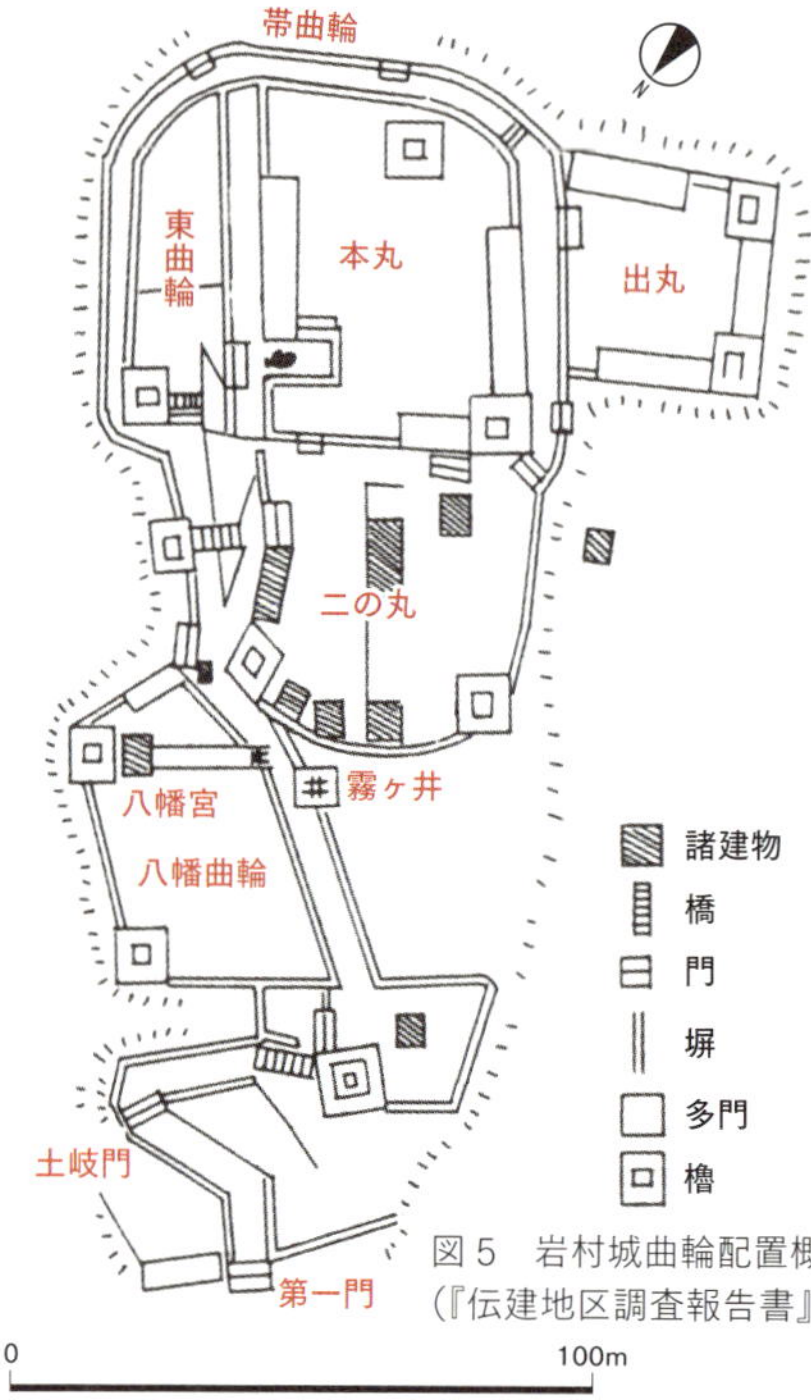

図5　岩村城曲輪配置概略図
（『伝建地区調査報告書』）

に達するが、両者の位置は離れすぎており後の城下町移転の原因にもなっている。大円寺一帯は岩村城をめぐる織田、武田の攻防のなかで武田方の秋山晴近に焼き払われている（図2）。

岩村城は日本三大山城の一つといわれ国内最高地点（海抜717m）に築かれているが、当初から天守閣はなく廃藩置県の際に櫓や門などの城郭施設は払い下げられ、他の山城ほどアピールするものがない。霧ヶ城という別称のようによく霧に覆われるが、兵庫県の竹田城のように盆地に広がる霧の上に浮ぶような光景もみられない（図1、3）。

今は石垣のみが残る城が本格的な近世城郭となるのは武田勢との攻防の結果、城を奪い取った信長が1575年（天正3）に派遣した川尻鎮吉《しずよし》による改築に始まり、ついで城を与えられた蘭丸にはじまる森氏3代の城代である各務兵庫が1582年（天正10）に入部し完成させたといわれている。

図6　一部復元された藩主邸（2011年9月）

城郭は北側の大円寺方面からの登城口を西に変え、麓の藩主邸脇を上った一の門、次の土岐門からはじまる。その先の押切（空堀）に掛けられた跳橋《はねばし》とつなぐように設けられた三重櫓を擁する大手門を経て、尾根の頂部の地形に対応した四つの郭が構築されている（図4、5）。

多くの山城と同じく藩主邸は新たに麓の城下町が一望できる位置に設けられた。廃藩後の1881年（明治14）に施設は全焼したが、1998年に交付されたふるさと創生基金により北西角に角櫓（太鼓櫓）と正門が復元された。創設の早さが全国十指に入る藩校知新館の正門も移築されており、武家文化の伝統を引き継ぐ薪能も年1回おこなわれている（図6）。

大手筋の移動により城下町も現在の地に建設された。新城下町は城郭により近く、東から木の実峠を経ておこなわれた侵攻の再発を想定して盆地東端部に計画された。また、飛騨高山、越前大野などの山間盆地の城下町と同様、盆地内の農地をできる限り確保するために必要以上には拡張させない策もとられている。この建設も川尻鎮吉により始められ、1601年（慶長6）の松平家乗（大給松平氏）の転封により本格化し、その子家寿によって完成されている。

武家地は藩主邸の麓（西）で岩村川と北側に延びる丘陵との間に設定された。現存する武家屋敷は8戸のみであるが、武家地の名残はいくつかの字名に残されている。中心は名前から連想されるように藩主邸西側の殿町でおもだっ

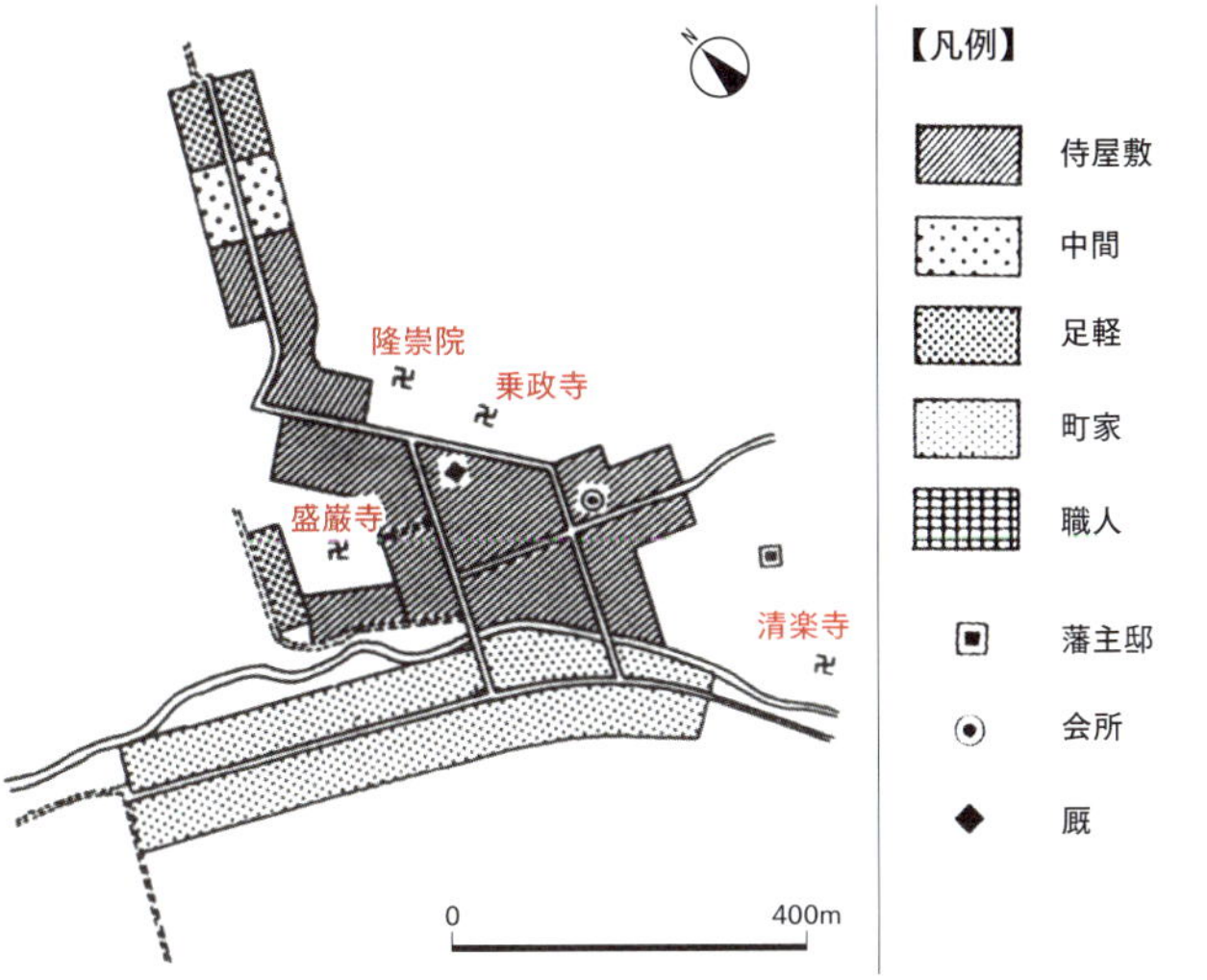

図7　正保年間城下街区割（原図：城絵図〔正保年間〕内閣文庫蔵、『伝建地区調査報告書』から）

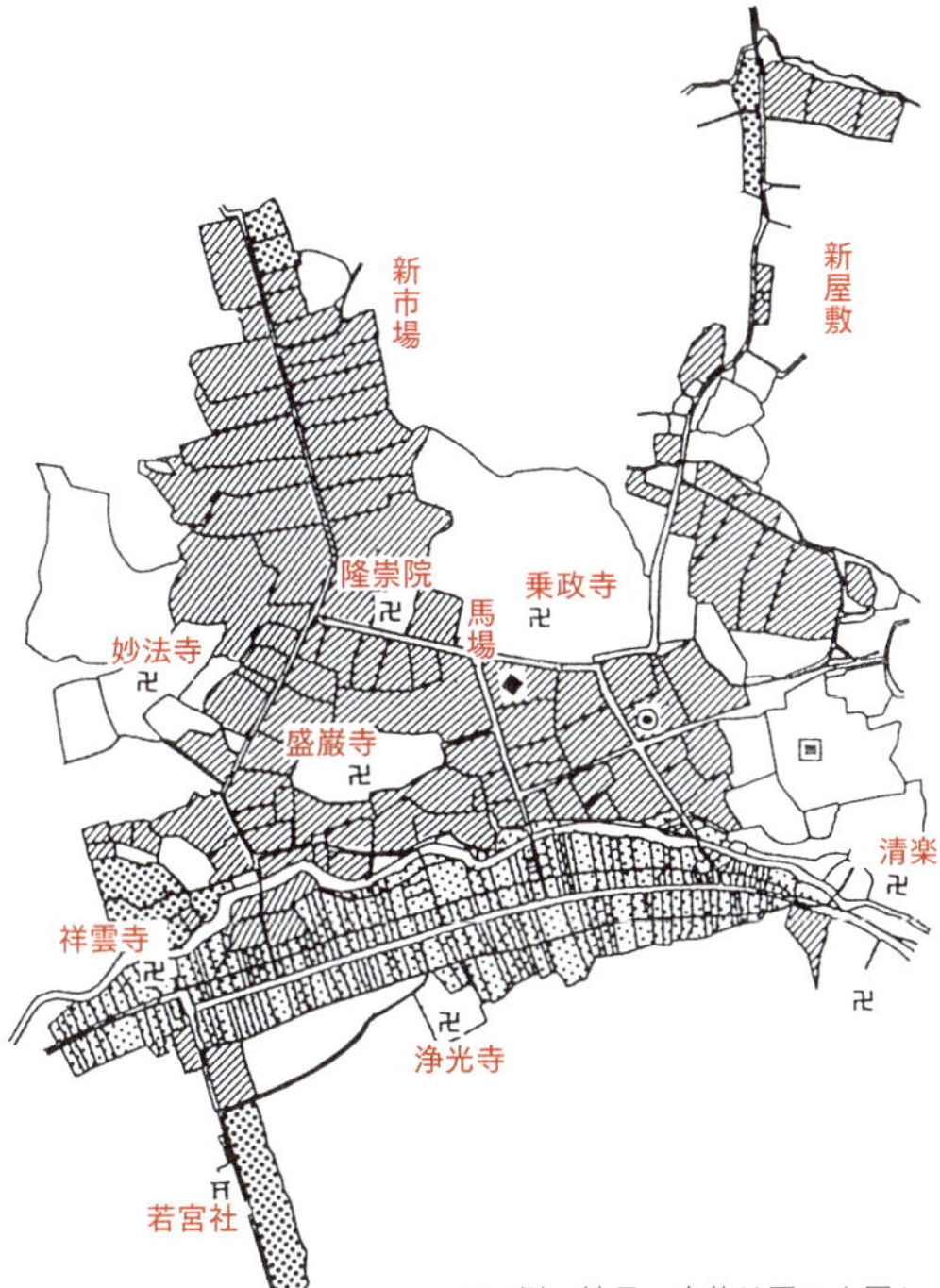

＊凡例・縮尺・方位は図7と同じ

図8　明和年間城下街区割（原図：屋敷町屋分間図〔明和年間〕恵那市岩村町蔵、『伝建地区調査報告書』から）

た武家屋敷が存在した。殿町北側の丘陵の麓には馬場という字名が残る。馬場は幅6・3mで城下町の主要道路よりも広く長さ240mの直線状を呈している。これに接する丘陵南斜面には攻城に対する備えも兼ねた藩主の菩提寺である乗政寺（廃寺）と隆宗院（移転）も建立されていた。馬場の端は直角に折れて丘陵の鞍部を北に超えた新市場という字地域と結ばれており、足軽屋敷を含む侍屋敷が設けられている。道路北端は直角に曲げられ防御への配慮がみられる。おそらく大円寺地区の古市場より新しく成立した商いの場であったろうが、新城下町建設にあたって新たに武家地として振り分けられたと考えられる。同じく殿町の北東で北部丘陵の鞍部を越えた場所には新屋敷という字名がみられる。城下町が拡大して文字通り新たに分け与えられた武家地なのか、新田開拓集落を武家地に替えたものか判断しがたい。外れには白山社を置くなど防備のための社寺配置も考慮されている（図8）。

　このほかに江戸町という字地域が存在する。既存の武家屋敷の北西端には妙法寺が置かれ、これと下横町を結ぶ線が段差による地形境界で正保年間までの武家地の限界であった。これより低い西側の江戸町はその後、新たに武家地とされた。現存する武家屋敷のうち三軒がここに存在する。

　町屋は岩村川の南側の道路の両側に建設され、東（岩村川上流）から西（下流）に向かって上・中・下町とそれぞれの横町からなっている。

　交通条件等に恵まれていない盆地に位置するため城下の

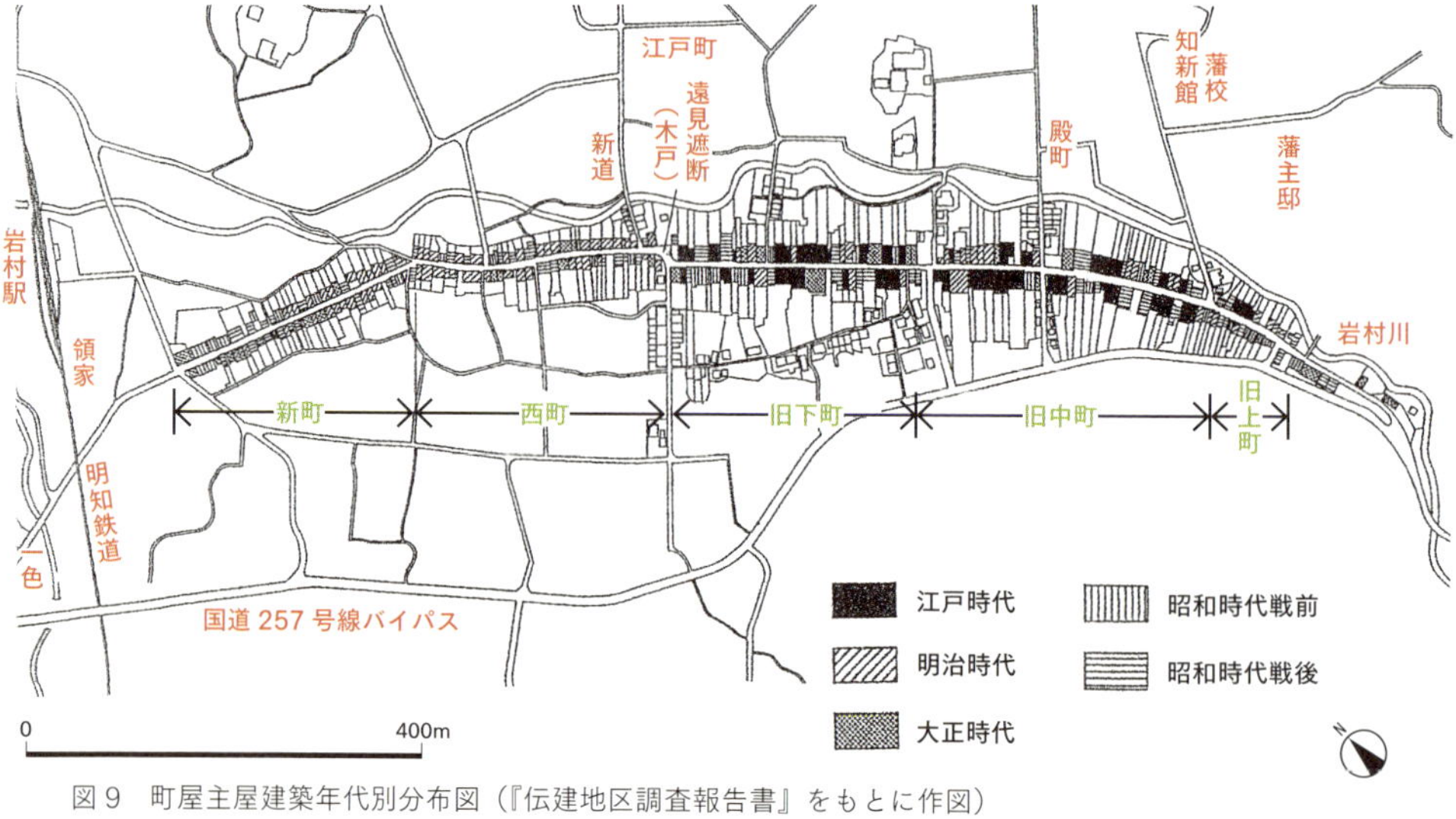

図9　町屋主屋建築年代別分布図（『伝建地区調査報告書』をもとに作図）

町人町に地域経済の中心的機能を充実させるべく歴代の藩主は前支配地から商人を引き連れてきたり、改めて呼び寄せるなど経営にも腐心してきたようである。記録によれば時代とともに活発化する商業等により下町の西には外町が設けられた。1703年（元禄16）の指出帳によれば町家数は城下全体で260戸、本町（上町中町下町と各横町）、外町（現西町）の合計が165戸で、それ以外は外町に続く道路沿いに点在していたようである（図7、8、9）。

武家地と同様に町屋地域においても防御は考慮されていた。中心道路の東端には木戸と清楽寺（明治期に武家地の西寄りに位置する盛巌寺の南に移築）が置かれ下町の端は直角に曲げた遠見遮断として木戸と土塁と北側に祥雲寺が設けられた。各横町と武家屋敷との境界となっている岩村川の両岸には木戸が設置されていた（図10）。

図 10　遠見遮断。右は本町筋、手前は柳町（2011 年 9 月）

図 11　町屋（本町五丁目〔旧下町〕勝川家、浅見家〔浅見与一右衛門生家〕付近）（2015 年 7 月）

伝建地区指定にあたって1987〜1988年に実施された調査によれば、現存する江戸時代の町家は本町（旧上、中、下町）と各横町に55軒残り、それは現在の戸数204の26・9％を占めているが、外町にはみられない。代表的町家は木村家・浅見家などのように町役人を務めた有力商家が多く、うち木村家、勝川家、土佐屋が公開されている（図11）。

過去、大きな発展はなく、大火や著しい風水害にもみまわれなかった結果、現在まで大きく改変されずに残った町並みはその歴史的価値を評価され、1998年に全国48番目の重要伝統的建造物群保存地区の指定を受けた。景観保存と町おこしに利用するため中心道路の電柱撤去、土色の道路舗装、バイパス建設による車両の通行規制（一方通行）などが実施されている。

廃線地をたどる

廃線地とは地方としては珍しく早期に建設された岩村電

図12　高村光太郎による最初の浅見与一右衛門銅像（いわむら郷土読本編集委員会提供）

気軌道（1906年〔明治39〕～1934年〔昭和9〕）の線路跡をさす。跡地をたどる前に建設の経緯をみてみる。明治に入り、山間盆地の岩村（藩）も近代化の動きに巻き込まれていく。江戸期の旧態依然の状況では将来の発達は望みえず、衰退は明らかであり、近代化推進のためには新設される鉄道（中央西線）のルートに組み込まれることが焦眉の関心事となってくる。ルートと駅の候補地はいくつかあり、東濃地方では岩村のほか、笠原・駄知・明智、尾張東部では瀬戸、長野県の飯田などが誘致活動をおこなっている。結果的には、いずれも望みかなわず、名古屋から土岐川沿いに北東へ大井（恵那市）と中津川とを経るルートに決定された。この結果に対して藩の町方庄屋を勤めてきた浅見家の9代目当主であった与一右衛門（1894年〔明治26〕から二期途中まで衆議院議員、生家は伝建地区に存続）は次善の策として中央（西）線の大井（恵那）駅と結ぶ鉄道建設を提唱し、私財を投入するとともに当時の有力町民などの協力を得て実現させた。これが岩村電気軌道である。浅見氏のこの功績を顕彰して1919年（大正8）に藩主邸北側の丘陵（現銅像公園）に高村光太郎の手による銅像が建立された（図12）。銅像は戦時中の金属回収令により撤去され長く台座のみであったが、新たに地元出身の彫刻家永井浩（日展作家、日展審査員）製作による銅像が1985年に有志により再建された。

　大井と結ぶ岩村電気軌道の路線は江戸期の道路の踏襲ではなく、新たに屏風山断層山地（傾動地塊）が侵食されてできた横谷（小沢渓谷）の中腹を開鑿して完成させた。難工事が予想されたが、距離が短く、峡谷に流れ込む岩村盆地の河川水を取り入れる水路式発電の電力を動力として利用する意図もあった。電車の運行が停止する夜間の電力は周辺地域の電灯普及をも目的としていた。2年余りの難工事を経て1909年（明治42）に全国で15番目となる岩村―大井間の電車鉄道が開通した。当時の時刻表によれば運行数は岩村発、大井発ともに午前5本、午後4本、始発時刻は両駅とも午前6時0分、終電は岩村発午後6時20分、恵那発は7時30分となっている。

　以下、岩村電気軌道の路線跡をたどってみる。始発駅は第三セクターとなった明知鉄道（旧国鉄明智線）岩村駅南に位置している（図13―1、図1―1）。線路は岩村川の左岸と丘陵との間を、中切の交差点（図13―2、図1―2）までほぼ北に延びている。ここから終点の大井（恵那）駅までの軌道には馬車道と呼ばれた道路が併設されていた（図15、

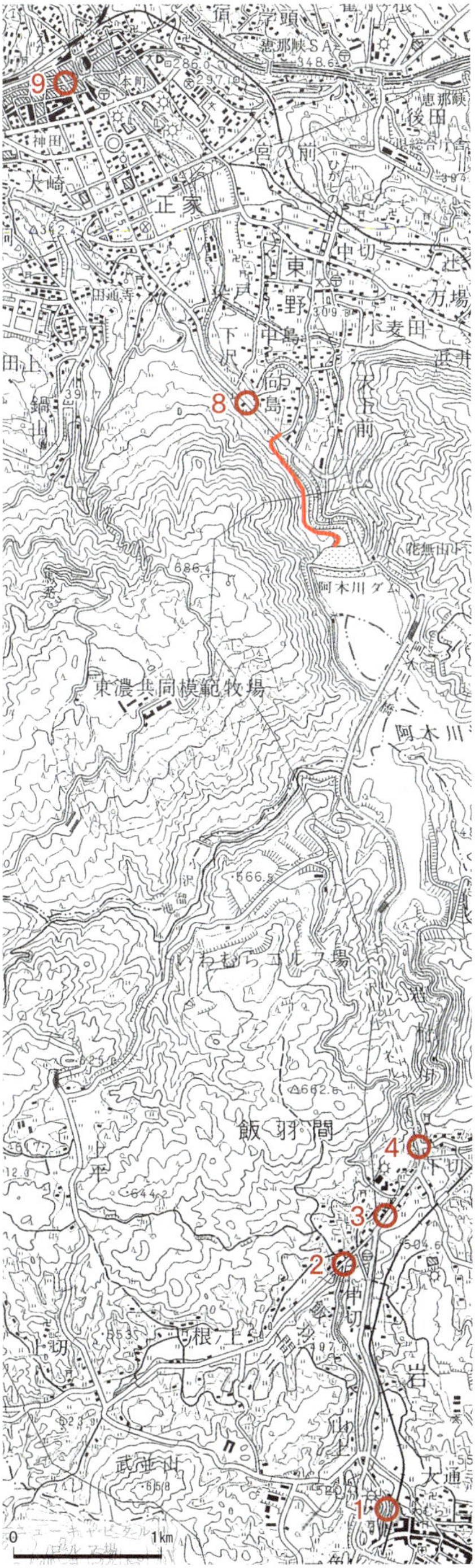

図 14　1/5 万「恵那」2001 年修正

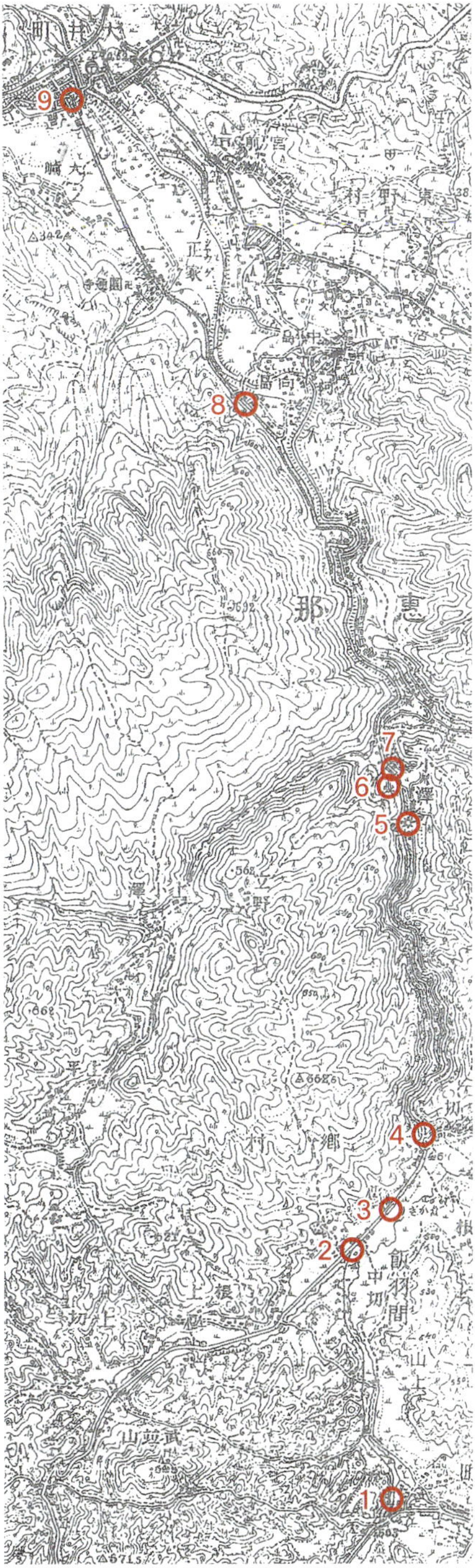

図 13　1/5 万「岩村」1911 年

16）。当初は資材搬入のために建設され、後には新道として利用されたが、電気軌道と馬車道の二つをあわせた幅は自動車のすれ違いが可能であり、1934年（昭和9）の国鉄明智線開通により電気軌道が廃線となった後は国道257号線への転換が円滑に進められた。電車軌道だけのこの区間はそれゆえに国道に変換されなかったが、生活道路として今も利用され、当時を偲ばせる「電車道」という名称で呼ばれている。道（軌道）幅は約3・5mと狭くて自動車のすれ違いはできず、走行時には常に対向車の確認が不可欠である。そのため、かえって一部は東海自然歩道に編入されている（図17）。

中切から下切の山王（神社）下停留所までは水田地帯を北北東方向に最短の直線ルートで建設されており、途中に当初はなかった中切停留所が設置されている（図13—3、図1—3）。

次の山王下停留所（1911年〔明治44〕測量の旧版地形図では仮製版で記載されていないので位置を示す）（図13—4、図1—4）から東野口停留所までは小沢渓谷斜面中腹を軌道が延びている。

電気軌道跡を転換利用した旧国道257号線は、1990年に完成した阿木川ダム貯水湖（図18）の水面、海抜約405m以下の区間は付け替えられている（図1）。山王下停留所の下流地点につくられた発電用の取水口も一部が残されており旧国道からは見

図15　山王下の電気軌道。通過電車とその後方に不鮮明だが2頭立荷馬車と馬方の姿もみえる（恵那市提供）

図16　山王下の現状。白いガードレール部分が旧国道（電気軌道）である（2015年3月）

図17　電車道（右手前東海自然歩道案内標）。左奥のように道幅はほぼ自動車1台分しかない（2015年5月）

ることができた。小沢渓谷のほぼ中間の軌道（旧国道）沿いには発電所が設けられ、1920年（大正9）に矢作水力電気軌道に吸収され使用を終えて、廃墟化した建屋もここを通る際にみられたが、現在はダム湖に沈んでいる（図13—5、図1—5）。

旧版地形図からは発電所近くに設けられた小沢停留所と温泉も確認できる（図13—6・7、図1—6・7）。小沢温泉は鉱泉で地元住民の湯治利用を主としたひなびたものであったが、岩村電気軌道はその利用拡大も意図していたようである。小沢温泉を含めた付近の民家は電車開通とともに真っ先に電灯導入の恩恵も受けている。

恵那山断層の断層崖下（北側）に位置する東野口停留所（図13—8、図1—8、図19、20）で峡谷は終わる。電気軌道はここから大井駅（図13—9、図1—9）までを北北西に直線状に走り、廃線後の跡地は旧国道257号線を経て新国道として利用されている。東野口停留所の岩村よりに位置する向島の交差点から阿木川（旧発電所より下流は合流により河川名を変える）左岸沿いのダム基底部までの約500mの間は電気軌道（旧国道257号線）跡として残っており、ダム見学などの観光用道路として利用されているが、地形図には記載されていない（図14赤線部）。

（原賢仁）

図18　阿木川ダム湖。左手水面下に旧国道（電気軌道）が没している（2011年9月）

図19　東野口（向島）停車中の電車。背景は花無山（恵那市提供）

図20　東野口（向島）から上流側をみる。信号より先が取付道路（新国道）。右折する道路が電気軌道（旧国道）右奥の林の上にダム堰堤の頂部の一部がわずかにみえる（2015年3月）

Part 9

生きている博物館・高山

——下下の国から観光都市へ

貧しかった飛騨の国

　飛騨は東に北アルプス、西に白山を主峰とする両白山地、中央に1500m前後の山々が広がる山また山の山国である。平地は標高550~600mの高山盆地をはじめ古川盆地や萩原盆地があるくらいである。全体に標高が高く冷涼な地域であり、飛騨北部の富山県境付近は冬になると多量の積雪を見る日本有数の多雪地帯でもある。

　このような土地ではあるが、縄文・弥生時代の遺跡は広く分布し、人々が早くから住んでいた。飛鳥時代になり、大化の改新（646年）によって日本各地が国情に基づいて、大・上・中・下の四区分に割付けされたとき、飛騨は島国の対馬や半島の伊豆などとともに最下位の下国に位置づけられた貧しい土地であった。農民たちの主食の多くは稗・粟などの雑穀であった。江戸時代中期になってもその貧しさはかわらず飛騨代官だった長谷川忠宗は『飛州志』に、農民たちは稗・粟・芋・麦・大根・蕪・小豆など雑穀類のほかに栃や栗・楢の実（どんぐり）の木の実を混ぜ、増量して食べたことを書き、さらに、稗の実をとった残りの皮や小麦の皮までも粉にして食べたことを記している。

町の原形ができた金森時代

　戦国時代の飛騨を統一したのは三木自綱《よりつな》であり、1579年（天正7）のことであるが、その統治期間は短かった。

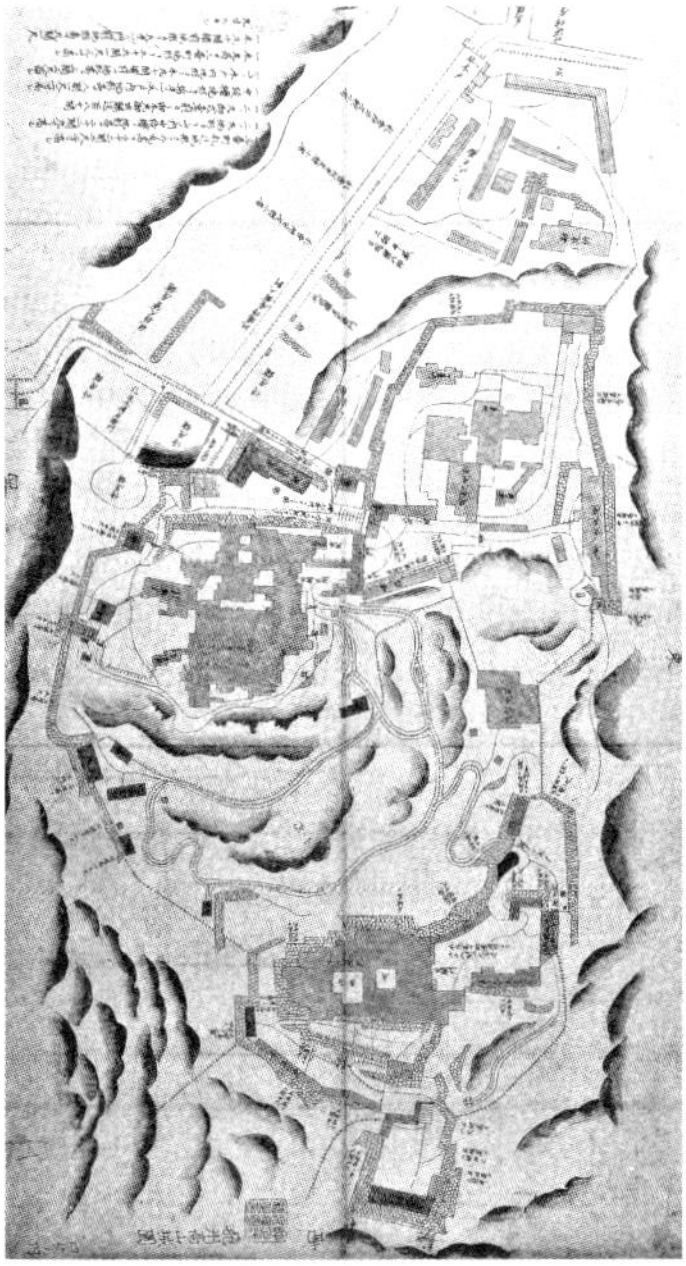

図1（右） 高山城絵図（出典：高山市教育委員会『高山の古地図』）

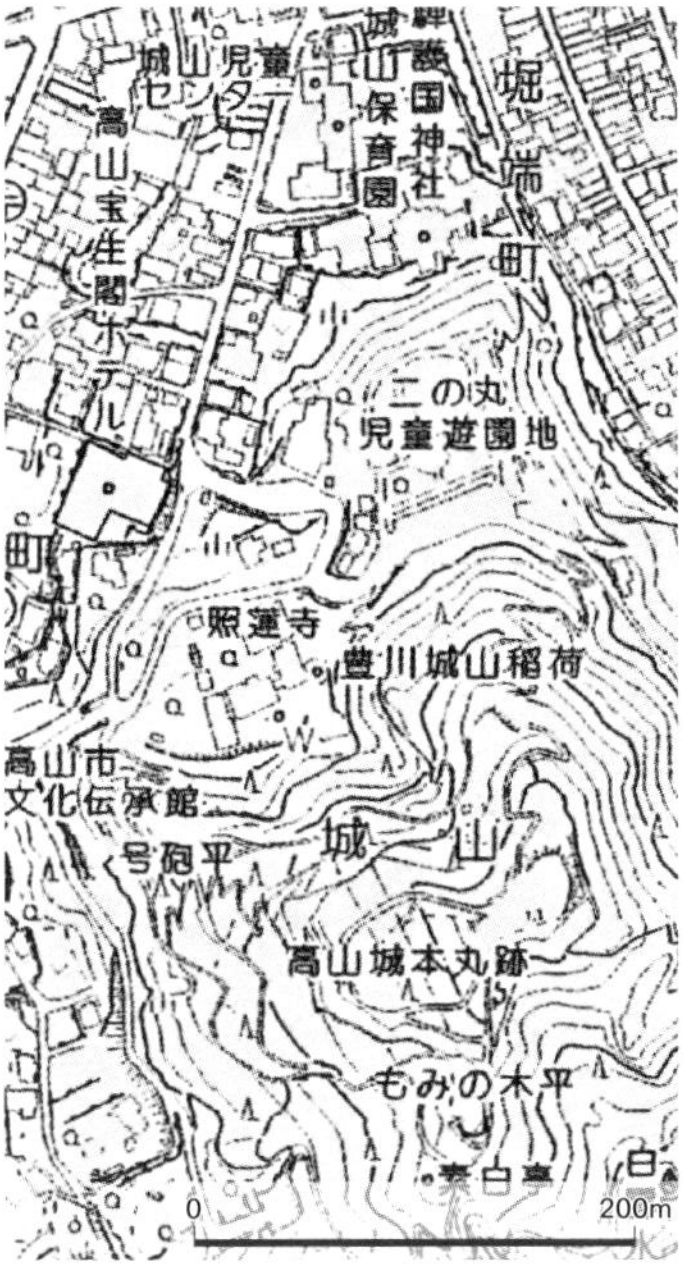

図2 1/1万「高山市街図」平成20年編集

統一後7年にして豊臣秀吉の武将金森長近によって滅ぼされたからである。金森氏は城山に高山城を築城し、城下町をつくって飛騨を支配したが、高山の町の原形はここに形成されたのである。その治世は出羽上ノ山へ転封される1692年（元禄5）までの6代107年間にわたって続いた。

城は標高687・6mの城山に、1590年（天正18）から16カ年かけて築かれ、城下町は城の北辺の平坦地につくられた。幕末期の地役人だった富田礼彦は「…高山外記の舊塁を點検し、山腹を切拓き、二の丸とし、北麓を堀平均して家士の邸地とし、今の馬場屋敷畑地、其土を運ばせ、乾麓の低地を（古へは宮川東の方廣き川原なりしと）埋平均して、阡陌を開き、市井を營」（『斐太後風土記』第一巻）と書いており、城山の北斜面を階段状に削って二の丸・三の丸をつくり、削ったときの土砂で宮川東岸部の広い河原を埋めて町造りをしたことを紹介している。金森支配末期の高山城を1692年（元禄5）～1695年（元禄8）に描かれた絵図（図1）にみると、城山頂上に本丸屋《や》形《かた》、城山照蓮寺の場所に城主の生活の場である二ノ丸屋形、二の丸児童遊園地に金森六代藩主頼旹《よりとき》の母「庭樹院」の屋形があり、城山保育園の場所に三ノ丸米蔵、護国神社敷地に勘定所が配置されている。三の丸北側にはL字型に堀が描かれている。絵図の下部に「三番町札辻地形ヨリ二ノ丸高サ二十二間二尺・一寸高シ」と書かれているが、その数値は現在の測量値とほとんど変わらず、当時の測量技術の高さをうかがわせる。屋敷などの配置状況なども現在の地形図（図2）と比べると、その正確さがわかる。

金森氏転封後の飛騨は幕府直轄の天領となり、1695年（元禄8）に城や侍屋敷は破却された。城の名残は堀（図3）のほか石垣など一部が残るだけとなったが、江名子川沿いにある東山地区の雲龍寺山門（図4）や素玄寺本堂（図5）、法華寺本堂（図6）は城の建物を移築したものと言い伝えられている。

金森時代中期の城と城下町を描いたものではもっとも古いとされる絵図（図7）で、城下町を概観してみよう。城下町は城の北側にある宮川と江名子川（図8）に囲まれた南北600m、東西500mの範囲にあり、河川が一種の堀の役目をもっていたことがわかる。城下町の東側半分は西側にくらべて約8m高い高台で、江名子川にむかって緩やかに低くなっているが、ここに侍屋敷地が配置され、南北に通る2本の道路があった。

侍屋敷地の江名子川対岸には6カ寺を集中的に配置し、寺町地域を形成している。1588年（天正16）に白川郷にあった照蓮寺（現在の高山別院）が侍屋敷地の北端に移築され、城と向い合わせに配置されたが、ここには描かれていない。当時、飛騨に多くの門徒をもち民衆に大きな影響力をもっていた照蓮寺の移築・配置は、民心の把握に配慮したことが考えられる。

西側の低地は町人地であり、高山周辺にあった旧松倉城や旧鍋山城の城下町の商人たちを移動させている。町人地には南北に通る三筋の道路があり、東から一番丁通、二番丁通、新町と記されている。この地名配列は市街地が東から西へ広がったことを思わせる。金森氏自身も近江（滋賀県）から矢島氏を連れてきて町年

図3　高山城の堀（2015年4月）

図4　雲龍寺山門　高山市若達町（2015年4月）

図5　素玄寺本堂　高山市天性寺町（2015年4月）

図6　法華寺本堂　高山市天性寺町（2015年4月）

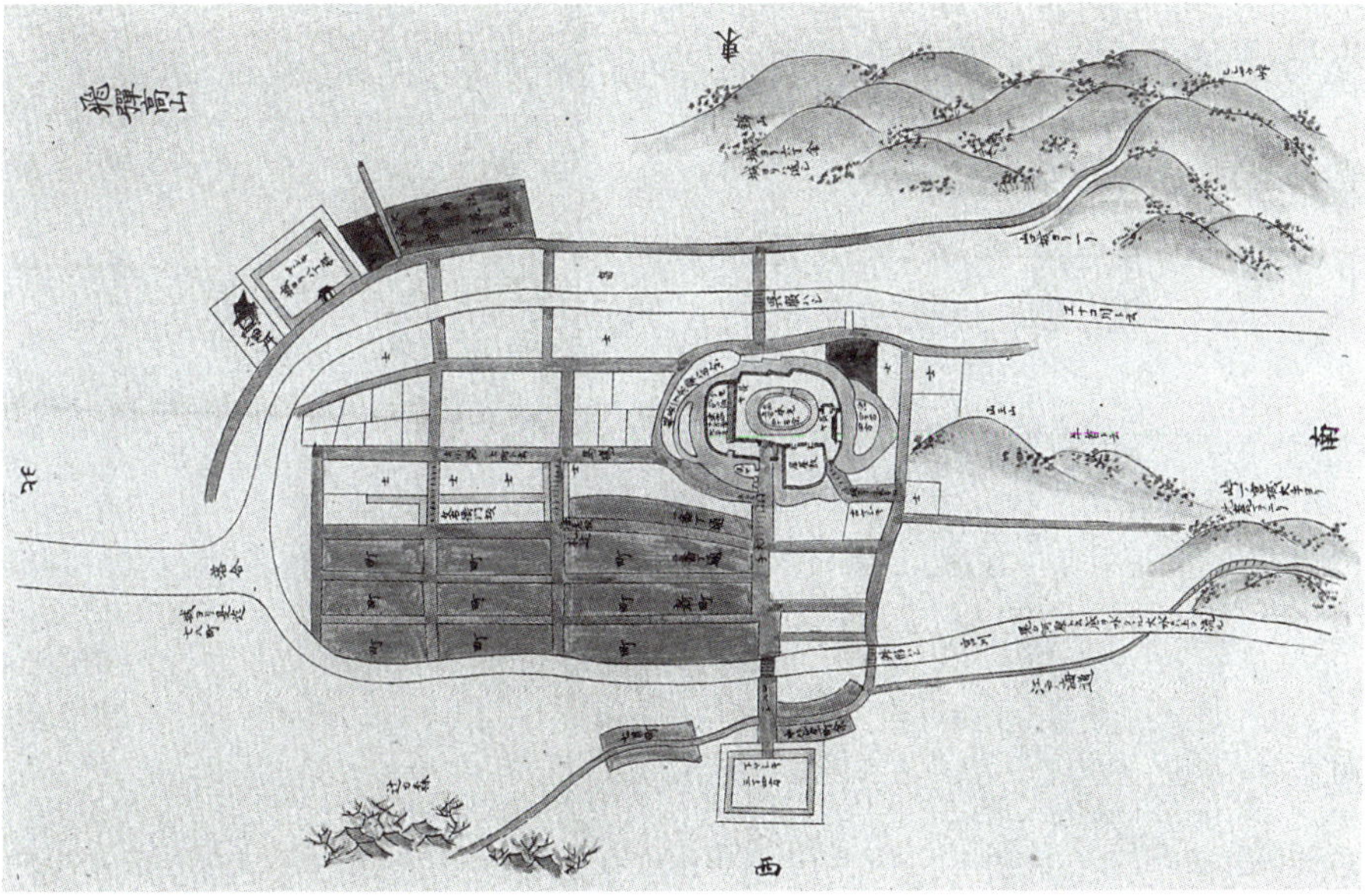

図7　金森時代中期の城下町絵図（出典：高山市教育委員会『高山の古地図』）

図8　堀の役割もした江名子川（2003年7月）

寄りにし、領主と町人の連絡役をさせるなどの配慮をしている。後に町年寄りは二之町に川上家、三之町に屋貝家が加わって、この三家が明治初年まで世襲で勤めていた。宮川の対岸には三代城主重頼の娘三人が住んでいた金森下屋敷があり、ここへの通路として中橋と舛形《ますかた》橋の2橋が架けられていたが、川幅の狭い江名子川に架かる橋は対岸に連なる寺院群を結ぶ呉服橋だけであった。

金森氏は代々茶に関心が高かったようで、二代目の城主可重《ありしげ》の長男重近《しげちか》は京都へ上って宗和流の茶道を開いている。茶のほかに、和歌や俳句・連歌などに関心をもつ領主もいて、民心の把握とともに文化面にも意を注いでいたことが考えられる。「飛騨春慶塗り」もこのような状況のなかで生まれている。

金森時代の中期頃までは宮川と江名子川に囲まれる範囲内にあった市街地は、三代城主重頼時代以降に周辺地域へ拡大している。拡大のきっかけは、三代城主重頼の弟重勝《しげかつ》が分家して左京屋敷を江名子川北岸に設けたことや、宮川西岸に重頼の娘たちの向屋敷が設けられたことが大きいと考えられている。

金森時代後期のものといわれる絵図（図9）には、白川

図９　金森時代後期の城下町絵図（出典：高山市教育委員会『高山の古地図』）

郷から移された照蓮寺も描かれ、侍屋敷にはそれぞれの藩士名が記されている。市街地は江名子川を越えて北側に拡大し、一ノ新町・二ノ新町・下新町ができている。江名子川に沿って藩士たちの住居とともに町屋も進出し、江名子川に架かる橋も増えている。宮川西岸には2カ所の金森家下屋敷のほかに、桝形橋付近に馬場を挟んで上川原町・東川原町・西川原町、三町対岸に向町・下向町ができるなど、市街地は宮川に沿って延びている。川幅の広い宮川に架かる橋は、桝形橋、中橋と町人地の中間に架かる鍛冶橋の3橋だけだった。

　町人地側の高台西端には石垣を示すような模様が描かれているが、高低差の小さくなる照蓮寺付近には描かれていない。急崖の崩壊防止対策工事をしていたことが想像される。江名子川や宮川の城下町側にも石垣模様が描かれ、護岸工事がなされていたようである。中橋と鍛冶橋の間の東岸川と中橋の西側にも石垣模様が描かれている。中橋西側の石垣様の模様は宮川の西岸地が東岸地に比べて低かったから、橋を水平に架けようと盛り土して石垣で補強したものであろうと想像される。

町人の町になった天領時代

　金森氏の転封では主君と一緒に家臣たちも移動したので、高台にあった武家地の建物もなくなった。「侍屋敷破却の跡地は高山本町七百十五軒の者共へ割地に被仰付、…、相應の見取御年貢差上げ田畑に致す」（『飛騨国中案内』）と記されるように、その跡地は高山の町民に分けられ田畑にされている。

　高山に住む侍は多くが陣屋

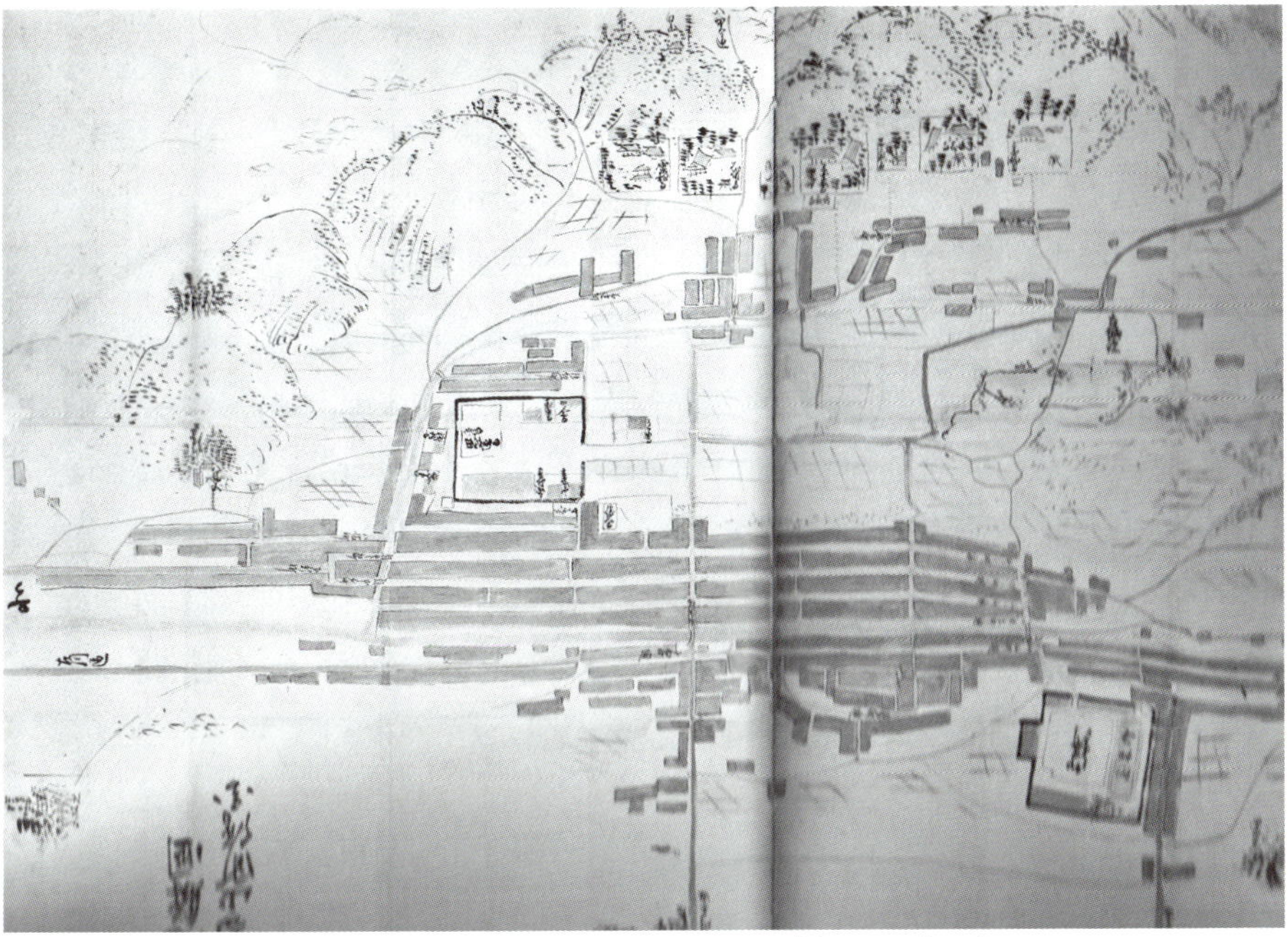

図 10　天領時代前半の高山の町並絵図（出典：高山市教育委員会『高山の古地図』）

図 11　高山陣屋の御門と門番所（2002 年 11 月）

や口留番所・山廻役などに勤務する地役人であり、主に陣屋周辺に住んでいた。人数は八十数人であり、一時期三十数人にまで減少したという小人数であった。高山は住人の大部分が町人という〝町人の町〟になったのである。金森時代にあった舛形橋はなくなり、宮川に架かる橋は中橋と鍛冶橋の2橋のみとなっている。

天領時代になると、江戸との関係が深くなるとともに周辺地との往来もさかんになってきた。絵図（図10）に書かれた街道には、江戸へ向かう街道が阿多野道と記され、中橋を渡って海老坂を上り、江名子川を錦橋で渡り、東山地区の山麓部を通って、久々野境の美女峠を目指している。下呂方面へは川原町・上川原町を通って石浦町へ向う宮道が記され、富山方面へは古川道、郡上八幡や白川郷へは川上道が二筋描かれている。

飛驒を統括した陣屋は宮川西岸の金森家下屋敷の場所に置かれた。当時、全国に郡代・代官所の建物は六十数カ所あったといわれるが、高山陣屋は当時の姿を現在に伝える唯一のものである。現存する建物には、御門や門番所（図11）、御蔵（年貢米倉庫）などがある。1816年（文化13）に改築されたという玄関（図12）に描かれている青海波は当時の大名も使用をはばかったものといわれている。陣屋の建物は明治維新後諸官庁の庁舎として使用され、幾つかの建物は取り壊されたが、1929年（昭和4）に国の指定史跡となった。1969年（昭和44）にここを使用していた岐阜県事務所が移転した後、1830年（天保元）の絵図をもとにして復元修理がおこなわれた。1983年に蔵番長屋や郡代役宅、奥座敷などがほぼ復原（図13）され、現在の形となった。

図12　高山陣屋の玄関（2002年11月）

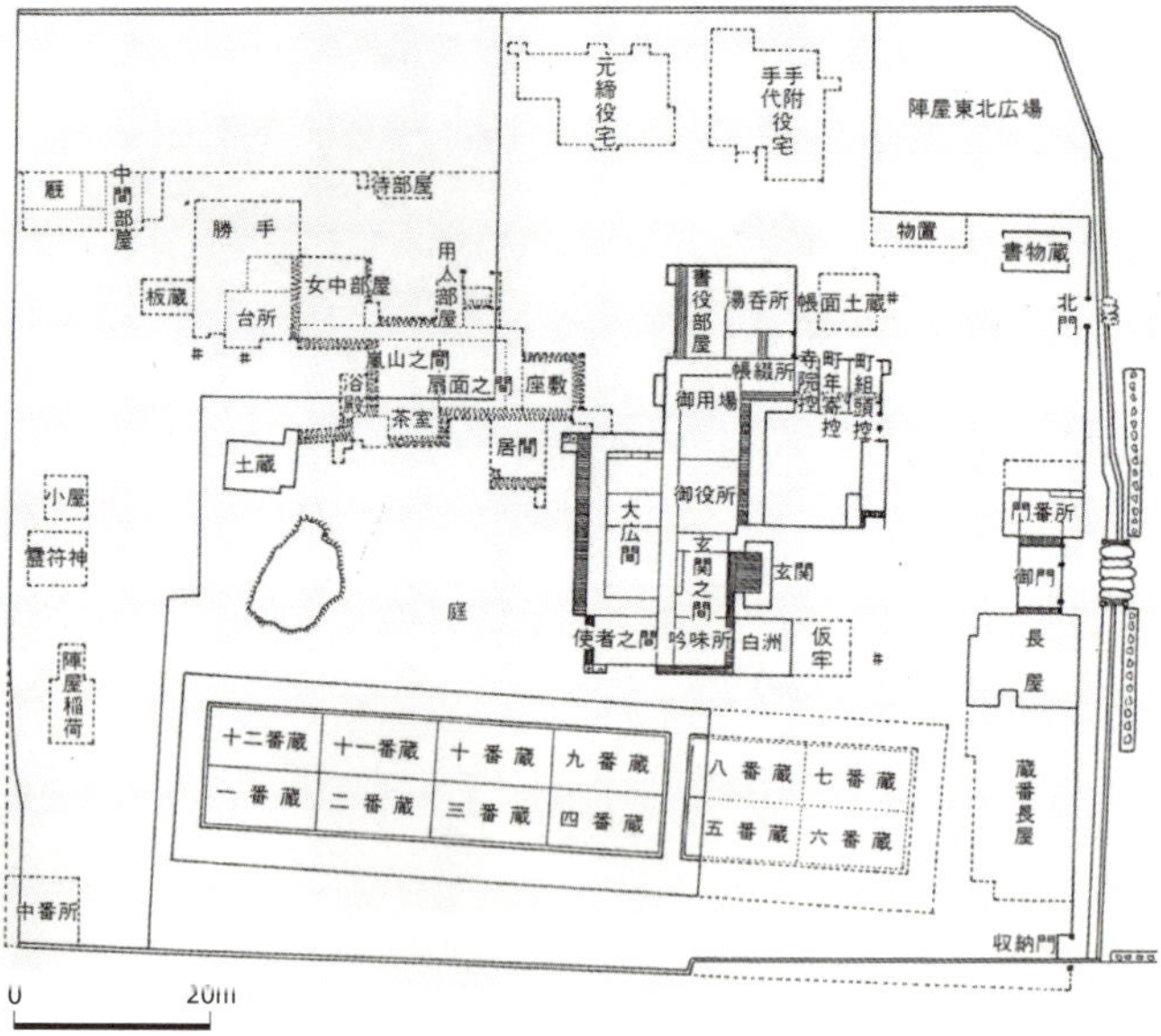

図13　高山陣屋平面図（出典：高山陣屋パンフレット）

天領時代後半になっても、絵図（図14）にみるように高台は畑地のままであるが、畑地を通る江戸への街道沿いに町屋が進出しはじめている。1817年（文化14）「馬場通（注：高台中央部を南北に通る道）私所持の畑ニ古木以ころゑ置小屋取建中度…」（『町年寄日記第一巻』）と、この畑地に肥料置き場の小屋をつくりたいという申し出の記録がみられる。途中で曲がっていた海老坂は1818年（文政元）に直線化されているが、その直線化後の道が描かれている。

三町筋には商家や職人などの家とともに宿屋もあり、富山の売薬人が1カ月ほど宿泊した記録もある。商人たちは本業の商いのほかに近隣の農民たちに金貸しもおこなっていたが、返済できなかった農民が多かったようである。このため農地が商人のもとへ集まるようになり、商人の地主化・農民の小作人化が進んで、商人のもとへ小作米が集まるようになった。商人たちは収入をあげようとして、小作米で酒を造って販売していた。1697年（元禄10）には高山に56軒の造り酒屋があり、

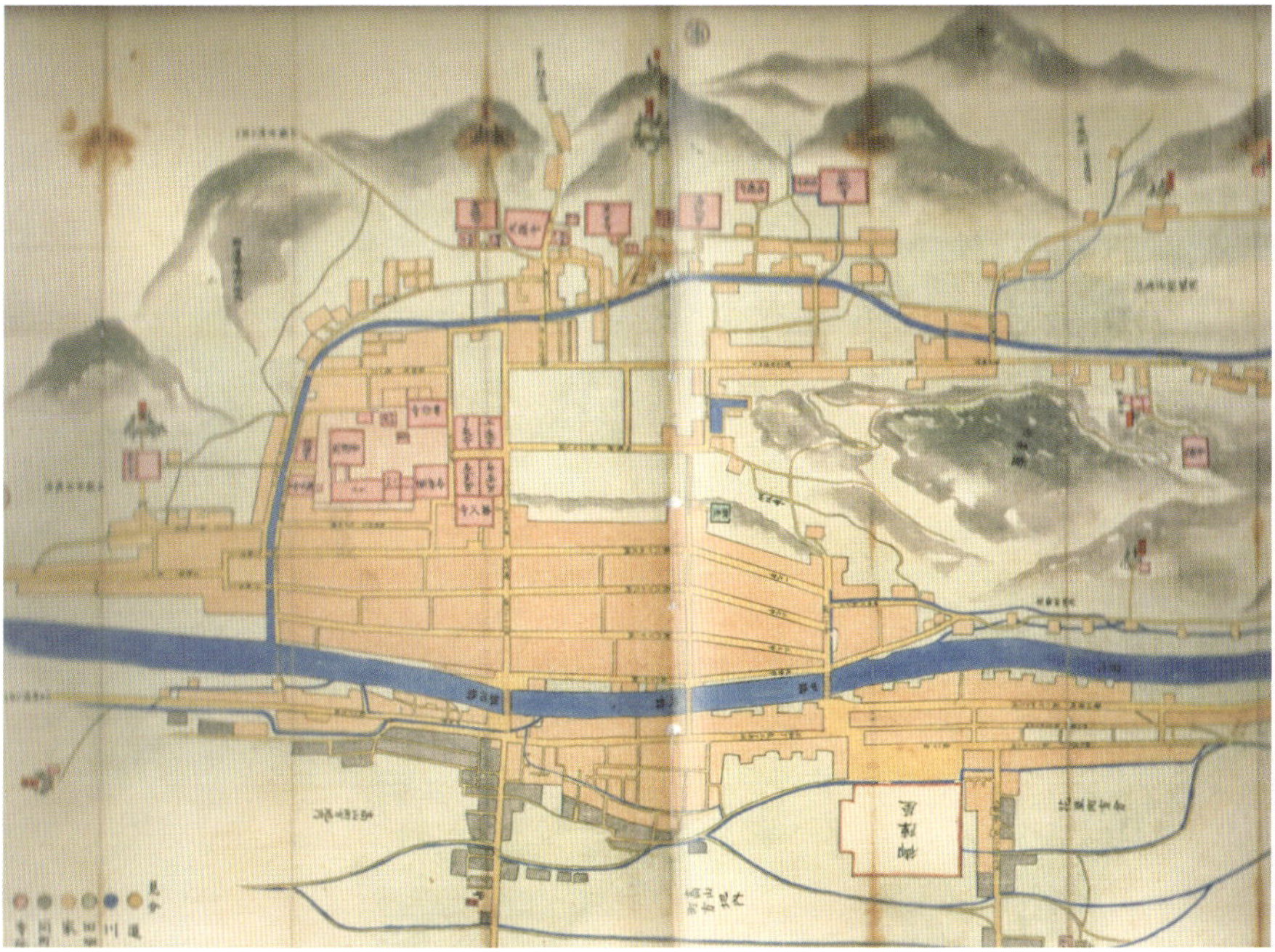

図 14　天領時代後半の高山町並絵図（出典：高山市教育委員会『高山の古地図』）

年間に約550石を生産していた。多くは10石以下の小規模なものだったが、52石を生産する酒造家もあった。酒もよく飲まれたようで、「夜六ツ半時…弐之町上ニ而…娘ニ手差いたし候…両人御召ニ御座候得とも大酒ニ而前後も不知罷居候」（『町年寄日記第一巻』）と、大酒を飲んで前後もわからない状態で娘さんに悪ふざけをしたという記録もある。後日謝罪に行ったが、なかなか許してもらえなかったとも記されている。

　宮川には中橋と鍛冶橋の間に筏橋が架けられて、宮川両岸地域の往来がさかんになったことを示している。また、ゴミについて「中橋辺え塵埃捨不申候様厳重…猶又今朝見請候処両岸ニ捨有之…可捨事候ハヾ川中へ捨候様申遣ス」（『町年寄日記第一巻』）と、中橋付近へゴミを捨てないよう注意したのに今朝も捨てているので、捨てるのなら川に捨てよと指示している。マナーの悪さはいつの時代にもあるようである。

　1746年（延享3）頃の高山三町筋には町家が1618軒あった。「是ハ不残榑葺之家作也」（『飛騨国中案内第三巻』）と書かれているように、家は榑葺き石置き屋根の家屋ばかりだった。このため、火災が発生すると大火になりやすく、1722年（享保7）から1860年（万延元）の138年間に50軒以上焼失する大火が7回も発生している。1729年（享保14）の大火では三町筋が5軒を残して全地域が焼失しているし、1784年（天明4）の大火では三町筋はじめ周辺地にまでも及ぶ大火となり、照蓮寺など11カ寺はじめ家屋2342軒が焼失している。明治期

図16　町屋軒下の秋葉社　高山市三之町（2004年4月）

図15　江名子川沿いの秋葉社（2003年7月）

（1868～）から大正期（～1926）になっても50軒以上焼失する火災は6回もあり、1000軒以上を焼失する大火も起きていた。

1814年（文化11）には防火対策に、町内の住人二人ずつが当番で夜回りを開始している。1844年（弘化元）には江名子川周辺を除く町内各所に夜番所をたてて、町役人が終夜張り番をしていた。防火の神様を祀る秋葉社も各所に祀られ、現在でも市内に70カ所近くもの秋葉社（図15）が祀られている。設置場所の確保しにくい所では町家の軒下（図16）などを利用している。

庶民の生活には、さまざまな制約があった。陣屋周辺では2階建てや土蔵建築が禁止され、華美な建物を建てた時には古木での建て直しが命ぜられた。賭け事は禁止され、碁盤や将棋盤などが没収されている。庶民の生活の苦しさは、1817年（文化14）には1年間で41人もの失踪者がいたことなどからもわかる。「勘十郎丑八十二　勘十郎男子佐治右衛門丑五十六、同人養女みき丑十三、右の者十月廿七日家出仕…困窮の者ニ而袖乞食等ニ罷候哉と奉存候得とも…」（「町年寄日記」巻1）と、82歳もの高齢者や子供を連れての家族ぐるみの失踪があり、乞食に出かけたのではないかと思われるという記述もある。一方、八幡神社の境内では8日間の相撲興行がおこなわれ、盛況であったことが「町年寄日記」巻1に記されている。

役所も民心の把握には配慮していたようで、80歳以上の者を陣屋に招いて酒肴を振舞い、お祝いとして銭6貫文を与えたり、三つ子を出産した者には銭50貫文を手当として与えたりしている。

新しい息吹の到来

明治維新による文明開化の波は、遅ればせながらも交通不便な僻遠の高山にも到来した。1888年（明治21）に発行された『商工技勢飛騨の便覧』には、新しい息吹を感じさせる絵がみられる。神明町にあった三星製糸場（図17）には洋風の窓や壁面が描かれている。建物の大部分は

図 18　現在も残る三星製糸場の建物　高山市神明町（2003 年 4 月）

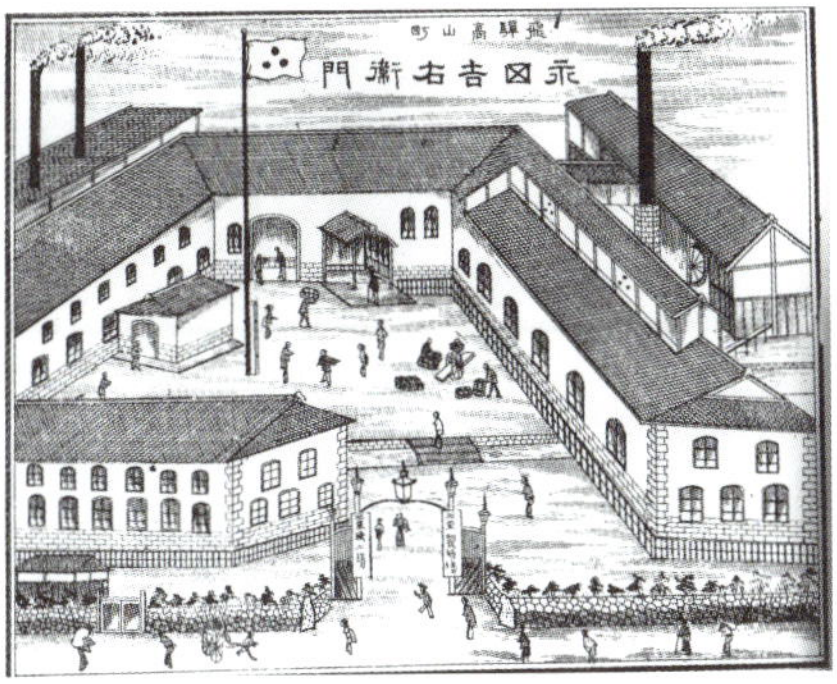

図 17　洋風の三星製糸場（出典：『商工技勢飛騨の便覧』）

図 19　江戸時代と明治時代が混在する店先（出典：『商工技勢飛騨の便覧』）

比較的近年まで残っていたが、現在は図の左側手前部分が残っている（図18）。三之町の「大のや」と書かれた商店の前には、荷車や馬に荷物を載せて運ぶ様子とともに人力車も描かれて、江戸時代の雰囲気とともに文明開花の到来をも伝えている（図19）。

明治期の市街地の範囲は天領時代とあまり変わらなかったが、大正期になると西方へ拡大して旧国道41号付近にまで広がっている。１９３２年（昭和７）に発行されたこの地図（図20）には高山駅にむかって市街地が三角状に拡大しているのがみてとれる。地図発行後の１９３４年（昭和９）に全線開通している鉄道はすでに記入されている。多くの計画予定道路も市街地西部の田園地域には描かれているが、高山駅から鍛冶橋に向かう直線の計画道路の実現はされていない。高山駅からほど近い国分寺通りは、１９３４年撮影の写真（図21）に見るように道路両側に街路灯が並ぶ広い道路であった。開通間近の高山駅への主要交通路を考えてのことと思われる。これに対して、国分寺通りに続く鍛冶橋から東の安川通り（図22）の道幅は大八賀車３台が通れるくらいの狭さであり、江戸時代の名残と思われる。当時の鍛冶橋付近では１日に歩行者１万１０００人、自転車４０００台が通り、荷車６００台、牛馬車80台が通行して、多くの人たちで賑わっていた。荷車や馬車による交通事故もおきていたという。

山地が等高線で書かれているのは、５万分の１地形図が１９１３年（大正２）に発行されているので、その成果が反映されたものである。

市街地西方を蛇行して北流する苔川《すのり》は洪水の多い河川だったので、洪水防止のため河川を直線化して排水をよくする工事がおこなわれていた。

同年発行の別の地図は白川街道付近から下流側をすでに直線化された川で描いているが、現在は市街地全地域での直線化工事が終了している。

周辺農村地域の人々の生活は貧しく、幕末期には各地の製糸工場へ糸引き稼ぎに出かけていた。明治新政府の殖産興業政策により国内各地の生糸生産が19世紀後半から20世紀前半に最盛期を迎えると、飛騨各地から信州へ糸引きに出かける者が多くなった。野麦峠を越えて信州に出かけた

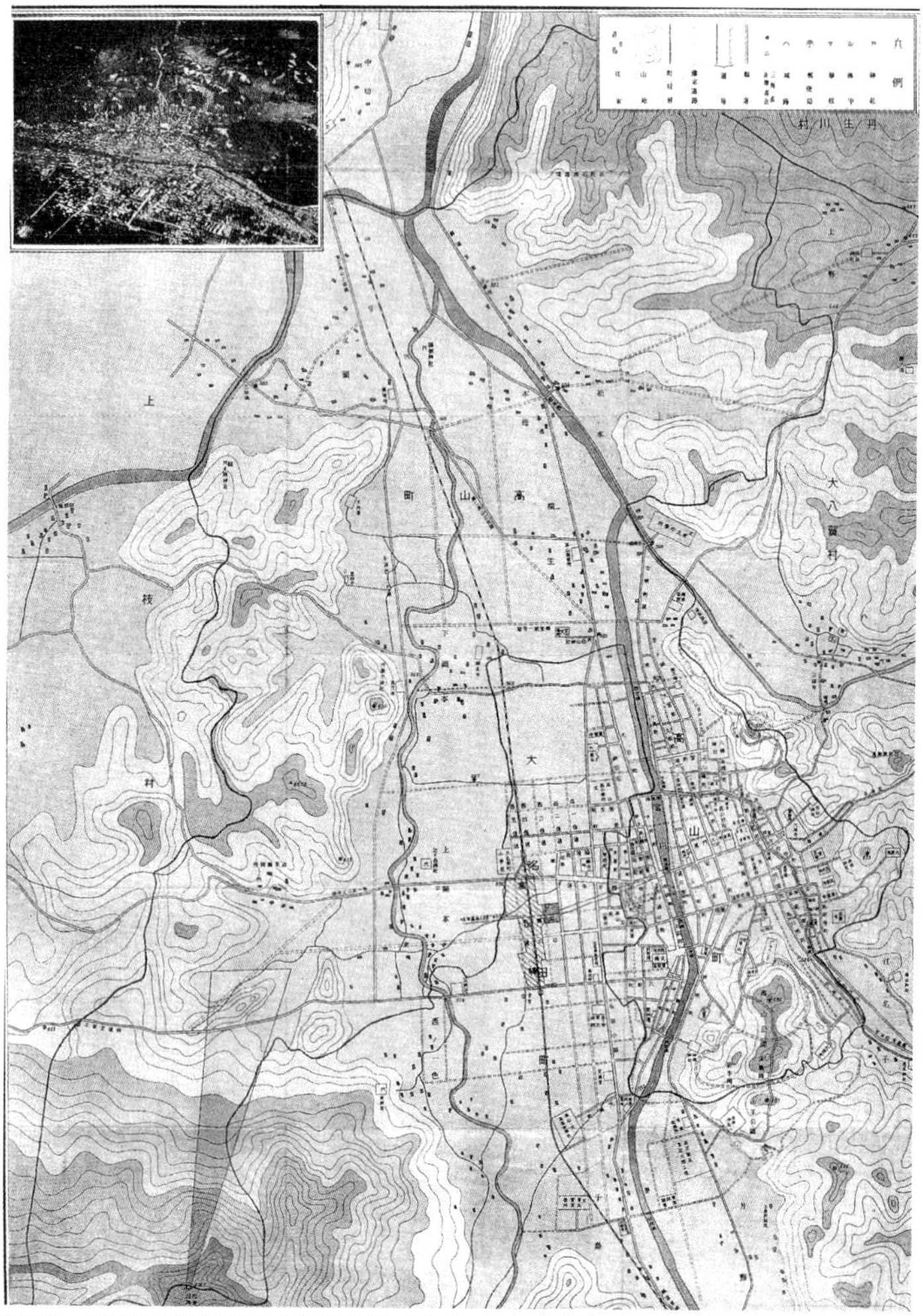

図20　1932年発行の高山市街地図（出典．高山市教育委員会『高山の古地図』）

図21　広い国分寺通り・1934年撮影（出典：『写真で見る飛騨の昔と今』）

多くの工女たちについては、山本茂実のノンフィクション作品『あゝ野麦峠』に描かれている。工女たちの歩いたこの主要街道は、江戸時代後半の1814年（文化11）に飛驒の測量をした伊能忠敬測量隊もこのルートで測量している。地形図作成時の水準点測量もこの街道に沿っておこなわれている。

古い町並とその保存

江戸幕府が飛驒を天領とした理由の一つに山林資源の豊富さがあったといわれるように、飛驒の中心高山には木材関連産業が発達している。なかでも木製家具の代表的産地として国の内外に知られている。第二次大戦時には、木製家具製造企業が家具生産を中止して軍用の木製落下タンクや木製戦闘機の機体製作をおこなっていた。このため米軍の爆撃対象都市にされ、終戦間近の1945年（昭和20）8月4日の夜間に高山に投下された爆撃予告のビラ（図23）に、高山の地名が記されている。空襲される前に終戦となったので、爆撃されることなく高山の古い町並が残されたのである。

〝高山の古い町並〟や〝生きている博物館〟ともいわれる高山の町屋建築の多くは明治期以降に建てられたものである。1875年（明治8）の大火で1000軒余が焼失しているからである。高山でもっとも古い町屋といわれ、国の重要文化財にも指定されている松本家（図24）はこの大火による焼失を免れた家である。江戸時代の建物ではあるが、主屋の建築年は不明である。漬物蔵に「文政9年（1826）…屋根棟上」の墨書きがあるので、主屋もその頃に建てられたものと推定されている。この大火後に建築

図22　狭い安川通り。1910年頃（推定）撮影（出典：『写真で見る飛驒の昔と今』）

図23　終戦まじかに投下された空襲予告ビラ（出典：『写真で見る飛驒の昔と今』）

図24　江戸時代末期の町屋建築・松本家
高山市上川原町（2002年11月）

された建物ではあるが、従来の建築様式で建てられているので、家々は江戸時代の雰囲気を強く残しているのである。

家の造りや狭い道路など江戸時代末期の状態がよく残る古い町並は、上三之町が代表的である。ほかに、三町筋全域や江名子川沿いの地域・大新町・八幡町一帯、宮川西岸の西町・川原町・上川原町の地域もその雰囲気を伝えている。

上三之町では幅4～5mの狭い道にそって、低く深い軒先と出格子が特徴の町屋が軒を連ねている。道の両側にある側溝には宮川から引いた水が流れ、落ちついた雰囲気を漂わせている。町家の道路側二階は俗に「ゴミ二階」ともよばれ、立つと頭がつかえるくらいに低い。道路反対側の二階は棟の中心を少し後方にずらしているため十分な天井高がとれ、座敷を設けている家が多い。座敷からは背後にある土蔵との間にある中庭が眺められるようになっている。主屋の一般的な間取り（図25）は南側にドジとよばれる「通りにわ」を置き、これと平行して道側から「みせ」「おえ」「おく」と各部屋が並ぶ。商業スペースの「みせ」では、塩や味噌・溜り、蝋燭などの生活用品を販売していたが、観光客の多くなった現在は土産物品などが販売

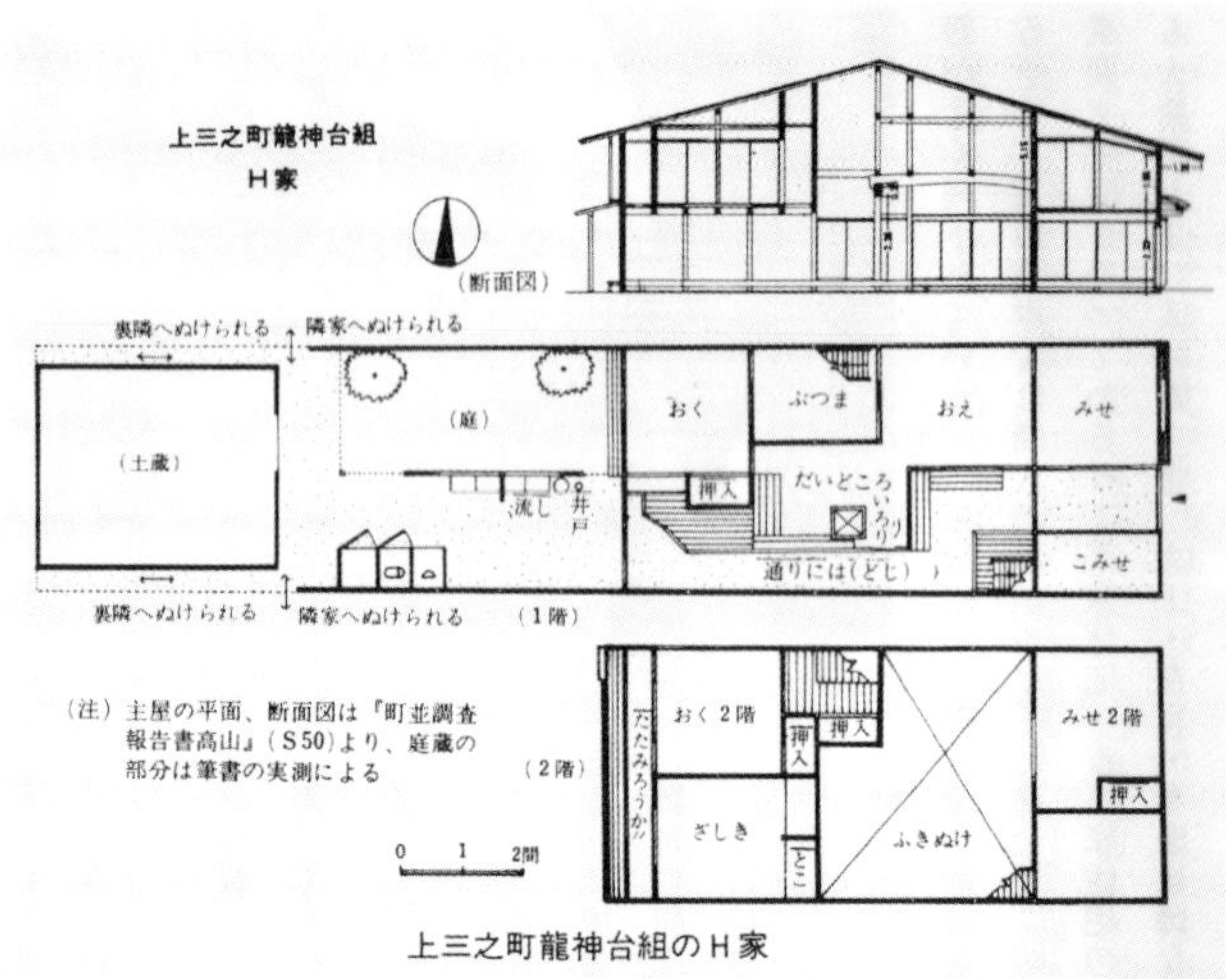

図25　町屋の立面図と間取り図（出典：『岐阜県地理あるき』）

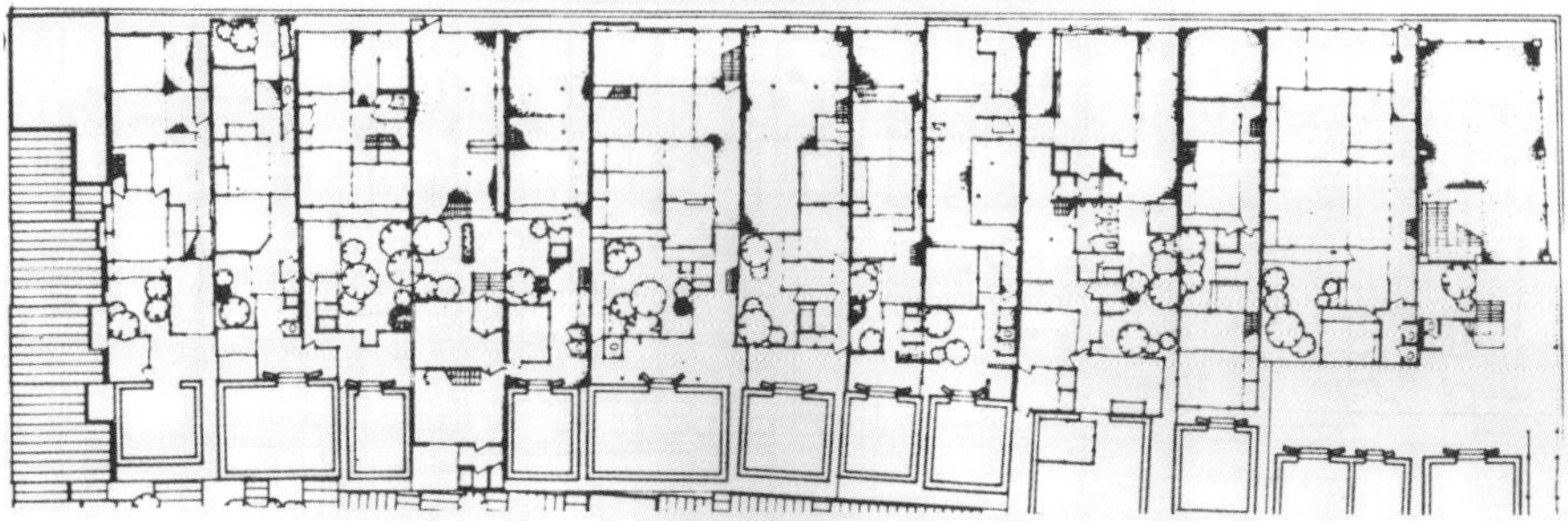
図26　連続する土蔵列　上三之町（出典：『伝統的建造物群保存対策調査報告書・高山II』）

されている。「みせ」と「おえ」との間のドジには屋号を染め抜いた暖簾をかけたり、格子戸などの軽い引き違い戸を設けて店舗部分と家人の生活の場との区切りにしている。家々の土蔵は同じ位置に連続しているが、一種の防火壁的役割を果していると考えられる（図26）。

町並保存と増加する観光客

1963年（昭和38）に「暮しの手帖」が、高山を「山の向こうの町」として紹介してから古い町並を訪れる観光客が目立ちはじめた。高山の人たちも自分たちの住む町の美しさや魅力に気づき、町並保存の活動を積極的に進めるようになり、1966年には「上三之町町並保存会（1971年「恵比須台組町並保存会」に改称）」が結成されている。規約で「会員が区域内において新築・改築・改装等をする場合、前面だけでも、できるだけ町にふさわしく自主的に創意工夫する」ことを申し合わせている。その後、「高山市上三之町町並保存会」や「高山市上二之町町並み保存会」が結成され、町並の伝統性を失わせない活動をしている。電線を連続する家々の軒裏に配線して電柱を撤去したり、自動車の進入防止の自主的交通規制などをおこなっている。各家庭で使用するプロパンガスボンベや消火栓も町並にふさわしい覆い（図27）をかけるなどの工夫をおこなっている。

図27　町並み配慮のプロパンガスの覆い
上三之町（2006年3月）

1972年（昭和47）に高山市も「高山市街地景観保存条例」を制定し、増改築などに際しての指導・助言・勧告のできる体制をとるとともに損失補償制度など、側面からの援助をしている。

1979年（昭和54）には「高山三町伝統的建造物群保存地区」が全国12番目の国の重要伝統的建造物群保存地区に選定され、2004年には下二之町・大新町地区が追加選定されている。

1998年頃以降、年間300万人の観光客が訪れるようになってきた。家族や知人グループでの来訪者が90％近くを占め、青年層から高齢者に至るまでの幅広い年齢層の人たちがやってきているが、来訪者にリピーターが多いのが特徴である。平成10年代後半からは台湾などアジアを中心とする地域からの外国人観光客が急増している。2011年東日本大地震の影響で急減したものの、翌年から復活して2013年には22万5000人の来訪者があった。近年は英仏やスペインなどヨーロッパからの人たちも多く見かけるようになってきているが、ヨーロッパ系の一部の人たちは、古い町並以外にも日本人観光客のあまり行かない日枝神社や江名子川沿いの寺院群などにも足を運んでいる。大きな杉木立と灯篭が並び、静かで荘厳な雰囲気の中に建つ日枝神社を訪れたフランス人女性は、参詣者記録簿に「なんと素晴らしい場所なのでしょう！」と、感嘆の言葉を残している。（新谷一男）

【column】動く陽明門

高山祭の始まり

京都の祇園祭、埼玉県秩父市の秩父夜祭とならぶ日本の代表的な〝美祭〟として紹介される高山祭では、「動く陽明門」とも称される豪華絢爛の屋台（図2）がよく知られている。高山祭は春の山王祭と秋の八幡祭の総称で、1979年（昭和54）に国の重要無形民俗文化財に指定されている。山王祭は金森時代に城の南の護り神だった日枝神社の祭礼で4月14・15日におこなわれ、祭礼区域は高山市内の中心部を東西に通る安川通りの南側である。八幡祭は城の北の護り神だった八幡神社の祭礼で10月9・10日におこなわれ、安川通りの北側が祭礼区域である（図1）。

祭礼は、金森時代中頃にはすでにおこなわれていたよう

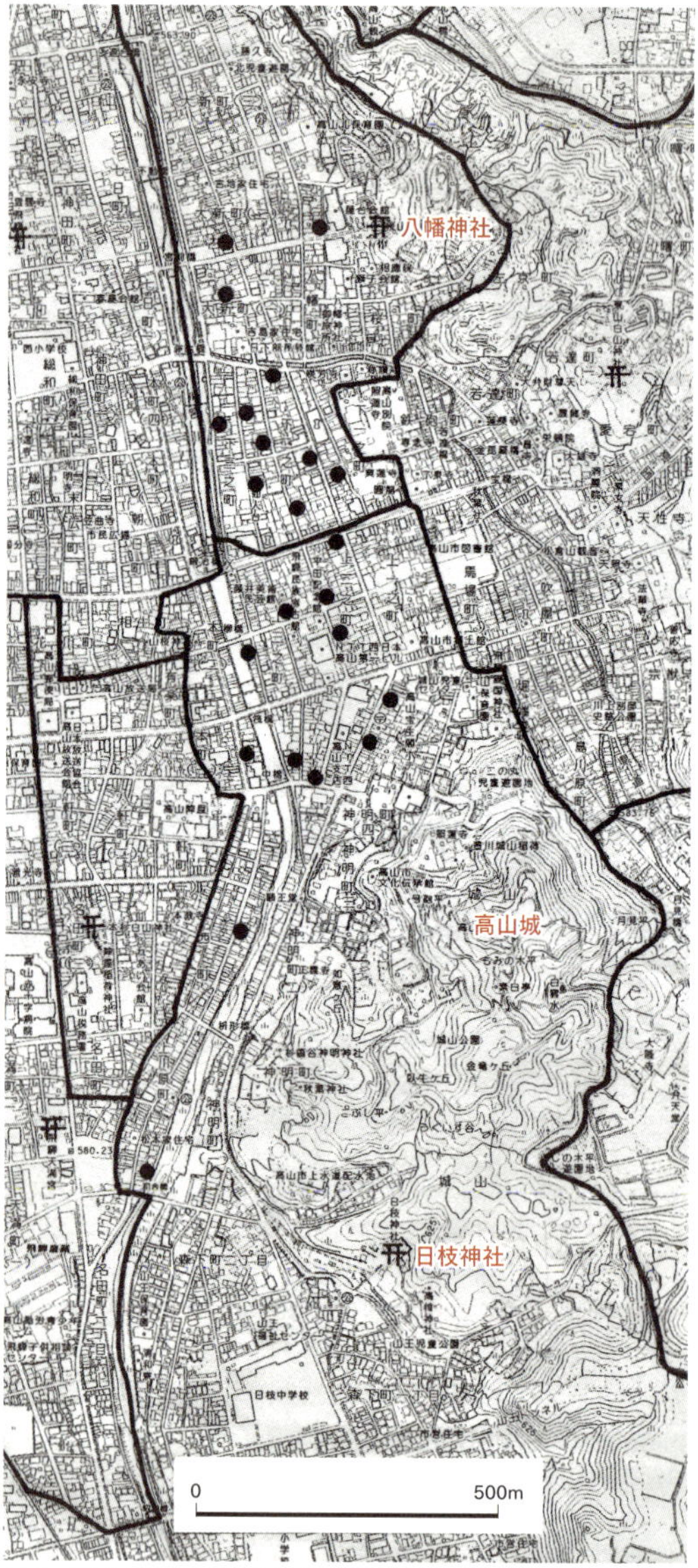

図1　高山祭祭礼区域と屋台分布（出典：『わたしたちの町高山・市民生活指標』）

で、1692年（元禄5）金森氏転封後、高山城在番を命じられていた加賀藩士の報告書に「三年一度三月時分山王祭御座候、右私家来野崎弥兵衛、四十ヶ年以前五六（注5〜6）年高山に罷り在候付、口上覚書如此御座候」（『高山市史』上巻）とあり、山王祭が元禄5年から40年さかのぼる慶安年間（1648〜52）に3年に一度おこなわれていたことを伝えている。八幡祭も金森時代にはおこなわれていたようである。祭礼に屋台が曳《ひ》かれるようになったのは、天領時代の1718年（享保3）八幡祭祭礼行列からといわれるが、山王祭の屋台曳行は八幡祭にくらべると30〜40年以上遅れていたといわれている。

図2　春の祭屋台（2005年4月）

豪華な祭屋台と屋台蔵

屋台は春祭りに12台、秋祭に11台あり、1960年に国の重要有形民俗文化財に指定されている。江戸時代の屋台は、道路状態がよくなかったことや祭が終わると解体して組内の土蔵などに保管されていたことなどから、屋台の痛みは大きく「屋台の命は百ヶ日」といわれていた。年に2日間曳行する計算では、建造後50年くらいで再建造や大修理が必要となる。改造や修理が集中したのは幕末の1828年（文政11）から1863年（文久3）で、この35年間に16台が改造や修理をおこなっている。屋台の再建・修理作業が集中した10年ほど前には旱魃や洪水などの災害が多く発生しており、経済的には苦しい状況であった。作業期間中にも大火や数年にわたる凶作が続き、疫病も流行して多くの死者が出ていたのである。しかし、この頃から屋台は豪華絢爛の様相を見せはじめている。屋台で使用する金具の金メッキに14kgもの金を使用したり、オランダ渡来の織物や京都西陣織の幕、唐子群遊（図3）や手長足長、龍の彫刻などを屋台に付けるようになり、多額の費用がかかるようになった。1846年（弘化3）から3年かけて改造された恵比須台は総工費1230両（約3800万円）、1921年（大正10）から7年間かけて改修された麒麟台は工費2万5000円（約1億円）かかったといわれている。費用は組内で負担されるが、多くは組内の豪商たちが負担していた。江戸時代の高山の商人たちは本業の商いのほかに近隣の富山藩や郡上藩などに「大名貸し」などの金融業もおこなっており、莫大な収入をあげていた。高山の商家が明治中期に泥棒にはいられたとき、盗まれた現金が現在の金額にして約1億円

図3　麒麟台の屋台彫刻（2005年4月）

（7億円弱とも）だったという。それでもその商人は明治初期の高山では十数位の納税者といい、高山の豪商ぶりがうかがえる。屋台に多額の資金を出していても、屋台組以外の地へ転出すれば屋台には一切関与できなくなる〝しきたり〟であったという。

大火の多い高山では、家屋とともに屋台も焼失している。土蔵造りの屋台蔵建造は1834年（天保5）に上二ノ町の鳳凰台の屋台蔵が始まりといい、大火で焼失した屋台の再建に先立って屋台蔵を作っている。これに続くようにして「三番叟」や「鳩峰車」でも建造し、1856年（安政3）に至るまでに5つの屋台蔵が作られている。土蔵造りの屋台蔵は防火の面で大きな効果があったが、屋台の分解が不要になることで屋台の痛みが減少するという効果も大きかった。また、屋台蔵内は微妙に温度・湿度・通風調整がされるので、屋台の維持保管にも効果をあげている。土蔵造りの細長い屋台蔵は建物安定のために上部三方が縮めてある。8m近い高さのある重量物の土蔵造りの扉はしっかりと開閉できるようになっており、その技術は現在も高い評価がなされている。（新谷一男）

【column】飛騨春慶

高山で漆器作りが盛んになったのは、材料となる「ひのき」「さわら」「とち」などの原木がたくさんあったこと、塗りに必要な「漆」が採れたことが挙げられるが、古くから受け継がれてきた「飛騨の匠」の技があったことも大きな要因である。

飛騨春慶は木目の美しさがそのまま透き通って見える素朴な塗り物である。輪島塗や津軽塗などが、木地の上に絵を描いたり、透明でない漆を塗ったりして、木目が見えないようにするのに対して、春慶塗は木目の美しさを生かしているところに大きな特徴がある。

優美な飛騨春慶は、京都の茶人たちへ広がっていった。飛騨で隆盛した春慶塗の職人たちは次第に他の地方へも進出し、能代（秋田県）、粟野（茨城県）、木曽（長野県）などの各地には、その土地に根付いた春慶塗となった。

茶道具から始まった春慶塗は、一般庶民が使う什器に転じ、機能美をもつ生活用品として発達していった。それは、螺鈿、玉虫、金銀蒔絵と同じように、暗い夜の行燈や燭台生活の明暗を区別するための照明の補助的機能をもつ道具から普及し、当時の金銀蒔絵の代用品としての役割を果たした。飛騨春慶に光を当てると、透明の漆をとおして木目が黄金色に光を放つことがわ

図1　盆を塗っている漆塗師の滝村弘美さん（2015年5月、滝村漆工房）

図2　春慶塗りを専門に販売している元田漆器（2015年5月、元田漆器）

かる。一般に漆器は塗色や加飾（蒔絵、彫り）が重宝されるが、飛騨春慶においては、根底の木目の美麗さが求められているので、榛地の完成度が塗りとともに重視され、榛地、塗りが相まって完成されると言ってよい。

木地の技法は板を組み合わせて作る「板物（指物）」と木材を轆轤《ろくろ》にかけて成形する「挽物《ひきもの》」に大別され、「板物」では重箱や膳を、「挽物」では椀や盆を作る。「板物」には、薄い板をコロに巻き付け円形に成型する「曲物」もあり、丸盆や弁当箱が作られる。

漆の大敵はほこりなので、漆を塗る時は、ほこりに一番気を使う。漆の乾燥には、適切な気温と湿度が重要となる。漆は湿度が高いほどよく乾く性質があり、塗りあがった漆器は1回ごとに「ふろ」と呼ばれる棚に置かれ、温度20～25℃、湿度70～80％に管理される。1回の塗りが10日間とすると、3回塗れば、完成まで1カ月かかることになる。価格が高いことは、丁寧に仕事がされていて手間暇がかかっている証といえる。高価で大量生産できない伝統工芸は、スローライフの精神が味わえ、普段の生活を豊かにできるところに大きな価値を感じる。

（滝村一彦）

【column】一位一刀彫

一位一刀彫は、「伝統的工芸品産業の振興に関する法律」に基づき、1975年（昭和50）に春慶塗と共に通商産業大臣から伝統的工芸品として指定を受けた。岐阜県でこの認定を受けているのは、一位一刀彫（75年）、飛騨春慶（75年）、美濃焼（78年）、美濃和紙（85年）、岐阜提灯（2000年）の5つである。

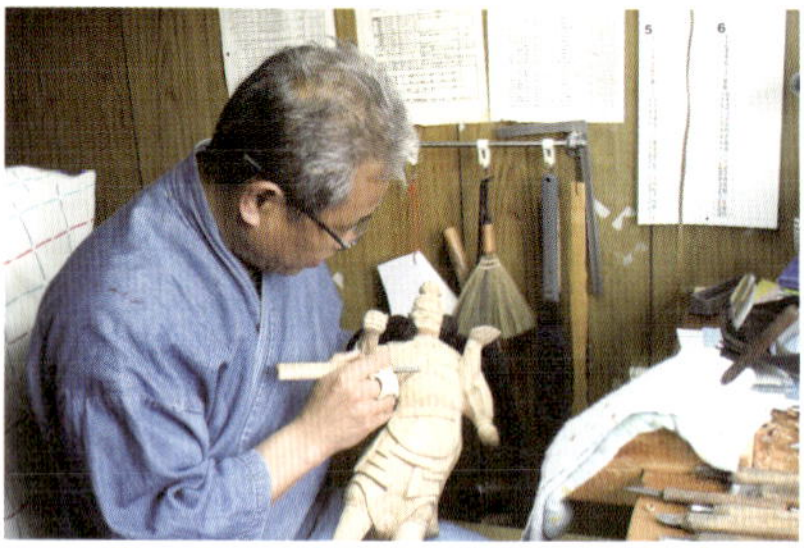

図3　毘沙門天を彫っている彫師の林本孝之さん（2015年5月、林本彫刻所）

さらに、伝統工芸士認定制度が導入され、伝統的技術及び技法に熟達した従事者の認定がおこなわれるようになった。高山市の一位一刀彫師は現在31名が認定され、伝統工芸士として活躍している。

イチイの木を使った一刀彫の特徴は、彩色をせず、木のもつ緻密な木目や赤太・白太と呼ばれる木肌の自然な色をうまく利用するなど材の特性をうまく引き出しているところにある。使用するイチイ材は樹齢四、五百年以上のものが用いられる。

図4　一位一刀彫を専門に扱っている鈴木彫刻（2015年5月、鈴木彫刻）

また、一位一刀彫の人気のひとつは年を経て色艶が増すところにある。イチイの木には多くのタンニンが含まれ、仕上げに蝋を使用（蠟引）することでタンニンを表面に誘い出し、空気と光に触れることで色艶を出すのである。主な作品は、大小置物（観音像・翁像・十二支などの動物など）、面（翁面・般若面など）、茶道具、その他様々な一品物である。彫り物は、極限まで簡素化された面で彫痕を残す面で構成されたり、写実性を追求したりするものがある。そこには創造性や抽象性、ユーモア性などの趣向が感じられる。

一刀彫は奈良、伊予、米沢などの産地もあるが、高山のものは根付づくりの伝統を生かした意匠性のある作品が多く、「飛騨の匠」の技術を伝える土産となっている。

それぞれの工芸所では、細密描写の作品、昔からの技術を生かした作品、立体透かし彫り作品など得意とする分野を制作しているが、斬新なデザインや部分的な着色で華やかさを表現するものも作られている。

今後も、一位一刀彫や飛騨春慶などの工芸品が高山の伝統を伝える産業であり、そのことが高山市民のアイデンティティとなる文化として生き続けてほしい。（滝村一彦）

参考文献

●Part1

足利健亮『地理から見た信長・秀吉・家康の戦略』創元社、2000年
井口貢『くらしのなかの文化・芸術・観光』法律文化社、2014年
岡美穂子「フランシスコ・カブラルの長崎発書簡（1572年9月23日付）に見る岐阜」、『岐阜市歴史博物館研究紀要21』岐阜市歴史博物館、2013年
岐阜市企画開発部事務管理課編『市政100年記念「ぎふ」』岐阜市、1988年
岐阜市歴史博物館『市民のくらし100年』岐阜市歴史博物館、1988年
白水正「御鮨所と鮎鮨献上（一）」『岐阜市歴史博物館研究紀要11』岐阜市歴史博物館、1997年
白水正「御鮨所と鮎鮨献上（二）」『岐阜市歴史博物館研究紀要12』岐阜市歴史博物館、1998年
千田嘉博『信長の城』岩波書店、2013年
高橋恒美『鮎鮨街道いま昔』岐阜新聞社、2008年
高牧実『わが町の歴史　岐阜』文一総合出版、1980年
日比野光敏「岐阜市におけるアユのなれずし」、「風俗91号」日本風俗史学会、1987年
吉岡勲『岐阜市史の扉をひらいて』大衆書房、1984年
ルイス・フロイス『完訳フロイス　日本史2』松田毅一、川崎桃太訳、中央公論社、2000年

●Part2

新谷一男「輪中地域の水屋建築とその変容—大垣輪中を例として」「地理の広場」78号、全国地理教育研究会、1992年2月
新谷一男「水屋建築」、『大垣市史』輪中編所収、大垣市、2008年
新谷一男「水に苦労した濃尾平野西部地域」、「地理」55巻7号、古今書院、2010年7月
新谷一男「輪中景観に思う」、「郷土研究岐阜」113号、岐阜県郷土資料研究協議会、2010年3月
伊藤憲司「古地図から見た城下町大垣の立地と町割」「古地図文化ぎふ」第3号、2004年
伊藤憲司「堀田型土地利用」、『大垣市史』輪中編所収、大垣市、2008年
伊藤安男／青木伸好「大井荘と水防」『輪中』学生社、1979年

伊藤安男『地図で読む岐阜』古今書院、1999年
伊藤安男「大垣市史輪中編の古地図に関する2・3の考察」「古地図文化ぎふ」第9号、2009年
大垣青年会議所『子供の大垣志』1983年
大垣市教育委員会『遺跡詳細分布調査概要報告書（Ⅱ）』1993年
太田三郎『生きていた美濃中山道』教育出版文化協会、1977年
清水進『図説　西濃の歴史』岐阜県郷土出版社、1985年
東京美術『美濃路見取絵図第2巻』寛政年中（1789〜1801）作成、1977年

●Part3

碇義郎『戦闘機「飛燕」技術開発の戦い』光人社、2006年
犬山市教育委員会『犬山市史』資料編1近世絵図集、1979年
鵜沼町百年史編集委員会『鵜沼町百年史』（明治・大正・昭和）創文出版社、1988年
太田三郎『中山道—美濃十六宿』創研社、1969年
各務原市教育委員会『各務原市史』通史編（近世・近代・現代）1987年
各務原市教育委員会『各務原市史』史料編（近世Ⅱ）1985年
各務原市都市建設部『水と緑の回廊計画』2001年
各務原市産業部『各務原市産業振興ビジョン』2008年
各務原市戦時記録編集委員会『各務原市民の戦時記録』1999年
木曽川学研究協議会「木曽川学研究」第7号、木曽川学研究協議会、2010年3月
郷土出版社編集部編『思い出のアルバム　各務原』郷土出版社、1983年
栗木謙二・吉岡勇『鵜沼の歴史』太洋社、1966年
建設省木曽川上流工事事務所『木曽川上流80年のあゆみ』2000年
財団法人日本地図センター『地図で見る岐阜の変遷』財団法人日本地図センター、1995年
中日新聞社会部『あいちの航空史』中日新聞本社、1978年
辻村夏希『東海地方および台湾北部に分布する黒ボク土の特性・生成・分類』東北大学大学院研究科修士論文、2009年
松田之利編著『ふるさと各務原』郷土出版社、2011年
三菱重工名古屋菱光会『往事茫茫—三菱重工名古屋五十年の回顧』三菱重工名古屋、1970年

吉村昭『零式戦闘機』新潮社、２０１３年
渡辺洋二『戦う零戦　隊員たちの写真集』文藝春秋社、２０１３年

●Part4
高林玄宝『美濃市と金森長近公』、１９５８年
美濃市『美濃市史』史料編、１９７９年
美濃市『美濃市史』通史編（上）、１９７９年
美濃市『美濃市史』通史編（下）、１９８０年
美濃市・美濃市教育委員会『うだつの上がる町』、２０００年
美濃市文化遺産活用実行委員会『美濃市の歴史（概要版）』、２０１４年

●Part5
荒川豊蔵『縁に随う』日本経済新聞社、１９７７年
伊藤安男『岐阜県地理あるき』１９８６年
笠井美保編『写真集・明治・大正・昭和多治見』国書刊行会、１９９１年
加納陽治『美濃の陶片』甦える志野・黄瀬戸・織部、徳間書店、１９７３年
太陽やきものシリーズ『志野・織部』平凡社、１９７６年
山内和幸『地名の由来　飛騨・美濃』まつお出版、２０１４年
『多治見市史』通史編上、１９８０年
多治見市教育委員会『多治見市史料』「絵図集」（一）、１９９６年
多治見市資料「多治見市の概要」商工観光課、２００７年
「市之倉の盃」商工観光課、２００７年
「多治見市の文化財」改訂八版、教育委員会、２００９年
「多治市制70周年市勢要覧」企画課、２０１０年
「多治見ものがたり」産業観光課、２０１２年
「ようこそ多治見へ」産業観光課、２０１４年

● Part6

川島町『川島町史』１９８２年
木曽川町『木曽川町史』１９８１年
岐阜地方気象台『岐阜県災異誌』岐阜県郷土資料研究協議会、１９９６年

● Part7

郡上郡教育振興会『ふるさとをゆく』郡上郡教育研究所、１９９９年
高鷲合併記念誌『高鷲年表図鑑』高鷲村、２００４年
高鷲村教育委員会『高鷲村の文化財』郡上市高鷲村、１９９３年
高橋教雄『郡上おどり』梨逸書屋、２０１３年
馬渕旻修「蛭ヶ野高原の開拓」東海地理発表レジメ、２０１２年
馬渕旻修「町づくりに水環境の果たす役割」岐阜地理学会編『岐阜地理』27号、１９８７年
「八幡城ものがたり」編集委員会『八幡城ものがたり』八幡町、１９９１年

● Part8

岩村町『岩村城下町伝統的建造物群保存対策調査報告書』１９９１年
岩村町『岩村町史』１９６１年
勝川哲男「女城主の霧ヶ城と寒天産業」『地形図で読む岐阜』古今書院、１９９１年
渡利正彦『保存版 明智線の60年』郷土出版社、１９９６年
山田敏弘「岩村城の女城主が信長を呪ったわけ」『岐阜県謎解き散歩』新人物文庫、２０１３年

● Part9

浅野吉久『飛驒高山　安川物語』私家版、１９８６年
伊藤安男編著『岐阜県地理あるき』大衆書房、１９８６年
上村木曽右衛門『飛驒国中案内』岐阜日日新聞社、１９７０年（復刻）
鴨林大二郎編『写真で見る飛驒の「昔と今」』第１集、鴨広告株式会社、１９８３年
桑谷正道『飛驒の系譜』日本放送出版協会、１９７４年
財団法人飛驒地域地場産業振興センター「飛驒地域伝統工芸品業界実態調査報告書」１９８９年

［美濃飛驒古地図同攷会・執筆者一覧］（50音順）

監修・編集
伊藤安男（いとう・やすお）
1929年、名古屋市生まれ。立命館大学文学部地理学科卒業後、岐阜県高校教員、花園大学文学部史学科教授などを経て、現在花園大学名誉教授（文学博士）、岐阜地理学会名誉会長。輪中研究の第一人者として知られ、著書に『治水思想の風土』『洪水と人間』『地図で読む岐阜』（いずれも古今書院）ほか多数。2010年、岐阜県教育長章受賞。2011年、岐阜県知事賞受賞。2012年、日本地理学会賞受賞。2013年、地方文化功労賞・文部科学大臣賞受賞。2015年逝去。

新谷一男（あらたに・かずお）岐阜地理学会理事
伊藤憲司（いとう・けんじ）岐阜地理学会理事
今井春昭（いまい・はるあき）中部学院大学特任教授
大塚清史（おおつか・きよし）岐阜市歴史博物館学芸員
川村謙二（かわむら・けんじ）岐阜県立大垣北高等学校教諭
木村 稔（きむら・みのる）佐々木学園鶯谷中学・高等学校教諭
佐藤秀樹（さとう・ひでき）岐阜県立恵那特別支援学校長
杉山 仁（すぎやま・ひとし）元中京短期大学教授
滝村一彦（たきむら・かずひこ）岐阜県立飛驒高山高等学校校長
原 賢仁（はら・ただひと）元岐阜県立高等学校教頭
日比野光敏（ひびの・てるとし）京都府立大学京都和食文化研究センター特任教授
船戸忠幸（ふなと・ただゆき）岐阜県文化財保護協会事務局長
馬渕旻修（まぶち・あきのぶ）高鷲文化財保護協会会長
安田 守（やすだ・まもる）元岐阜県立高等学校校長
安元彦心（やすもと・げんしん）岐阜済美学院済美高等学校教諭

装幀／三矢千穂

＊本書収録の1/5万、1/2.5万の地形図は、国土地理院発行のものを使用した。

古地図で楽しむ岐阜　美濃・飛驒

2015年11月15日　第1刷発行　（定価はカバーに表示してあります）
2019年 7 月20日　第2刷発行

編　者　　美濃飛驒古地図同攷会

発行者　　山口　章

発行所　名古屋市中区大須1丁目16番29号
電話 052-218-7808　FAX052-218-7709　風媒社
http://www.fubaisha.com/

乱丁・落丁本はお取り替えいたします。　＊印刷・製本／シナノパブリッシングプレス
ISBN978-4-8331-0165-3